DUO YUAN RONG HUI DE

LIAN YUN GANG DI YU WEN HUA

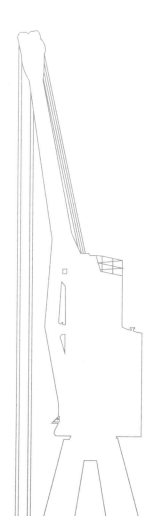

# 多元融汇的
# 连云港地域文化

张文凤　著

江苏人民出版社

图书在版编目(CIP)数据

多元融汇的连云港地域文化 / 张文凤著. —— 南京 : 江苏
人民出版社，2020.9
ISBN 978-7-214-25535-8

Ⅰ. ①多… Ⅱ. ①张… Ⅲ. ①地方文化-文化史-研
究-连云港 Ⅳ. ①G127.533

中国版本图书馆 CIP 数据核字(2020)第 181663 号

| | | |
|---|---|---|
| 书 名 | 多元融汇的连云港地域文化 | |
| 著 者 | 张文凤 | |
| 责 任 编 辑 | 鲁从阳 | |
| 责 任 校 对 | 王翔宇 | |
| 出 版 发 行 | 江苏人民出版社 | |
| 出 版 社 地 址 | 南京市湖南路 1 号 A 楼，邮编：210009 | |
| 出 版 社 网 址 | http://www.jspph.com | |
| 照 排 | 力扬文化 | |
| 印 刷 | 成都兴怡包装装潢有限公司 | |
| 开 本 | 787 毫米×1092 毫米 1/16 | |
| 印 张 | 16 | |
| 字 数 | 258 千 | |
| 版 次 | 2020 年 9 月第 1 版 2020 年 9 月第 1 次印刷 | |
| 标 准 书 号 | ISBN 978-7-214-25535-8 | |
| 定 价 | 45.00 元 | |

# 多元融汇的连云港地域文化

**作者简介**：张文凤，女，1968 年生，汉族，江苏泰州人，毕业于苏州大学。现任连云港师范高等专科学校马克思主义学院教授，连云港市历史学会副会长。长期从事《中国近现代史纲要》《中国传统文化》等课程的教学和研究。曾公开发表学术研究论文十多篇，参与主持国家级、省级等各级科研项目八项，两次荣获江苏省社科应用研究精品工程二等奖，多次获得连云港市先进个人、连云港市哲学社科优秀成果奖等奖项。

**内容简介**：作者立足地域文化的基本理论，以孕育连云港地域文化的自然地理环境、历史沿革以及社会变迁等为背景，将历时性的考察置于地域之中。山海相拥的特殊地域积淀了连云港自身以山海为特质、以海洋经济为引领的文化底蕴。同时，又由于位于海陆及南北汇通之地，多元文化在此激荡交融，连云港地域文化在民间信仰、宗教、方言、建筑、民俗等方面又呈现其多元而全面的发展。"西风东渐"的近代，人们征服海洋追逐经济利益的意识日趋强烈，濒临海洋的连云港以交通取胜，本地的官商阶层与来自异域的新经济力量以追逐大海的东陇海铁路为脉络开启了对连云港的全新塑造。随着农工商业的发展、城市的变革与社会的转型，敢于奋斗、注重人生幻想情怀以及价值实现的海洋文化品格深深融入了本地域的民间信仰、方言、建筑、民俗等文化领域中。此时的连云港地域文化以其鲜明的"独特性"和"时代性"多面向地立体呈现。

作者借助考古学、历史学、文化学等领域的重要研究成果，探寻连云港地域文化的起源、发展和演变历程，对多元融汇的连云港地域文化的特质和精神进行理论上的凝炼和概括。在研究过程中，既注重地域文化在历史长河中的整体性和延续性，又以其中的特点和亮点为个案，点面结合，揭示其独特个性与社会历史功效。对连云港地域独特的文化个性和价值的探讨有利于拓展该领域的研究空间与视野，为地域文化的传承和科学保护提供理性思考与历史借鉴。

# 目　录
CONTENTS

# 绪　论

　　地域文化是指能够体现一定空间范围内有特点的文化类型，主要表现在宗教、民间信仰、方言、民风民俗、地域建筑等方面。地域文化又是一个集"继承与融合""保全与创造"于一体的长期动态发展过程。地理环境、行政区划、政治权力、移民以及外来文化等诸多方面是影响地域文化特质的重要因素。几千年来，中华民族广袤的地域和绵长的历史孕育了多彩奇特的地域文化，丰富多彩的中国地域文化为中华文化的传承和发展注入了强劲的生命力。

　　作为苏省直辖市，连云港得名于 1961 年。在漫长的历史记忆时期与其相对应的名称为"海州"。①连云港地处我国东部沿海的特定区域，在地理环境上属于我国南北区界上的接合处，不仅地形、地貌在自然界有过渡性，人文、气候、植被也是南北分界的过渡带。长期以来，作为中华文化的组成部分，连云港地域文化既与中国历史紧密相连，又由于特定地缘性因素，本地域的民间信仰、宗教形态、语言特征、建筑风格、民俗风情等人文领域呈现出多元而独特的文化个性。

　　早在新石器时代本地域即已开启南北文化交流，春秋战国时代随着北上的吴、越、楚文化与齐、鲁、莒文化在此交融互汇以及后来长期作为南北交融、海陆相汇的历史舞台，几千年来，连云港地域文化在山海特质的基础上不断吸收外来文化，尤其是在近代海洋经济以其前所未有的速度向前发展的

---

　　①　今天的连云港在古代、近代很长一段历史时期皆称海州，后来由于经济区域范围的东移和扩大，古海州的区域中心地位逐渐丧失，被其东部的新兴商埠新浦所代替。1948 年，本地成立新海连特区，后改为新海连市，海州成为其中的一部分。今天的连云港现名是在 1961 年。

时代背景下，富有开拓精神、开放情怀以及价值实现的海洋文化品格在本地域的文化基因中烙下了深厚的历史印记。

由于连云港在漫长的历史文化演变历程中各个时段发展的不平衡，文化类型亦相互交织且各有侧重。在此条件下，本书突破单独按历史时段或笼统按广义的文化类型进行篇章组织的方法，而是以最能反映地域文化特色的民间信仰、宗教、方言、民俗、建筑为线索进行专题性研究。全书共分六章：

第一章主要对连云港地域文化的形成进行概括和综述。总结了对其产生巨大影响力的地理因素与人文环境，梳理了连云港地域文化漫长曲折的演变历程，总结出连云港地域文化中的山海特质及其演变过程中的复杂性和多元性。

第二章有鉴于经济对文化的巨大影响，主要通过阐述本地域与海洋密切相关的鱼盐之利、沿海滩涂开发、农工商发展、新式交通的发展和城市变迁等经济领域的发展历程，总结概括出在连云港地域多元文化发展演变的过程中，海洋经济对文化的演变与发展产生了巨大作用，这也是连云港地域文化的独特所在。

第三章论述连云港地域宗教文化的演变与发展。民间道教、民俗佛教以及民间信仰是连云港地域最具代表性的文化类型，特色鲜明，影响力较大。在这一主题下，本章重点选取有"东方天书"之称的将军崖遗址、造作于东海县曲阳乡的道教著作《太平清领书》、题材丰富的孔望山摩崖石刻遗址以及佛道并糅的花果山三元宫等为重点内容进行具体论述。凸显连云港地域宗教及民间信仰的文化特质及其对中华宗教文化的巨大贡献。

第四章语言在反映一个区域人们的共同文化心态方面最具代表性。本章对连云港方言南北交融性的原因进行详尽分析及对方言中极具代表性的词、词素、谚语以及俗语等进行分比较、归纳和总结，揭示其中的渔盐色彩、交融过程中的多元性特征等丰富的历史文化内涵。

第五章重点围绕传统戏曲、饮食文化以及民风民情，反映连云港地域多彩奇特的民俗文化。以淮海戏、五大宫调、板浦的饮食以及民风的演变为例展开论述，揭示民间深厚的社会生活情境以及本地域社会环境的复杂性与特殊性。

第六章以古南城镇石砌传统民居、近代民主路商业街道、连云港东站等代表连云港独特发展历程的典型建筑为中心，探讨地理特征、政治环境、西方文化、外来新经济力量等因素与连云港建筑的内在关系，突出连云港建筑文化的精神特质和地域特征。

决定连云港地域文化发展与特质的自然地理、历史人文、社会变迁等内容构成整篇著作的经线，纬线是各个重要时段具有典型特质的文化代表，二者在同一篇章下相互关联，组成完整的论著网络。

对地域文化的发掘与研究有利于科学地保存和延续中华传统文化。在生产力发展、交通条件改善、人口流动加快，信息化高速发展的今天，一部分地域文化的消失或将随时随地。然而，消失的过程往往也是历经更深层次革新与更大范围融合的更具强劲生命力的新的文化的孕育过程，如此形成的地域文化永远都是人类文明的重要组成部分。《多元融汇的连云港地域文化》在重点阐释连云港地域文化原貌及文化价值的基础上，进一步分析像连云港这样的特殊地域，为什么能够成为海洋文化与内陆文化、外来文化与本土文化等多元融合的独特文化区域。从而进一步拓展该领域的研究空间和研究视野。

此外，鉴于连云港地理区位和交通条件的特殊性，研究过程中不免会涉及曾经与其有历史文化渊源的其他相连地区。因此该著作所论述的大致范围是指今天连云港市行政辖区内的东海县、灌云县、灌南县以及海州区、连云区、赣榆区兼及历史时期隶属海州（连云港）的部分县区。①

---

① 如沭阳县，今属宿迁市。历史上的海赣沭灌即东海、赣榆、沭阳、灌云同属一个文化区，故本书个别地方将提及沭阳。

# 第一章
# 独特的地缘特征奠定多元文化融汇的基础

连云港地域文化在其漫长的演变历程中，始终带着探索的意味，找寻着属于自己的道路和方向。在不同历史时期因发展的不平衡，连云港地域文化呈现出丰富而多元的独特气质，本章将就其形成的自然环境、社会环境、历史人文条件等独特地缘性因素及其发展阶段、分布特点、文化类型等逐一论述，以期得到对连云港地域文化的整体印象而使之成为整本著作的主要背景。

## 第一节 连云港的自然地理环境与文化特质中的山海元素

在连云港地域文化的起源、演变和发展历程中，山海作为本地域最基本的地理元素影响着宗教、方言、建筑、民俗风情等各个文化层面的变迁和发展，使其蕴含着浓郁而深厚的以"山海"为特质的文化风貌。

### 一、山海相拥、河海相连的地理特征

连云港古称海州。地处江苏东部的边远海隅，东临黄海，西揽中原，大致位于北纬 33°59′—35°07′、东经 118°24′—119°48′之间。东与朝鲜半岛、日本隔海相望；北与山东半岛的鲁东南地区接境；西与山东临沂和江苏徐州毗邻；南连江苏宿迁、淮安和盐城。在地理区位上控扼我国南北之咽喉。官方志书《嘉庆海州直隶州志》"舆地图说"所载："海州阻海连山，藩淮蔽鲁，水陆交通，三方所届，实南北之重镇。"① 可见，自古以来山海相拥、河海相

---

① 仲其臻等整理：《嘉庆海州直隶州志》卷第一《图第一·舆地》，南京大学出版社 1993 年版，第 19 页。

连、南北交汇构成了连云港地域最具特色的自然地理环境。

（一）独特的地形地貌

连云港在地势上属于鲁中南丘陵与淮北平原的接合部，整体呈现由西部山岭向东部海洋的倾斜状态，宛如展翅的大鹏追逐大海。历史时期的地壳运动使得这里山脉连绵，山海相拥。地貌基本分布为西部岗岭区、中部平原区、东部沿海区和云台山区四大部分。相对于以平原为主的江苏其他地区而言，连云港拥有的山体量最大。境内有大小山峰 214 座，其中海拔 625 米的玉女峰是江苏省境内最高峰。除了著名的云台山、朐山（锦屏山）、羽山、孔望山、大伊山外，还包括夹山、刘顶山、后小山、刘志洲山、白虎山等。其中的云台山是连云港地域的脊梁，代表着当地地理、历史和人文的精髓与内核。今天连云港市名中的"云"字即代表云台山。

由于约 14000—7000 年前大陆冰期后期覆盖在亚洲东北部的冰川持续融化，海水以每年 0.6—1.5 米的速率上升[1]，大部分地区被海水淹没其中，云台山是海中的"仙山"。距今约 2300 年前，海平面下降，海岸线逐渐移至朐山。魏晋时期，由于全球性的海平面再次下降和陆地抬升，海州板浦地区出现滩涂，之后不断扩展并逐渐与伊山相连。但直到清康熙五十年（1711 年）前后，一直孤悬海中的云台山最终才与大陆相连。"康熙四十年（1701）后海涨沙淤渡口渐塞，至五十年（1711）渐为陆地，直抵云台山下。"[2]

连云港境内除云台山等著名的山脉外，还拥有着平原、大海、河湖、滩涂、湿地、海岛等丰富的地貌形态。其中海拔 3—5 米的平原，主要包括山前倾斜平原、洪水冲积平原及滨海平原，尤其是沿海滩涂资源作为独特的盐田资源在漫长的历史长河中发挥着重要作用。丰富的地貌形态造就了历史时期的连云港以农为主，兼有鱼盐之利的经济形态。丰富的农业资源为本地域独特的农业文明的起源与发展奠定了重要的物质基础。

（二）便捷的河海联运

奠定连云港地域文化特质基础的，除连绵的山脉外，其拥有的绵延一百多公里海岸带以及众多河流汇聚大海的地理环境在地域文化特质的形成中也起着巨大作用。历史时期连云港地区河海相连的独特水循环系统对当地自然地理、

---

① 杨怀仁：《关于海岸变化》，《海洋实践》1977 年第四期。

② 陈为忠：《近代海州湾的港口与城市空间演化研究》，《兰州学刊》2013.12，第 22 页。

历史人文等方面产生了巨大影响。水退，曾使其沧海河湖变桑田，文化勃然而兴；水进，又使其曾经的沃土变沧海河湖，文化骤然而亡。境内水系基本属于淮河流域的沂水、沭水和泗水三大水系。其中，沂沭地区的主要排洪河道新沂河、新沭河等贯穿全境，东流入海。境内穿行的还包括玉带河、龙尾河、青口河、绣针河、蔷薇河、盐河等大小干支河道 40 余条，除了大部分追逐大海的河流外，其中的盐河与运河、淮河及长江相连。诞生在"淮盐用天下"时代的盐河承载着丰厚的政治意蕴和文化内涵，在构成本地域文化精髓中占据重要的分量。总体而言，本地域具有极为独特的水域环境。顺河而上，有以河流为主的水上交通网络；顺河而下，河海相通形成南北通达的海上航运。

在群雄纷争、政权更替频繁的魏晋南北朝时期。"席卷奔郁州，自海盗返京师"成为南朝各政权军事和贸易的良策，作为占据通往京师的重要海港，南城、龙沮（今灌云龙苴镇）得到了较好的开发和建设。1984 年龙沮乡文物普查时，在古城周围发现的沉船遗迹进一步证实了龙沮作为当时外海和内河的交汇要冲的重要地位。唐宋时期得力于淮北盐业的显要地位，海州城由于肩负的漕运和盐运大业已成为河海通达、交通便捷的临海州邑。游水、官（盐）河、涟河等作为当时海州盐、漕运输的重要河流，"盐课所经，官舫估舶，帆樯相望"，在河海联运的交通体系中发挥了重要作用。尽管明清两大政府长期推行海禁政策，但控扼"南北咽喉"的险要军事地势，其受关注的程度未曾减弱。明朝政府在海州一带先后设立的临洪口、东海等专司海防巡卫的巡检司，在专司海防巡卫的同时又兼有对私商往来船舶登记和管理的任务。这种肩负权关作用的巡检司的设立客观上加强了海州地区的河海联运。

在东西方相遇的近代时期，连云港开启了由传统向近代转型的历程，山海相拥、河海交汇的地理优势得到进一步发挥。以海州诸港为中心，运河、盐河、淮河、沂河、沭河所流经的苏北、鲁南地区河海联运的实现，使得青口港、大浦港、连云港以及灌河流域诸港在相继崛起和发展的同时，也谱写了连云港地域文化发展的新篇章。

**二、基于山海的文化特质的形成**

"在复杂的事物发展过程中，有许多的矛盾存在，其中必有一种是主要的矛盾，由于它的存在和发展，规定或影响着其他矛盾的存在和发展。"[①] 在地

---

① 毛泽东：《矛盾论》，《毛泽东选集》，人民出版社 1963 年版，第 295 页。

域文化形成的漫长历史进程中，地理特征始终作为主要矛盾规定或影响着其他因素的存在和发展，决定着文化的走向。自古以来，山海相拥的独特自然环境为连云港地域文化特质的形成奠定了基础，引领着发展的方向。

（一）独特的山地资源成就了承载文化印记的"文化山"

"地理环境从多方面控制着人类，对人类生理机能、心理状态、社会组织和经济发达状况产生影响，并决定着人类的迁移和分布。"[1] 在促成地域文化演变发展的漫长过程中，在人们于特定的地域范围内，对自然地理空间加以塑造以及在具体的、历史的精神与社会性活动轨迹中，尽管起着巨大推动作用的包含自然地理、社会历史人文等众多要素，但在这过程中，自然地理环境因素是一切要素的前提与基础，影响着其他所有要素的存在与发展，即所有的社会历史人文因素都是在一定的自然地理环境中发挥作用的。

山是连云港先民生存的最初舞台，也是连云港地域文化形成过程中的基本元素。连云港先民属古老的东夷民族，该民族生活在以齐鲁大地为中心的环海州湾地区，即今山东、江苏北部等广大地区的沿海山地或平原地带。几千年来，依山傍海、海进人退、海退人进的地理基础和生存策略对东夷民族的远古文明作出了重要贡献。近年来，考古界发掘了连云港地区诸多旧石器文化遗址。如海州城南锦屏山的将军崖、桃花涧等旧石器文化遗址，石器体量硕大，制作粗糙，呈现出旧石器中晚期石器制作的特征。[2] 又如，东海县"大贤庄的细石器属于中期细石器类型，即中石器时代的细石器。其年代距今约16000—10000年"[3]。作为江苏省重点文物保护单位的大贤庄遗址不仅具有较高的史料价值，更反映了本地域独特的环境塑造了悠远的古人类文明。"东南地区旧石器时代晚期遗存至今发现甚少，见于报道的仅有江苏东海大贤庄、浙江建德乌龟洞、广东封开垌中岩和台湾台东长滨等处。"[4] 本地域旧石器时代晚期遗址的地理位置均位于古沂沭河流域下游的山岗地带，并与山东沂沭

①　谢梅、王理编著：《文化创意与策划》，清华大学出版社 2015 年版，第 7 页。

②　房迎三、惠强、项剑云、骆林、刘锁强：《江苏连云港将军崖晚期遗址的考古发掘与收获》，《东南文化》2008 年第 1 期，第 14—19 页。

③　葛治功、林一璞：《大贤庄的中石器时代细石器——兼论我国细石器的分期与分布》，《东南文化》1985 年 00 期，第 2—4 页。

④　白寿彝总主编、苏秉琦主编：《中国通史》第二卷《远古时代》，上海人民出版社 2015 年 6 月版，第 35 页。

河流域中上游旧石器晚期文化具有一致性。

此外，连云港地区发掘的以藤花落城址和将军崖岩画人面像为代表的众多新石器文化遗存进一步说明连云港地域独特的山区地理环境为人类文明提供了独特的天然条件。

藤花落古城遗址是被评为"2000年度十大考古新发现"之一①，并于2006年度被授予全国重点文物保护单位。藤花落遗址的发掘充分表明了其时该区域政治、经济、文化中心的突出地位。遗址中发现了水田、水沟、石埠头和水坑组成的水田生产遗迹。研究者采集了四份古稻样本进行了研究，认为"古稻群已完全脱离原始状态。遗址中含有多种粒型的异质种群，这是向粳型水稻方向演化并逐渐定性的关键时期"②。

发现于1979年海州桃花涧地区的将军崖岩画同样反映了当地地理环境的独特性。该遗址位于今连云港市海州区锦屏山南麓，是一幅东夷民族新石器时代的生产生活全景图，是我国迄今最早的原始社会岩画。岩画中的人面、农作物及符号，反映当时人们对土地、农作物息息相关的认识和对大地的崇拜。"岩画中的农作物尤其是水稻的图案，从某个侧面反映了我国农业尤其是稻作农业的起源。"③ 岩画中所有人面像既无躯干又无四肢，但分别有根向下的线条与禾苗、谷穗等农作物相连。原始社会末期东夷民族对土地、农业、生命的崇拜和依赖在独特的岩石画面上清晰可见。

影响巨大的将军崖岩画的产生源于本地域独特的地质特征。在二十四五亿年前造山运动中，本地域因受高温高压发生变质而形成的岩石称为变质岩，地质学上又叫片麻岩，岩性坚硬，色白质细。例如，胸山和孔望山的花岗岩状云母片麻岩、周边地区的结晶片岩、眼球状片麻岩以及六棱形大水晶石等众多特有的良好石材，在历代的石刻和建筑等领域中都得到了充分利用。遍布于连绵山脉中的岩画、碑刻等石刻文化在中国文化史上独具一格的地位成就了"文化山"的美誉。

---

① 周润垦、李洪波等：《2003-2004年连云港藤花落遗址发掘收获》，《东南文化》2005年第3期。

② 林留根、张文绪：《黄淮地区藤花落、后大堂龙山文化遗址古稻的研究》，《东南文化》2005年第1期，第15—19页。

③ 童永生：《连云港将军崖岩画中的原始农业文化解读与考证》，《南京农业大学学报》2011年第2期，第124—131页。

（二）临海的地理区位奠定了海洋性文化特质的基础

除了连绵的山脉以外，海洋亦奠定了连云港地域文化特质的重要基础。连云港地处海州湾，有标准海岸线162公里，自古以来即是我国海上沟通南北控扼海陆的重要节点。濒临海洋位居南北要冲的地理环境从政治、经济等多方面影响着连云港地域文化的演变和发展。这里曾是中原王朝东西通道至东方大海的极点，《史记·秦始皇本纪》："于是立石东海上朐界中，以为秦东门"，作为秦政府的东境门户，秦始皇四次东巡两次临朐，并在这里设"秦东门"。

自秦朝海州被设置为郡县以来，这里一直是东部沿海著名的港口城市，是中国东部沿海的停泊港和海上重要的对外交通门户，也是中原地区和海外交流最便捷的通道。也有学者认为，秦东门的设置"确立了后来连云港的航海地位和海洋文化气质，奠立了陕、豫、苏东西一线的交通与文化轴线。这也是今天'新丝绸之路'或'亚欧大陆桥'最早的雏形"[1]。此外，中国历史上第一个出海东渡探究世界的人——徐福的故里被学者认为是在连云港的赣榆。[2] 而断限于东汉末期在时间上要早于中原佛教造像的孔望山佛教摩崖造像，承载着早期外来文明途经大海进入中国的历史轨迹。及至海外贸易较为繁荣的唐朝，海州已是一个著名的商业港口城市，《太平广记》记载，海州港口可以停泊大船"十数艘"，装"珍货数百万"，宋朝政府在海州专门建立高丽亭馆，用来满足和高丽国的海外通商需要。[3]

濒临海洋的地理优势也使得连云港先民自古以来与鱼盐之利舟楫之便的海洋资源相依相伴，孕育了以鱼盐为特质的地域文化。早在春秋时期这里即已产生煮盐技术，汉代的连云港地区是国家重要的海盐仓储地，赣榆今已发掘盐仓城遗址。之后，盐业的发展在历代封建王朝均占据重要地位。盐业兴衰不仅牵扯着国计民生，而且由此孕育出的淮盐文化亦渗透到当地民间信仰、建筑、饮食、民俗等多种文化体系中。

近代以来的"西风东渐"使得中西方首先在沿海相遇，古老中华民族开启的嬗变和转型亦首先在沿海发生。在这样的时代环境下，濒临海洋的连云港迎来了从国父（孙中山）实业计划中所定的东方大港到横贯中国中部大干

① 贺云翱：《文化江苏——历史与趋势》，江苏人民出版社2017年版，第41页。

② 罗其湘：《秦代东渡日本的徐福故址的发现与考证》，《光明日报》1984年4月18日。

③ 许思文、王维刚、刘成文：《连云港文化论》，吉林人民出版社2008年版，第194页。

线海兰铁路的终点再到怀揣梦想的新型商业群体对连云港投资建设的新机缘。新浦作为新兴商埠取代了海州城昔日的繁华，始终主导和塑造着连云港的未来。而这种塑造在新的机缘面前仍将继续。今天保存完好的新浦民主路商业街道、连云港东站等中西合璧的近代建筑蕴含着近代以来发展连云港的新经济力量怀揣梦想、追逐大海、日趋前行的深刻文化内涵。

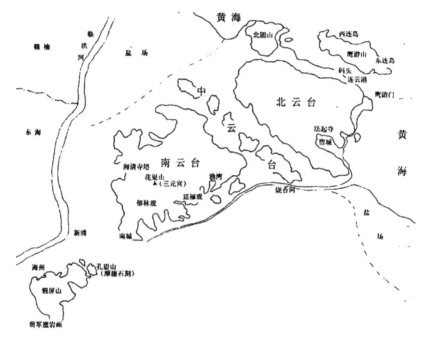

连云港地域示意图

## 第二节　连云港的政治人文环境与文化发展中的交融共生

独特的地缘因素决定连云港地域有着复杂的政治人文环境，决定其文化生成中的极大包容性。长期以来，在自身发展的基础上，本地域吸收了许多外来文明，使得这里成为南方文化与北方文化、内陆文化与海洋文化以及外来文化等多种文化交融与共生的独特区域。在连云港地域多元文化融汇的过程中，人口的迁徙、行政归属的变化以及政治权利的推行等都在这里留下了深厚的历史底蕴与文化印记。

**一、游离不定的行政归属**

行政区划的频繁变更是连云港政治人文环境变化的重要表现。长期以来，这种行政区划上游离不定的归属感使得南北文化、东西文化以及外来文化等多元文化在此相互交融，赋予连云港地域文化的复杂性与特殊性。

西周以前，连云港境内先民被中原邦国泛称为东夷。在群雄纷争的春秋战国时期，由于地处多方政权控扼的咽喉地带，本地域行政归属游离不定。春秋时期设有郯子国、莒国和祝其国，归属鲁国；后来的吴越争霸中，先属吴，越灭吴后，横行江淮，今境又被越国占领。在越国未能对此地实现有力控制的情形下，楚简王元年（前431），楚国北伐灭莒，本地域再度被楚国占据，此后至战国二百年间皆属楚。战国时期，今境又为齐国占据。之后，楚国趁齐之危，复夺其地。自此之后的战国年间，该地属楚的状况才趋于稳定。

秦王政二十三年（前224），秦攻取楚淮北地，今市区归秦。秦置朐县于今海州区锦屏山侧，这是今天连云港诸市辖区最初的政区前身。朐县初隶薛郡（治鲁县，今山东省境内），后划隶东海郡（治郯县，今山东省境内）。西汉时期本地隶属东海和琅琊二郡，此二郡在汉武帝之后皆属徐州刺史部。因此，由于地理位置以及行政归属的渊源，本地域与徐州地区有着相近的文化脉络。东汉建武十七年（41），东海郡改为东海国，领朐、海西、厚丘、祝其等八县，治郯（今山东省郯城县）。

魏晋南北朝时期，在南北各政权持续交战的大时代环境下，由于特殊的战略区位，连云港行政区划的频繁变更前所未有。三国两晋时，虽仍隶属东海郡（治郯），但领地范围和区划名称几度变更。南朝宋初侨置徐州，治钟离（今安徽凤阳北），后又一度移治朐山，再还治于钟离。明帝失淮北后侨置青、冀二州于郁洲岛（今云台山），此为连云港境域内州级建制之始。泰始七年（471），又于郁州岛立东海县，是为东海县建县之始。[①] 东魏孝静帝武定七年（549）四月，梁青、冀二州刺史降附东魏，本地区所属的东海、琅琊二郡更名为海州。海州作为州级建置的开始意义重大，凸显连云港重要的区位优势、战略优势。"北魏孝文帝曾将龙沮城（今灌云县龙苴镇）的得失提高到事关国家荣耻的地位。"[②]

---

① 《宋书·州郡志》："明帝侨立于赣榆县。泰始七年，又立东海县，属东海郡。"

② 北魏孝文帝对彭城镇将平阳公说："龙沮若立，国之耻也，以死争之！"（《南齐书·垣崇祖传》）

隋唐时期，战争的困扰有所减轻。隋大业三年（607），改州为郡，名为东海，治朐山，行政地位再次提升。[①] 其时朐山城因险要的战略地位成为郁州岛通向大陆的捷径。直至民初，海州地区行政中心皆在朐山脚下。北宋初，海州属淮南路。宋金交战日趋频繁的南宋时期，海州再次成为双方争夺之地，故时而属金，时而归宋。元代的海州改为海宁府，隶属江淮行省的淮东道宣慰司。后海宁府又改为宁州。明洪武初年（1368）改海宁州为海州，州治朐山，领赣榆一县，属淮安府。[②] 在本地域游离不定的行政建置过程中，大明时代的海州建置最为稳定。清雍正二年（1724）九月，海州升为直隶州，统领州治并辖赣榆、沭阳二县，管辖区域奠定了今天连云港行政区的雏形。

民国元年1月，海州改为东海县，直属江苏省（时治吴县，今苏州市区），4月于东海县东南灌河以北、云台山以南地设灌云县（治板浦镇，今灌云县板浦镇）。民国24年（1935）1月18日，江苏省政府决定，于东海、灌云两县沿海地区设连云市，以连岛和云台山首字得名，12月获国民政府行政院批准，上属江苏省东海行政督查区，市政府驻老窑（今连云区连云港镇）。1948年11月，中国人民解放军进驻海州，成立新海连特区，下辖新海市、连云市和云台办事处，上属山东省鲁中南行政区。1949年11月11日，鲁中南行政公署奉山东省政府令，将原来新海连特区专员公署更改为新海连市人民政府。1950年5月，新海连市和东海县合并设新海县，年底又恢复新海连市和东海县建制，隶属山东省临沂专区。[③] 1953年1月，新海连市由山东省临沂专区改属江苏省徐州专区。1954年11月，新海连市改为省辖市，受徐州专署督导。1958年9月，新海连市由省辖改为徐州专区管辖。1961年10月1日，新海连市更名连云港市，1962年升为省直辖市。此后，作为我国东部沿海重镇的连云港市，其行政属性以及行政区划未曾因各种因素而发生改变。在各种新的机缘面前，连云港不断找寻着自己前行的方向，其中，文化的塑造亦不例外。

---

① 案：隋朝在今江苏域内设郡级建制五，海州为其一。另外的四个分别为下邳（今宿迁）、彭城（今徐州）、毗陵（今常州）、吴郡（今苏州）。参看贺云翱：《文化江苏——历史与趋势》，江苏人民出版社2017年版，第108页。

② 江苏建置志编纂委员会：《江苏建置志》，江苏人民出版社2013年版，第410页。

③ 江苏档案精品选编纂委员会编：《江苏省明清以来档案精品选连云港卷》，江苏人民出版社2013年版，第147页。

**二、错综复杂的移民因素**

移民是指基于各种原因从一处迁往别处居住的外来人口。"安土重迁"本是中国人的"天性"，也是中国传统文化的显著特征。但有史以来，在各种错综复杂的自然与社会环境的驱使下，中国历代大规模的人口流动几乎形成了一条不绝如缕的生态链，一代又一代，从未绝迹。历史时期的人口流动大都带有强制性色彩，这种"强制"源于自然灾害、政权博弈、地盘扩张、开疆拓土等多种错综复杂的自然和人文因素。但其中所谓的天灾人祸如灾荒、战火、"苛政猛于虎"等是人口流动的主要原因。大规模的移民不仅影响流入地社会经济的发展，对其文化的演变也将产生巨大的驱动力量。连云港特殊的地域环境决定了移民因素必将成为影响其地域文化演变的重要政治人文背景之一。

（一）南徙的北方移民

连云港地区的第一支远古移民是商代来自鲁北滨海潍淄地区东夷方国的一支煮制海盐的淮夷部族。为了逃避商王朝对海滨部族的掠夺与战争，结果"发生了部分煮制海盐的淮夷部族向东南方向移民，并沿着山东半岛黄海海岸向南到达淮河下游古海州湾一带"。① 的人口迁徙。这批长期从事煮制海盐，并和连云港先民同族、同信仰的外来徐姓淮夷先民的到来不仅与土著居民因文化上的认同能够和睦共处，而且将煮制海盐等先进的商文化传播而来，奠定了本地域后来淮盐技艺的基础，开启了本地区与中原华夏文化相融合的渐进历程。

独特的区位和地势特征使得连云港多次成为作战双方的交汇之地。魏晋南北朝时期，连云港地区是南北政权拉锯争夺的焦点。对双方而言，海州地区"失而复得"成为常态。450年，刘宋与北魏之间发生长达15年的大规模战争，淮北地区几乎全部失守。唯独郁州岛因大海阻隔，仍在刘宋政权控制之下。作为其拱卫京城建康的海上屏障以及不可多得的战略资源，朝廷将失地的青冀二州官吏和随之而来的豪族及依附流民安置在郁州岛，并侨立青冀二州予以管理。

唐末战争、宋金交战、明清之际，连云港再度成为移民避乱的安全之地。曾有海州倾城移民镇江，北方移民占据海州的历史记载。如海州颜氏是复圣

---

① 刘凤桂、朱成安：《淮盐源流初探》，《连云港社会科学》，光明日报出版社 2016 年版，第 391 页。

颜回的后代，赣榆孟氏是孟子的后代。

二十世纪初，得力于交通以及海关的开放，濒临海洋的连云港在新的时代潮流下蕴含的发展潜力吸引了山东、安徽、河北、山西等地各路客商陆续来到连云港经商贸易，在新浦形成了"济宁帮""河北帮""青岛帮"等力求实现远大抱负的商帮社团；1948 年连云港地区解放，千余名山东解放区的干部先后进驻连云港地区开辟工作；此外历史时期还有大批的东北移民由于各种原因迁徙连云港安家落户。

### （二）北上的南方移民

南北交汇的连云港，除了南徙的北方移民外，还有大批来自江苏南部、安徽、浙江、上海以及福建、江西、湖北等地的南方移民，其中吴越与楚地移民成为本地域外来移民中的重要力量。他们对连云港地域文化的丰富与发展作出了重要贡献。

春秋战国时期，群雄纷争，作为各路政权角逐的战略要地，吴越移民的到来留下了连云港外来移民最早的历史轨迹。其时，吴、越相继取道淮北，称雄称霸，并与齐、鲁、郑、陈、晋、楚等国或战或盟。如吴王夫差十四年掘邗沟，通齐鲁。《国语·吴语》载：吴王夫差曾"必设以此民也，封于江、淮之间"①。越王勾践灭吴后，越国北渡黄河，迁都琅琊（故址在今山东胶南县），移民在苏北得以扩展。《史记·越王勾践世家》："践已平吴；乃以兵北渡淮，与齐、晋诸侯会徐州，致贡于周。周元王使人赐勾践胙，命为伯。""勾践已去，渡淮南，以上地与楚，归吴所侵宋地于宋，与鲁泗东方百里。当是时，越兵横行江淮东，诸侯毕贺，号称霸王。"② 越国统治苏北近百年，使得先秦时期越国移民的吴语势力抵至苏北鲁南境。

及至明代，南方移民再度进入本土。例如，今天连云区中云镇的金氏，移民自浙江杭州，其家族祠堂对联曰："支分浙水，衍派云台。"南云台乡云门寺锡沟《张氏宗谱》所载：云门寺张氏明朝由江苏松江府迁移至海州；墟沟《陇西堂李氏族谱》记载其家族明初系由苏州阊门迁徙而来。此外，还有大量资料如地名志、族谱、地方志等记载着部分苏州移民迁至苏北地区的历史轨迹，如《新安镇志》（乾隆四十四年）（新安镇即现在的连云港市灌南

---

① 李维玲：《白话国语·吴语》，岳麓书社 1998 年版，第 405 页。

② 司马迁：《史记·越王勾践世家》，岳麓书院 1994 年版，第 348 页。

县）记载了明朝嘉靖年间，苏州阊门周氏、无锡惠氏及刘、管、段、金各姓到当地插草为标、占为民地的史实。① "明初移民的北界大致在今连云港市、邳州市、徐州市一线，吴必虎《历史时期苏北平原地理系统研究》（华东师范大学出版社，1996 年）证明，在今扬州、江都、泰州、泰县、海安、东台、兴化、高邮、宝应、盐城、建湖、阜宁、淮安、淮阴、泗阳、涟水、灌云、响水、滨海、东海及连云港等地都有明初移民分布"。②

据《金氏宗谱》《吴兴堂沈氏草谱》《张氏宗谱》等材料记载，元末明初时期迁入苏北地区的移民中还包含了诸多来自江苏南部、浙江北部及湖南、湖北等地的杰出人物。如祖先移民自徽州的清代灌云著名学者许桂林；祖先移民自安徽的板浦滴醋创始人汪恕有；移民自江西的赣榆卢氏；移民自湖北的赣榆熊氏移；祖先移民自浙江湖州的海州沈氏家族以及移民自湖南灌云南城军屯江氏、杨氏等。这些拥有经济、政治、文化和社会地位的杰出人物对地域文化内涵的丰富产生了较大影响。

**三、多元文化的激荡与融合**

在依山傍海、山海相拥的自然环境下，古海州湾先民以云台山为依托，在"海退人进，海进人退"的交替中续写历史，创造了以山海为内在特质的文化风貌。但任何一种区域文化都不可能在封闭的状态下发展，它既以自身因素为主轴，同时又和其他不同特质文化的长期碰撞、交流和融合，在这一彼此交融、此消彼长的过程中不断发展和丰富。

（一）行政区划的频繁变更成为推动多元文化交融共生的重要力量

西周末年至春秋战国时期，本地区在行政区划归属频繁、游离不定的更迭过程中，首先与齐、鲁、吴、越、楚等国结下了深厚的历史渊源，在地域文化长期演变过程中带有鲜明的南北交融的文化色彩。以周的礼乐文化为代表形成的齐鲁两个中心区域的文化辐射以及南方的吴、越、楚文化向古海州湾地区的渗透开启了本地域文化交融的历史进程。

地处山东半岛以临淄为中心的齐文化至春秋中叶基本形成。《史记·货殖列传》："齐带山海，膏野千里，宜桑麻，人民多文采布帛渔盐，临淄亦海岱间一都会也。" 与此同时，鲁国则是宗周王朝所属的另一个文化中心，"周礼

---

① 姜莉：《连云港方言词汇研究》，2014 年，山东大学博士论文，导师：杨振兰。

② 葛健雄：《中国历史上的移民发源地之三——苏北的苏州移民》，《寻根》1997 年第 3 期，第 19 页。

尽在鲁",它是春秋群雄中保存西周文物制度、礼仪典章最为完备的东方侯国。齐鲁两国任凭自身的独特优势采取了政治上的"君王攘夷";军事上的征伐兼并;文化上的"因其俗、简其礼"以及"变其俗、革其礼"多重并举的措施完成了周边小国"以夏变夷"的递进过程。

与此同时,又因为深受北上争霸的吴、越以及横扫江淮的楚国文化的影响,连云港地域文化也具有吴越文化以及荆楚文化的深深烙印。战国晚期,楚国在西部地区与秦争霸渐处劣势,进而调转戈头横扫东方。公元前261—256年先后伐鲁取徐州,疆土开拓至于泗上。楚国疆域最广大时,东临大海,西抵巴蜀,南近两广,北及陕南,在横跨大江南北的广大领域,企图建立起一个一统天下的强盛政权。随着楚国对历经地区政治、经济影响力的不断增强,楚文化也伴随着政权的力量而不断渗透。战国晚期,楚文化凭借强大的生命力和影响力逐渐成为连云港的主流文化。

战国时期,连云港地区曾隶属于楚国达二百多年之久,到了西汉,依旧沿袭楚境习俗,因而在文化面貌上带有很深的楚文化烙记,形成了西汉时期连云港地区独特的、有别于其他地区的楚文化特征,并与汉代的主流文化存在着许多的共性。连云港历年来的西汉时期的考古发掘的墓葬中,留下了楚文化鲜明的踪影。据《连云港孔望山》所载:"孔望山发现战国晚期墓葬,考古发掘出土了与楚墓之间有叠压和打破关系的两座西汉早期墓葬,发现有泥质灰褐罐、铜镜、铁削等西汉时期的器物,说明了汉文化与楚文化在本地区承接的连续性。"[1]

此外,近年来考古专家在本地区陆续发掘了诸多体现南北文化特征的考古遗存。如:"华盖山出土的青铜鼎、矛、剑以及部分陶器;九龙口出土的九枚一组编钟及房山墓葬出土的一组甬钟,无论造型或纹饰,还是器物组合等都符合齐鲁文化特色。马腰岭-九龙口一带发现大面积分布的几何印纹陶片,显示南方吴越地区特色。此种陶片在云台山地区和灌云、赣榆等地也多有发现。"[2]

政治权力在行政区划内的行使必将对地域文化产生巨大的影响力,政权

---

① 中国国家博物馆田野考古研究中心、南京博物院考古研究所、连云港市文物管理委员会、连云港市博物馆编著:《连云港孔望山》,文物出版社2010年1月版。

② 杨怀仁:《关于海岸变化》,《海洋实践》1977年第四期。

推行的主流文化与本土文化的交融最终会因为政治权力而加强并由此渗透于社会、经济、文化各个方面，从而逐步形成以行政区划分界限的地域文化特色。连云港文化在群雄纷争的春秋战国时代深受齐鲁文化的影响并渐进融合到先进的中原文化潮流中。

（二）历代的外来移民丰富了本地域的文化内涵和历史底蕴

如前所述，贯穿于中国传统社会的人口流动的过程实际上也是驱动不同地域文化交流融合的一个动态过程。有史以来规模较大的人口流动，如著名的"闯关东""走西口""下南洋"，尤其是清代以来不绝如缕，进入民国时期依然居高不下的"闯关东"促使"新型关东文化"形成的事实说明了人口流动不仅是社会经济领域的重要课题，更是文化领域的重要课题。

人是文化的载体，诸如生活方式、语言文字、行为方式、宗教信仰、价值取向等文化模式、文化基因无不随着人口的迁徙而流动。实际上，人口的流动就是一定程度上的文化流动，人口是文化传播中最活跃的载体，有些文化可以通过图书、字画传播，但内在基因、个体特质等隐性文化元素就必须靠人来传播。

在连云港地域文化中的习俗、方言、建筑、信仰等诸多文化风貌的发展和演变过程中，外来移民是一支不可或缺的重要力量。例如，连云港地区深厚的淮盐技艺即和曾经移民于此的一支煮制海盐的淮夷部族有着深厚的渊源。今天赣榆县盐仓城作为本地区淮盐生产的发源地，这支远古移民功不可没。他们开发的早期淮盐生产，对后来的淮盐经济以及文化的发展产生了深远影响。

南北文化在此交流融汇的另一个重要时期是魏晋南北朝这一特殊时期。魏晋南北朝作为一个四分五裂、纷乱频发的特殊时期，其政权更迭之频繁、军阀混战之破坏、民族战争之伤害以及人民颠沛流离之惨状在中国历史上前所未有。其时，经济最为发达的中原地区出现了"羌胡相攻，无月不战，……诸夏纷乱，无复农者"[①]的凄惨情形。兵荒马乱、硝烟四起的社会环境对经济、文化造成了极大影响，远离战争纷扰的宁静之地成为魏晋时期各路政权竞相追逐的焦点。通常而言，南北交汇的连云港本应成为南北政权军事较量的前沿阵地，难逃战争的侵扰，但其时孤悬海中的郁州岛（今云台山）却因海浪阻挡，不仅幸免于战争的伤害而且成为了南北方流民的庇护所

---

① 《晋书·石季龙载记附冉闵载记》。

以及重要的海上屏障和运输要道。其时，郁州岛掌控于南朝政权，刘宋泰始六年（470）南朝在此侨立与北朝政权交战中丧失的青州冀州，并安置一批来自北方的移民。

北方移民的到来对郁州岛的经济开发和文化交流起到了积极作用。首先是带来了北方先进的农耕技术，促进了郁州岛的农业开发、渔盐业生产以及南北贸易的海上运输业。《南齐书·州郡志》记载郁州"土有田畴鱼盐之利"。移民对郁州岛的开发、与当地人民的交流以及南北双方民间互市的发展不仅提升了郁州岛的经济地位，文化交流也随之发展起来。与此同时，和郁州岛隔海相望的龙苴、胊山、艾塘一带陆续建立了带有宗亲性质的坞堡营寨，这种兼有行政和军事色彩的安稳地方的政权机构，对于地方秩序的维护、来自不同地域移民的管理产生了一定的积极作用，为南北文化的进一步交流与发展创造了稳定环境。在今天云台山大村发现的酱釉鸡首壶、锦屏山发现的北朝青釉四系青瓷罐（藏于连云港市博物馆）均是品质较高的生活用品。又如，近代新浦的外来商帮如安徽帮、山东帮、河南帮等这些以地缘为纽带结成的社会关系网络，一方面，他们的生活习惯、风俗文化、行为规范、消费行为和生存目标等文化基因影响着这座城市，另一方面，为了获得成功，他们又不能不面对、适应新的城市文化，自觉或不自觉地改变自身，努力塑造自己以便符合新的要求与准则，这一过程实际上即是文化交流与融合的过程。

（三）移民群体中的杰出人物对建构本地域的文化精髓发挥了重要作用

长期以来移民中的杰出人物在推动历史发展，建构地域文化精髓的过程中功不可没。据记载，近代海州首举"实业救国"大旗、促使当地由传统向现代嬗变的实业先行者沈云沛即是浙江沈氏家族移民的后裔。沈氏家族是一个移居本土，在此建功立业的显赫家族。作为近代苏北沿海开发的"江北名流"，沈云沛开创的实业历程给近代连云港带来的不仅是经济上的转型，更是整个海属社会文化、观念上的革新与进步。沈云沛为明代移居海州的惠泽巡检司沈镇钦的第十世孙、东海所千户沈得春的第九世孙。据《吴兴堂沈氏草谱》记载：吴兴堂沈氏始祖为镇钦公，是浙江湖州归安县人，明代来海州任惠泽巡检司，卒后归葬于原籍。镇钦生得春、诏、宽、时、英五子，其中长子沈得春，留居海州，其余四子皆回湖州原籍；沈得春即为海州始迁祖。

移民对文化的传播起着极其重要作用，他们的来源不仅影响着一个地域的经济，抑或极大地改变着土著文化。曾任邮传部右侍郎的沈云沛在近代海州通过开地拓荒、创办工商企业、发展交通等种种具体措施使得封闭落后的连云港首先在经济领域产生了实质性改变。但在促进经济发展的背后必然隐含着深层次的文化领域的内在效应。在清末民初政治、经济、文化舞台上如此显赫的沈氏家族本身所具有的先觉先知、开拓引领以及家国情怀的内在而独特的文化个性对海州地域文化精髓建构所产生的深远影响远远超出了经济发展的本身。

## 第三节　连云港地域文化演变的主要历程

在连云港地域文化漫长的演变历程中，各个历史时期发展的契机和内容不尽相同。但在这一过程中有以下几个关键节点，它暗含了连云港地域文化发展的过程。但要说明的是这个过程并不是单线前进的，只是作为背景的大致阶段而进行的划分。

### 一、先秦文明的辉煌

先秦，包括史前和夏商周三代，以及继西周之后的春秋战国时代。连云港先秦文化历史悠久，源远流长。连云港先民在顺应自然、改造自然的历程中，既塑造自身的文化特质，又不断地吸收齐鲁、吴越、荆楚的文化元素，从而创造了异彩纷呈、颇具特色的地方文化。连云港先秦文化是本地域的文脉之源。

（一）古文献中的东夷裔族

距今一万年前，海州湾的锦屏山西南（今新坝）曾是古沭水的入海口。古沭河流经区域"引控众流，积以称川"。著名的古泗水、古沂水与之或注或汇，并与山东泰沂以南水系相互交织。距今一万四千年前至一万年前一支来自华北平原的古人类，沿着古沂河、沭河向马陵山、锦屏山方向迁徙、开拓，这一支远古人类开始了对连云港文化的最初塑造。

连云港远古先民被称为东夷裔族。东夷民族是生活在以齐鲁平原为中心的环海州湾地区，即今山东、江苏北部等广大地区的古老民族。关于东夷民族的组成与特质，《后汉书·东夷传》有"夷有九种，曰畎夷、于夷、方夷、黄夷、白夷、赤夷、玄夷、凤夷、阳夷"，"天性柔顺，易以道御"[1] 的相关记载。古称郁州的连云港其时所属东夷部落联盟九个胞族中的郁（于）夷，

---

① 范晔等：《后汉书》卷一一五《东夷传》，北京：汉语大词典出版社 2004 年版，第 1697 页。

被称为"东方之外大壑，少昊之国"域境下的"羲和之国"。鸟是这个古老氏族部太昊、少昊的图腾。《左传·昭公十七年》记载郯子朝鲁的一段话："高祖少皋（昊）挚之立也，凤鸟适至，故纪于鸟，为鸟师而鸟名。"①《说文解字》曰："凤，神鸟也"；"凤之像也……燕颔鸡啄，五色备举，出于东方君子国。"② 遗留至今的具有"东方天书"之称的将军崖岩画中刻有眉毛和眼睛的以及头部饰有羽毛和倒三角形的九个鸟头人身面像对古文献中关于新石器时代末期东夷九族以鸟为图腾的学说给予了进一步的印证。作为东海之滨具有极为悠远文明和信仰的远古民族，曾经为古老灿烂的中华文明创造了奇迹。王国维所言："自五帝以来，政治文物所自出之都邑，皆在东方"③，这里所谓的东方即是东夷。

（二）有关原始时代的考古发掘

考古学对史学研究的发展有着巨大的推动力。海州桃花涧和东海县大贤庄旧石器遗址的发现，揭开了连云港文化发展的序幕。其中大贤庄遗址位于江苏东海县西部马陵山上，是江苏最早发现的旧石器遗址。④ 大贤庄遗址的地理位置及所采集到的旧石器标本，对研究鲁东南沂沭阳河流域马陵山中段的旧石器文化具有重要的价值。

新石器龙山文化是我国远古文明的重要时期。连云港地域已经发现十几处遗址，其中藤花落龙山时代城址和将军崖岩画人面像两处文化遗存最为典型，反映了连云港史前社会在物质生活和精神生活迈入初级文明阶段的丰富文化内涵。

1. 藤花落古城遗址

该遗址位于云台山脉中部，今属连云港市中云街道西诸朝村。该遗址显示连云港地区的先民早在 4500 年以前就跨进了文明社会的门槛。⑤ 作为我国

---

① 李梦生：《左传译注》，上海：上海古籍出版社 1998 年版，第 1386 页。

② （汉）许慎：《说文解字》，北京：九州出版社 2001 年版，第 212 页。

③ 王国维：《殷周制度论》，载《观堂集林》（上册），中华书局 1959 年版，第 51 页。

④ 葛治功、林一璞：《大贤庄的中石器时代细石器——兼论我国细石器的分期与分布》，《东南文化》1985 年第 1 期。

⑤ 叶万松、李德方：《藤花落古城与苏北早期文明》，《中国古都研究》（第十七辑）——《中国古都学会 2000 年学术年会暨中华古都徐州历史文化资源开发研讨会论文集》，《中国会议》2000-11-01，第 445—452 页。

迄今发现的首例内外双重城墙结构的史前城址，该遗址之于同期的山东聚落遗址，在选址、建筑布局以及版夯结合技术的双城墙结构的采用等都是对龙山聚落遗址文化内涵的极大突破和超越。作为史前文明高度发展的产物，氏族首领所居的"京"形明堂建筑（即宫殿）遗迹；城内原始稻作农业区、手工业作坊区、仓储区、原始宗教祭祀区布局合理有序；祭祀区中的祭祀坑、祭坛和人祭、牺牲遗迹；用于战争防御的干栏式哨所以及环壕内出土的许多石箭镞①等等表明了中华文明起源的文化迹象。该遗址被评为"全国 2000 年度十大考古新发现"成果之一。

藤花落遗址——广场、明堂、房屋

（来源：连云港市重点文物保护研究所）

### 2. 将军崖岩画

将军崖岩画于 1979 年 11 月首次被发现，对岩画图案的解读与分析在学

---

① 王昪棠、林留根：《藤花落遗址出土石镞岩性的反射光谱图型分类研究》，《南方文物》2012 年第 1 期，第 164—169 页；高鹏杰：《藤花落遗址出土磨制石器研究（上）》，南京大学博士学位论文，2018 年。

界引起极大效应。不过，早在 7000 年前，连云港地区的先民已经从渔猎社会转向农耕社会①的观点亦已成为共识。鉴于将军崖岩画的巨大影响力，1981年 4 月初在国家文物局古文献研究室召开了首次将军崖岩画拓片展示和专家鉴定会。4 月 4 日中央广播电台、4 月 6 日《人民日报》《光明日报》等重要媒体相继报道，指出"将军崖岩画是 7000 年前遗迹，是我国迄今为止发现得中国最早的岩画。具有极其重要的价值"②。

将军崖人面像岩画与藤花落是龙山文化鼎盛时期杰出的文化创造。将军崖岩画刻画图形和符号反映了原始农业社会的生产、生活、宗教、艺术、风俗等多个方面的内容，在世界岩画史上，它又是环太平洋岩画带的一处重要的传播节点。③ 1988 年 1 月将军崖岩画被公布为第三批全国重点文物保护单位。

将军崖岩画主要分布图

（来源：连云港市重点文物保护研究所）

在漫长的原始社会时期，地处东夷文化东南滨海地带的古海州，由于特殊的地理位置，使其既具有贯穿其始终的海岱文化沂沭河类型的特质，又体

---

①　鲁金武、李洪甫：《连云港的古代农业与稻作文化起源》，《农业考古》2002 年第 3 期，第42—54 页。

②　周锦屏等：《古韵盛迹　文化连云港丛书·考古卷》，第 21 页。

③　唐丽红：《凹穴岩画在世界范围内存在相似性》：《中国社会科学报》，2012 年 5 月 7 日第 A05 版。

现出域外文化与本地域文化交汇、融合的丰富与繁荣。及至虞、夏、商时期，少昊、颛顼、蚩尤、鲧和禹等皇王都与连云港有着不同程度的关系与情缘，这里留下了他们的活动遗迹和文化遗存。

（三）三王时代的文化融合

夏代，本地区属东夷的九夷之一，考古学上称之为与夏代纪年同步的鲁东南和苏北地区的岳石文化地方类型，一直延续到商代中期，皆为相对封闭的东夷小部族地方文化类型。但随着一批掌握着淮盐技艺的淮夷徐姓移民的到来，相对封闭的本土文化被注入了新的活力。西周时期，本地域的文化发展相对缓慢，但前进的趋势始终未曾停歇。春秋战国时期，吸收了以齐鲁为代表的中原华夏文化以及相继北上的吴、越、楚南方文化，本地区呈现多元文化的融汇局面。

从原始社会至大秦时代前夕，作为上古东夷文化区域的重要组成部分，连云港先民以其自身的地域特色加以传承与创造，为东夷文化的演变与发展、为中华文明的丰富与繁荣作出过重要贡献。

**二、秦汉时代多元文化的呈现**

大一统的秦汉时代，本地区作为始皇三十五年（前212年）"立石东海上朐界中，以为秦东门"以来，政治地位日益凸显。此时，文化上出现民间传说、多元宗教、文学创作等多元并举的发展与兴盛局面。由于常以其"人文性"而又有其多面向的立体呈现被称为"秦汉时代文化极盛之徐海"[1]。

（一）战略地位的正式确立

伴随着政治、文化的发展，秦汉时期的连云港留下了大量考古和文献资料。秦置朐县后，在朐山（今锦屏山）立秦东门阙，[2]并修筑了秦山"神道"。"东门"是秦帝国东方的门户，它既是自然标准，又是人文象征，更是政治宣言，凸显了该地域东方滨海的显要战略地位。后来，随着有文字记载以来漂洋过海第一人徐福[3]寻求"不死之药"历史事件的发生，连云港成为大秦帝国走向海洋的首发港。徐福作为琅琊郡赣榆县徐阜村人亦成为中日韩友好交往的始祖，对日后中外关系的发展产生了深远影响。

---

① 蓝渭滨：《江苏徐海之农业与农民生活》，《农村经济》第1卷，1934年第9期，第10页。

② 刘凤桂：《秦东门寻觅》，《海州文史资料》1996年第3期，第48—51页。

③ 罗其湘、王承恭：《秦代东渡日本的徐福故址之发现和考证》，《光明日报》，1984年4月18日。

汉承秦制,中华文化伴随着大一统封建社会的发展到两汉时期进入了一个重要阶段。此时,作为我国东部沿海重要门户,"北控齐鲁,南蔽江淮"的连云港也进入了文化发展的高峰阶段。多年来,考古界在发掘本地域重大文化成果方面作出了重大贡献。刻石、城址、地下档案文书等诸多重大的历史遗存被陆续发现。例如,1987年和1998年相继在今天东连岛和苏马湾发现的两处西汉末期东海郡和琅琊郡界域的刻石,是我国迄今所发掘的遗存中唯一涉及西汉时期的郡级划界刻石。尤其是苏马湾界域刻石,不仅具有确切纪年,而且内容明确,保存完整,为研究汉代行政区划的识别提供了第一手资料,该刻石遗址已被定级为国家重点文物保护单位。此外,在赣榆区龙河乡发现的盐仓城遗址、东海县曲阳乡发现的曲阳城遗址,是研究汉代县城建置、城镇规模、社会功能等内容的重要材料。

在反映该地域重要政治战略地位的历史遗存中,简牍亦极具典型性。自1962年在海州区饮马池西汉墓出土木牍以来,历经半个多世纪,本地域共出土简牍11次,计226枚(木牍91枚、竹简135枚),是目前我省简牍出土次数和数量最为集中的区域。简牍全面反映了西汉中期至东汉初期这一重要历史时期十分广泛的内容,涉及郡级行政档案、法律文书、书籍、数术历谱、私人文书、名谒、遣策等,其中郡级行政档案极其系统、全面地反映了汉代郡级行政机构的建置情况。最具代表性的是1993年东海县尹湾出土的西汉晚期简牍,计木牍24方,竹简133枚,内容包括《集簿》《东海郡吏员簿》《武库永始四年兵车器集簿》等东海郡行政文书档案,直接反映了汉代的上计制度、行政建置、吏员设置、盐铁生产,国有兵器的制造与贮存以及户口、垦田和钱谷出入等具体情形,从政治、经济、军事、文化等各个方面,较为全面地展现了汉代的社会风貌。

作为中国迄今发现的年代最早的埋藏于地下的郡级行政文书档案,具有着研究汉代地方行政制度的极高的史料价值和文化价值,尹湾简牍被誉为震惊世界的考古新发现,简牍中的西汉郡级档案文书已被列为第一批《中国文献遗产名录》48件档案文献中的第一位。

(二)民间传说的巨大影响

秦汉时期连云港地域的民间传说作为民间文化的重要内容,呈现出丰富性、多样性的显著特点。民间传说往往从传述历史的角度真实地反映社会生活。由于历史时期地缘的不断更替以及外来文化的不断渗入,海州民间传说从原始宗教的传承到神话传说的演变，发展到秦汉时期到达了一个重要阶段。其中，广为流传的汉代孝妇周青的传说及为周青鸣不平的狱吏于公等故事在《说苑》《汉书》《太平寰宇记》《搜神记》等历代志书、古籍中都留有清晰的印记。元关汉卿以此为素材创作的巨著《窦娥冤》已被译成多种文字远播世界。2014 年，汉代东海孝妇周青的民间传说被定为国家级非物质文化遗产。

（三）俗赋文学的独特地位

秦汉时代连云港的俗赋文学也充分显现了其在文学领域的独特地位和区域个性。学者们认为尹湾汉简中的《神乌赋》"它具有独特的风格，在现存的汉赋里连一篇同类的作品也找不出来"①。也有人认为，敦煌发现的《燕子赋》在题材、内容、写作技巧上均与《神乌赋》如出一辙，但其反映现实的深刻程度和情感的复杂程度，却远不及《神乌赋》，获致了"一枝独秀"的评价。② 尹湾汉简《神乌赋》的发现"把这种俗赋的历史提前了二百多年，在古代文学史上的意义是不言而喻的"③。

（四）宗教遗存的深厚内涵

秦汉时代连云港的宗教文化随着外来佛教的传播以及本土道教的发展，整体呈现出相互融合、蓬勃发展的趋势。1980 年全国十大考古发现之一的孔望山佛教摩崖造像，比著名的敦煌莫高窟早三百多年，被誉为"九州崖佛第一尊"。这一发现直接挑战了学界对北传佛教传播路线的公认观点，同时对中国佛教史、艺术史和中外交通史等许多领域提出了挑战性的课题。原中国佛教协会会长赵朴初先生曾言："海上丝绸路早开，阙文史实证摩崖。可能孔望山头像，及见流沙白马来。"也有学者直接提出汉代有可能存在"海上丝绸之路"的假说。④《后汉书·襄楷传》："顺帝时，琅邪宫崇诣阙，上其师于吉于曲阳泉水上所得神书百七十卷，皆缥白素朱介，青首朱目，号《太平青领

---

① 裘锡圭：《〈神乌赋〉初探》，《文物》1997 年第 1 期，第 52—58 页。

② 万光志：《尹湾汉简〈神乌赋〉研究》，《四川师范大学学报（社会科学版）》，1997 年第 3 期，第 63—72 页。

③ 连云港市博物馆、东海县博物馆、中国社会科学院简帛研究中心、中国文物研究所：《尹湾汉墓简牍初探》，《文物》1996 年第 10 期，第 68—71 页。

④ 陶思炎：《江苏特色文化》，南京师范大学出版社 2009 年版，第 69 页。

书》。"唐李贤注云："神书，即今道家《太平经》也。"① 可见，东汉时东海郡曲阳与道教经典《太平经》的创作地点相关联。"古城曲阳是道教的起源地之一"②，已为学界公认观点。

### 三、魏晋以来的人文荟萃与多元文化的进一步交流融合

魏晋至唐宋是中国封建社会的强盛时期，也是文化上交流融合的重要时期。此时的连云港地域因独特的区位和特殊的地势，使得多元文化进一步在此交融汇通。孤悬海州的云台山、频繁的海上贸易以及南北移民在此安家落户等多种原因都使得这一时期的连云港在文学、宗教等方面呈现兴盛局面。

（一）魏晋时代的名士向往与隐逸文化的出现

魏晋时代，战争频繁。在全国诸多地区兵荒马乱、经济凋敝、民不聊生的情形下，海州地区却凭借天然的地理区位、战略优势和自然资源在经济、政治上获得前所未有的发展和提高。

1. 青州冀州的侨置与海州的由来

在南北交战频繁的魏晋时代，具有海上天然屏障之称的云台山成为北方移民躲避战乱的宁静之地。《南齐书·州郡志》："青州，宋泰始初，淮北没虏，六年始治郁州上。周迴数百里，岛出白鹿，土有田畴鱼盐之利。"《太平寰宇记》："明帝失淮北地，于郁州更置冀州"，王仲辇《北周地理志》亦云："青冀二州共一刺史，治郁州，迄梁未改。"从刘宋、南齐至萧梁，于郁州岛侨立青、冀二州，自宋泰始六年至东魏武定七年（549 年）止，历经南朝宋、齐、梁四朝长达 80 年之久。侨置青州、冀州，迁徙移民的历史事件对古海州政治、经济、文化产生了深远影响。《太平寰宇记》卷二十二："武定七年，改青冀二州为海州，移理于旧州南龙沮故城（今灌云县龙苴镇）。"作为州城，海州的名称由此而来，在以后漫长的历史时期，作为本地域的政治、经济、文化中心，海州地域的独特环境成为文人雅士的向往之地。

2. 隐逸文化的历史印记

稳定的社会环境不仅成为大批移民的理想之地，其时孤县海中的郁州岛

---

① （南朝宋）范晔撰，（唐）李贤等注：《后汉书》卷三下《襄楷传》，中华书局 1965 年版，第 1084 页。

② 李传江、张瑞芳：《太平经与海州地域文化渊源考论》，《兰台世界》2013 年第 6 期，第 103-104 页。

因拥有茂林修竹、峻岭深壑、流水飞瀑的自然环境以及道教文化的历史渊源也成为具有特殊身份和才华的名士们热切向往的乐土，他们为此留下了许多优美的诗篇。大文学家庾信在《哀江南赋》中把秦始皇东游来到本地区的民间神话传说用"鞭石成桥"四字点化出来，而富有新意。① 曾随梁武帝的军队来此游兴的南朝文学家刘孝标，赋诗《过朐阳因登郁州山望海》，赞誉郁州岛的雄伟壮美。②

名士的到来营造了人文荟萃的美好环境，增强了本地域的文学色彩和人文气息。魏晋时期的隐逸文化在此留下了深深的烙印。隐逸文化是魏晋南北朝时期独特的社会文化现象，与入仕相对，是名士不满于现实政治、实现个人抱负采取的一种特殊处世方式。《论语·泰伯》孔子曾言："笃信好学，守死善道。危邦不入，乱邦不居。天下有道则见，无道则隐。邦有道，贫且贱焉，耻也，邦无道，富且贵焉，耻也。"这一现象沿袭于春秋，至此时较为盛行。其时，既远离政治军事纷扰又与国都建康保持海路畅通的郁州岛成为隐士归隐山林的佳选之地。崔季珪、邴原、明僧绍等名士即是其中的典型。他们曾先后来此隐居，授徒讲学，抑或访仙问道。学者们整理的《崔琰〈述初赋〉考》记载：崔琰，字季珪，性顽口讷，年十八，不能会问，好击剑，尚武事。至二十九，粗阅书传，闻北海有郑君者，当世名儒，遂往造焉。道由齐都，涉淄水，历杞焉，过杞郊之水，登铁山，望高密。……吾夕济于郁州。郁州者，故苍梧之山也，心悦而怪之。闻其上有仙士石室也，乃往观焉，见一道人，独处休休然，不谈不对，顾非己及也。登州山以望沧海。③《述初赋》表达了一代名士对东汉末年郁州岛山海景观的特殊情怀和热切向往。

名士作为移民中的杰出人物，他们虽然并未长期客居异乡，但作为拥有较高经济、政治、文化、社会优势的特殊人物，其对时事敏锐的洞察力、较高的文化素养及孜孜以求的治学精神即使在异乡的短暂居住也能在传播文化知识、渗透人文涵养等方面对当地社会起到较大的引领效应。

---

① 《艺文类聚》卷七九引《三齐略记》："［秦］始皇作石桥，欲过海观日出处。于时有神人，能驱石下海。城阳一山石，尽起立，巍巍东倾，状似相随而去。云石去不速，神人辄鞭之，尽流血。石莫不悉赤，至今犹尔。"

② 崔应阶：《云台山志》卷六。

③ 彭春艳疏证整理：《语文教学通讯·D刊（学术刊）》2013年第4期，第91页。

### 3. 天师道的文化渊源

天师道盛行是魏晋时期本地域另一显著的文化特色。著名天师道学者郭璞注《山海经》，多处提到郁州、东海地名，注文展现了本地区在上古神话中的山海神韵、古渺深远。①《山海经·海内东经》："都州在海中，一曰郁州。"郭璞注："今在东海朐县东，世传此山自苍梧徙来，上皆有南方物也。"其时的郁州在郭璞的笔下充满浓郁的神奇色彩。以天师道信徒为主的孙恩义军曾攻占郁州，亦是凭借当地天然的地理优势以及社会信仰基础使得天师道频繁活跃于东部滨海地区。陈寅恪先生曾在《天师道与滨海地域之关系》中表达了连云港地区从东汉末年的太平道到东晋天师道连绵不断的渊源关系。通过对孙恩选择攻占郁州岛"盖有环境之薰习，家世之遗传，非一朝一夕偶然遭际所致"② 的原因分析，进一步说明了魏晋时期天师道在郁州岛的深厚基础和社会效应。

### (二) 隋唐时期多元文化的交融汇通

进入隋唐，在中国封建社会政治稳定、经济繁荣、文化灿烂局面全面展开的时代背景下，各地区也迎来了发展的新机缘。此时拥有"东海名郡"③之美称的连云港在宗教文化以及对外交流方面领域都达到了较高的程度。

### 1. 佛道文化的交相辉映

隋唐时期，本地域留下了诸多影响较大的宗教文化遗存。如始建于隋开皇年间，反映本地域道教盛况的郁林观《东岩壁记》："卧石埋云，触摇风而不散，历时花木，红紫无名，入听笙歌，宫商自合，固可为真人之别馆，元始之离宫。"④ 郁林观为唐开元七年（719 年）海州司马崔惟平携其子崔逸及幕僚等游览今花果山飞泉村一处胜景。崔惟平嘱其子崔逸撰文并书，在此刻《东岩壁记》于石壁之上。从隋开皇年间到唐开元初，历 100 多年，郁林观美名犹在，观址尚存。崔逸叹其"固可为真人之别馆，元始之离宫"，既表达道家出尘遁世，寻求"紫翠之房""洗我尘虑"的思绪，也表明在隋唐时期道教学说在海州一带士大夫心灵深处的现实反映。本地区隋唐之际道教盛况于

---

① 周明初校注：《山海经》，浙江文艺出版社 2016 年版，第 140 页。

② 《金明馆丛稿初编》，生活·读书·新知三联书店，2001 年版。

③ 郭预衡、郭英德主编：《唐宋八大家散文总集》卷 10（修订本），河北人民出版社 2013 年版，第 7345 页。

④ 周绍良主编：《全唐文新编》（第 2 部第 2 册），吉林文史出版社 2000 年版，第 3468 页。

此可窥一斑。①

继崔逸之后，著名道家人物成玄英来到苍梧山（今云台山）隐居18年，著书立说，其学术是继先秦老庄哲学、两汉黄老道学、魏晋玄学和神仙道教之后道家哲学发展的一个重要阶段，并对宋代的理学产生影响。② 唐代佛教在本地区发展亦较为兴盛。海州刺史李邕的《大云禅寺碑》碑文多处涉及佛教禅宗、净土、真言诸宗的优美文字。碑刻书法不仅有着较高的艺术价值，而且反映了盛唐时期中日之间的佛教文化交流。③

2. 对外文化交流局面的开启

强盛的大唐帝国不仅开创了国内文化空前繁荣的时代，此时，中外文化交流亦进入了前所未有的新局面。地处沿海的海州以位置为优迎来了对外文化交流的新机缘。

首先，日本仁明朝承和五年（838），随日本遣唐使来华的学问僧圆仁两次途经海州，被誉为"日本的玄奘"的圆仁在其《入唐求法巡礼行记》中留下了对古海州"高石重岩，临海险峻。松树丽美，甚是可怜"的深厚情怀和美好赞誉。他在日记中关于大唐典章制度、风俗民情、社会组织、宗教信仰等的记录不仅是中日文化交流的宝贵遗产，他两次过境海州东海山的美誉亦载入中日文化交流的史册。

其次，唐中晚期以后，山东半岛及苏北沿海地区陆续出现的新罗移民为当地社会文化发展留下了新的历史轨迹。据记载，九世纪初，朝鲜半岛的饥荒导致大量新罗人纷纷流亡至唐朝境内。他们主要从朝鲜半岛中部海岸西渡黄海，至唐登州文登县赤山浦（今山东文登县斥山集）一带登陆，然后取陆路经青（今山东青州）、齐（治今山东淄博）、汴（今河南开封）转往洛阳和长安，抑或直接从赤山浦沿今山东、江苏海岸南下，经海州（今连云港市海州区）至泗州涟水入淮河，上溯至楚州（今淮安市楚州区）再转行运河，自此或西上汴洛，或南下扬州。为了给新罗流民提供食宿交通之便，大唐政府在新罗人聚居的沿途城市建有新罗坊、新罗馆等接待设施，并实施有效的管理，一定程度上展示了有容乃大的唐帝国风范。据《唐六典》记载，其时安

① 李国钧主编：《中华书法篆刻大辞典》，湖南教育出版社1990年第1版，第565页。
② 张岱年主编：《中国哲学大辞典》，上海辞书出版社2010年版，第604页。
③ （宋）郑樵撰：《四库家藏　通志略》（四），山东画报出版社2004年版，第78页。

置新罗流民的官设机构具有特定的名称，在城邑为坊，在田野为村。在山东半岛的登、莱、密、沂以及海州沿海一带形成了众多新罗侨民村落。作为新罗流民的必经之地，其时海州地区的新罗移民聚居区为宿城村。

宿城新罗村遗址

圆仁在《入唐求法巡行礼记》有关于宿城村"请勾当垂悯交往""兼押衙使下有三四人在此探候"的记载，"勾当"为唐宋俗语，意为处理、办理。"押衙"一职由新罗侨民来担任，相当村长之职。圆仁的这一记载证实了海州、东海县两级政府严格执行了对新罗村的行政和治安管理制度。唐政府对新罗移民妥善安置、仁义友善的记载，既是中朝唇齿相依友好邻邦的历史见证又是两国悠久的文化交流史的见证。连云港市博物馆考古人员曾对分布在花果山的十八盘、神山头、鸡鸣山，中云乡隔村、朝阳南诸山、当路村、锦屏山的胸阳乡塔山六处封土石室进行田野考古调查，根据对出土遗物的分析，确认其年代为唐初至唐晚期。① 近年来的研究又进一步确认封土石室墓的起源来自公元五世纪朝鲜半岛百济国时期的"横式石室墓"，到公元六世纪的新罗

---

① 纪达凯、陈中：《连云港地区土墩石室遗存新考》，《东南文化》1993 年第 3 期。

国时期，这种墓室形制继续出现。九世纪以来，长期生活在山东半岛和苏北连云港地区的新罗移民继承了本民族的墓葬习俗，就地取材地使用了"横式石室"——封土石室墓葬式。① 这也从一个侧面说明了海州唐式墓葬发现较少的原因。

封土石室在连云港地区存在达 3 个世纪之久，它是大唐与新罗两个民族、两种文化交流的结果。作为一种文化现象，它反映了大唐帝国时期海州地区在中外文化交流日趋发展的时代背景下，海州地区和邻国的关系体现在外交上的友善以及文化上的交融。

（三）宋元时期文人墨客的文化印记进一步丰富地域文化的内涵

经过大唐的发展，宋元时期，我国经济文化再次呈现繁荣的局面。其时，由于盐业在国民经济中举足轻重的地位，海州地方文化发展步入了重要的发展时期。《宋史·食货志》所载，海州有"山海之利，以盐茶为大端"。盐业的兴盛以及盐商的足迹进一步助推了文人雅士的向往。沈括、苏轼、石曼卿、祖无择等文化名人的到来对当地文化内涵的丰富以及文化影响的扩大产生了很大影响。曾任东海县令的北宋著名科学家沈括在其科学巨著《梦溪笔谈》所言："余昔年在海州曾夜煮咸鸭卵，其间一卵灿然通明，如玉荧荧然，屋中尽明，置之器中十余日，臭腐几尽，愈明不已。"沈括在海州的这一发现为后人研究荧光物提供了重要资料。此外关于宋神宗时期为官清廉，办事干练的海州通判石曼卿的"石曼卿读书处"的隶刻至今留存。

宋元时期，由于特殊的经济、人文环境，前往本地域的文人墨客还包括一代文豪苏东坡。苏东坡先生一生两次前往海州，虽是短暂停留，但他的通信及诸多诗文紧扣着连云港在宋代风行的文化脉搏，包含着对连云港的山水名人、文化底蕴的深切感悟与深厚情怀。这些留存至今的诗、词及往来书信，成为今天连云港地域文化中最为闪耀的重要内容。宋熙宁七年（1074），苏东坡曾"携家一游"海州。其作品《更漏子》中的"海东头，山尽处，自古客槎来去"。② 以及《和蔡景繁海州石室》中的："坐令空山出锦绣，倚天照海花无数。花间石室可容车，流苏宝盖窥灵宇"③，抒发了一代文豪对底蕴深厚

---

① 张学锋：《江苏连云港"土墩石室"遗存性质刍议——特别是与新罗移民的关系》，《东南文化》2011 年第 4 期。

② 黄勇主编：《唐诗宋词全集　第六册》，北京燕山出版社 2013 年版，第 2935 页。

③ 曾国藩纂：《十八家诗钞　上》，岳麓书社 2009 年版，第 0636—0637 页。

的苍梧山的无限眷恋与向往之情。苏轼一生为古海州创作了三十多首杰作，诗篇中曾对苍梧山、石棚山、孔望山等诸多名胜古迹逐一咏赞。其中"海为澜翻松为舞"① 的诗句既是苏轼对古海州独特地理环境的深情描绘亦是其个人抱负与浪漫豪情的由衷表达。

北宋时期，有关本地域的诸多石刻遗存也记载着文化名人的足迹与个人情怀。在今天花果山飞泉郁林观唐隶刻石的斜对面，存有宋代摩崖石刻——《祖无择三言诗勒》。碑高 5 米，宽 6 米，共 102 字，正文分 12 行，每行 7 字，字径 8 寸，此碑刻于宋庆历甲申四年（1044）七月，由其时在海州任提点一职的祖无择拟文，苏唐卿篆书，王君章镌刻。小篆体势，笔力苍劲。《祖无择三言诗勒》碑刻是一首三言诗，后人称之为"三绝碑"。碑文除介绍此地独特风光外，还寄予了："千万年，苍苔没，后有人，为吾拂"的希望，意即相信将来必有知音悉心整理和保存好这块碑文石刻。

祖无择复姓祖无，字择之，宋朝河南上蔡人。曾与王安石共事，长经史，善三言诗。其文享誉海内。在海州任职期间，首建"学宫""安置生徒"，使海州"弦诵之化由此盛"。对当地学风的开创，文化的传播起到了重要作用。

祖无择三言诗刻

① 李德身：《古海州名诗评介》，《连云港教育学院学报》1995 年第 2 期，第 27—33 页。

文人墨客的足迹使得此时海州的人文气息愈加浓郁。此时，本地域佛教的兴盛、对外交流的发展都留下了深厚的历史印记。北宋天圣四年（1026）所建的海青寺阿育王塔，与河北定县同期所造的开元寺料敌塔"同为南北二巨构"。① 此外，随着中外贸易局面的进一步扩大，海州日益成为与日本和高丽贸易的重要港口。元丰七年（1084），为了扩大日益兴盛的海外贸易，朝廷命京东、淮南路，筑高丽亭馆，接待往来的高丽商贾、僧侣。据苏轼元丰八年（1085）六月第二次前往海州的诗句，此时隶属淮南路的海州高丽亭馆已是"檐楹飞舞垣墙外，桑柘萧条斤斧余。尽赐昆耶作奴婢，不知偿得此人无"的浩大工程，表明此时海州海外贸易已达到相当的规模。唐宋以来以海州为中心的中外文化交流对后世产生了深远影响。

（四）明清文学巨匠与文学巨著的独领风骚

明清两代，连云港地域的文学名士取材于本土文化资源成就了我国文学领域的辉煌，把我国古典文学的发展推向一个新的高度。《儒林外史》的作者吴敬梓曾随其父在赣榆生活过八年。② 传世名作——《镜花缘》与海州地域文化有着莫大的渊源。1797 年，李汝珍在板浦创作《镜花缘》，1817 年定稿，次年刊刻于苏州。③ 海州的风土习俗等对《镜花缘》的创作产生巨大影响，其中的风土人情、方言俚语带有海州文化的显著烙印。④ 李汝珍受业于著名学者凌廷堪，与海州"二许"等地方文化名人结为好友，共同研究音韵学，并在他们的帮助下完成《李氏音鉴》《授子谱》等传世著作。⑤

四大名著之一的《西游记》作者吴承恩被地方学者认为是依据连云港花果山的自然景观而创作出这一神魔小说的。⑥ 出生于灌云县板浦的清代著名经学家、音律学家凌廷堪对中国古代礼制和乐律有深刻独到的研究，著有《礼经释例》13 卷，《通鉴翼胡》4 卷，《元遗山年谱》2 卷，《充渠新书》2 卷，

---

① 蔡达峰、宋凡圣总主编；李杭春本卷主编：《陈从周全集》（12）《梓室余墨》，江苏凤凰文艺出版社 2015 年版，第 200 页。

② 胡适著：《胡适文存》（第二集），首都经济贸易大学出版社 2013 年版，第 371 页。

③ 王齐洲著：《中国通俗小说史》，武汉大学出版社 2015 年版，第 657 页。

④ 彭云：《〈镜花缘〉·李汝珍与连云港板浦》，《淮海工学院学报（人文社会科学版）》2003 年第 1 期，第 31—34 页。

⑤ 胡适：《〈镜花缘〉考证》，《中国章回小说考证》，上海书店 1980 年版，第 513—518 页。

⑥ 李洪甫：《西游故事的地望解析》，《淮海工学院学报（人文社会科学版）》2004 年第 3 期，第 30 页。

《校礼堂文集》36 卷及《燕乐考源》《陵阳读余录》等①流传于世。凌廷堪于 1790 年（乾隆五十五年）35 岁时中进士，1795 年（乾隆六十年）任宁国府学教授之职。② 凌廷堪生活的乾嘉时期，正是清王朝由盛到衰的急剧转变时期，在官场腐败，危机日趋严重的社会环境下，曾在作品《辨志赋》中表明自己作为一代文化学者"宁静致远，淡泊明志"的正直高洁的人格志向。

**四、近代新旧思潮交织与文化的转型**

近代以来在东西方文化的激荡与交织下，在古老的国度开启转型与嬗变的时代潮流下，连云港以交通取胜，以追逐大海为目标，农工商业、港口贸易获得了发展的良机，成为我国东部沿海重要的近代化海滨城市。以新浦民主路商业街道、连云港火车站为代表的近代建筑体现了近代化海港城市文化的重新塑造，这种塑造在新的机缘面前不断前行，亦不断推动连云港地域文化底蕴的日益深厚。

纵观连云港地域文化漫长的形成与演变历程，可以总结概括其独特的文化个性、文化价值以及深厚的历史背景。

其一，山海相拥、南北要冲的自然人文环境孕育了以将军崖岩画、孔望山摩崖造像等为典型代表的独特的石刻文化、宗教文化，它们在中华文明史上居于重要地位。

其二，显要的战略区位、发达的淮盐经济使其赋予了浓郁的政治色彩和渔盐经济文化色彩。以秦东门、盐仓城遗址、《尹湾汉墓简牍》等为典型代表的历史遗存反映出战略要地、鱼盐之利的冲击力对地方社会的影响及其与政治变革、文化发展的内在切合。

其三，在新旧思潮交织的近代时期，以交通取胜，创造了以追逐大海为目标的独特城市文化。如中西合璧的民主路商业街道、连云港东站既是近代中国对待西洋文化由排斥、恐惧到仰慕、模仿以及西方强大的影响力与自身民族文化相互交织的一个时代缩影，同时又体现了在孙中山的建国理想和交通为先思想带来的契机下，一支怀揣梦想在新浦街上辛勤耕耘的新经济力量在推动地方发展和建构地域文化精髓历程中作出的重要贡献。

---

① 王志国、周宁主编：《连云港文化概览》，第 168 页。
② 王志国、周宁主编：《连云港文化概览》，第 167 页。

# 第二章
# 发展中的海洋经济引领多元文化前行的方向

连云港位于黄海之滨，系我国南北要冲。濒临海洋的地理优势以及鱼盐之利舟楫之便的海洋资源使得连云港经济自古以来与海洋相依相伴，形成了独具一格的海洋经济。在地域文化演变的漫长历程中，经济是基础，文化是内核，从经济的发展到文化的演变，二者由外而内相辅相成、相得益彰。长期以来本地域独具特色的海洋经济不仅在历代经济发展中占据重要地位，而且使得连云港地域的方言、宗教信仰、民俗风情、建筑等在海洋经济的引领下逐步积淀了敢于奋斗、注重价值实现的海洋文化的独特品格。

## 第一节　鱼盐之利助推国计民生

鱼盐资源的丰厚条件对于沿海地区来说得天独厚，我国古代先民尤其是沿海先民最初的生存策略即是渔猎。早在 6000 多年前钓具、网具即以出现。春秋战国时期的齐国曾鼓励百姓靠海吃海，最终因"历心于山海而国家富"①演绎了一段齐桓公首称霸主的辉煌历史。

连云港地区的渔盐业长期以来在推动地方经济文化的发展以及国家财政税收的过程中发挥着重要作用。"东南盐利，视天下为最厚"。② 其沿岸浅滩丰富，属泥沙质，适于渔介类之栖息，亦因扼我国南北要冲的险要地势而成为一座集军事、商业、渔业于一体的综合性优良港湾。以上反映的是连云港近代渔盐业

---

① 唐敬果选注，余欣然校订：《韩非子》，崇文书局 2014 年版，第 51 页。
② （元）脱脱等撰：《宋史》卷 182《食货志》，中华书局 2000 年版，第 2976 页。

的发展概况。实际上，该地区的渔盐经济文化有着更为悠远的历史。

**一、近代江苏沿海渔业概况**

江苏沿海号称"鱼米之乡"，其拥有发展海洋渔业经济得天独厚的资源条件和气候条件，浩瀚的黄海、广阔的滩涂，丰富的水资源为农村渔业发展奠定了坚实的基础。

（一）优越的自然人文环境——近代江苏沿海渔业经济发展的基础优势

1. 地理文化优势

江苏拥有浩瀚的黄海海域，区域内水网密布，沟渠相通，是中国最典型的"水乡"。近代以来，随着人口的增加、城市的扩大、商品化和市场化的不断增强，以及许多拉动力的作用，江苏沿海地区渔业经济发展进入一个新的历史时期。虽然渔业在近代江苏沿海地区社会经济总量中的比重呈不断下降之势，但它在江苏沿海农业经济中的重要地位却没有因此而改变。因为近代中国的经济是二元结构的经济，小农和小手工业等传统部门的经济在中国社会经济中一直居于主导和支配的地位。除此以外，在江苏沿海社会、历史和文化传统等方面也具有发展渔业经济的各种独特优势，如源远流长的渔业文化，也是维持和促进江苏沿海农村渔业经济发展的潜在力量。

2. 渔业资源优势

江苏近海，特别是长江口以南的东海海域的渔业资源尤为丰饶。嵊泗列岛以北的海域，因长江径流带来大量的浮游营养物质，鱼类品种繁多，渔业堪称全国之冠。民国时期，南京国民政府专门派员调查江浙近海渔业资源。嵊泗列岛所处的海面岛屿星罗棋布，有嵊山花鸟山、大黄龙山、大戢山、小戢山、东绿华山、西绿华山等。大小岛屿 196 个，嵊泗列岛所处的海域海水深浅适度，有利于鱼类的洄游和繁殖。大宗鱼类产卵、觅食均群集于列岛附近海面，故"江浙渔民及时前往采捕，获大量渔产，或迁家于此，颇能安居乐业，年有积余"。嵊泗列岛鱼的种类，据民国档案资料记载，"以乌贼鱼、带鱼、海蜇、大小黄鱼为大宗，其余马鲛鱼、鲵鱼、鲥鱼、鲨鱼、鲳鱼等产量亦多"，"冬汛盛产带鱼，夏汛盛产目鱼和大黄鱼，秋汛盛产海蜇，春汛盛产小黄鱼。"丰富的渔业资源为沿海农村经济状况的改善、为沿海农村建设提供了重要保证。

3. 渔业技术优势

19 世纪七八十年代至江浙渔业公司创立之前，是近代江苏沿海农村渔业发展的第一个历史时期。这一时期在生产技术和方法上，沿用传统的渔具，渔民结帮捕捞，生产仍然以捕捞为主，水产品加工业以天然冰保鲜，水产品贸易场所和机制是传统的"鱼行"或"鱼市"。这一时期，渔业的发展速度很慢，进步幅度不大，上升的趋势不明显。1904年江浙渔业公司的创立至上海鱼市场建立是江苏沿海渔业的第二个发展时期，也是"第一次上升"时期。光绪三十年，南通实业家张謇有鉴于机器渔轮业的巨大生产力，会同江浙官商，经清政府同意，创办江浙渔业公司于上海。光绪三十一年，由苏松太道拨公款购进一艘德国的蒸汽机拖网渔船"万格罗"号，更名为"福海"号，"福海"号以上海为基地，进行单船舷拖网作业，于每年的春、秋两季，在东海进行捕捞生产，这是我国机轮拖网渔业的开始，也是我国海洋捕捞迈向近代化的标志。

　　民国初年开始，一些主要由中小民族资本家经营的渔业公司相继成立，添置渔轮，以上海为基地，进行捕捞生产，渔捞技术也有一定进步。1914年，浙海渔业公司在上海成立，从欧洲购入"府浙"渔轮一艘，由于渔轮间互相竞争，并改进捕捞技术，所以渔业生产一时间兴旺发达。因不久第一次世界大战爆发，煤价大涨，浙海渔业公司开支浩大，难以为继，遂将这艘渔轮售于航商，改为商船。1921年，浙海渔业公司又从美国购来退役的军用轮船一艘，改装为"富海"号渔轮。"富海"渔轮历次出海捕捞，渔获颇丰。1921年从日本引进双拖网渔船作业，江苏沿海地区又进入了机动渔船拖网的新时代。机器渔轮的引进是江苏沿海渔业经济发展的又一重要时期。这一时期，江苏沿海的水产品加工业进一步发展，水产品保鲜开始使用机器制冰，还出现了鱼肝油制造业等深加工产业。渔业技术上的进步与发展、水产品贸易量的增加、市场的繁荣拉动了沿海农村渔业的发展，大大改善了沿海农村的经济面貌。

　　(二) 新式渔业人才的培养——近代江苏沿海渔业经济发展的新活力

　　水产科技的进步，离不开渔业劳动者素质的提高，兴办水产教育即是着眼于人才培养的一大举措。19世纪以前，中国没有专门的水产教育机构，近代水产教育机构在清末才开始创立。19世纪下半期，一些头脑清醒的封建官吏，开始提倡新学，随后掀起了一股学习西方的热潮，并通过清政府向英、美、日、法等国派遣大批留学生，水产教育也是在这种历史背景下开始的。1905年江浙渔业公司购得德国拖网渔船后不久，即暴露出技术人员短缺的矛盾。这艘我国最早的机动渔船"福海"号，只雇到有经验的胶州水手4人，其余的都是商船驾驶员，他们技术较差，对渔场不熟，稍遇风浪，就要避风，结果亏损很大。在这种情况下，急需培训技术人员。江苏沿海地区最早的水产教育机构是江苏省立水产学校，江苏省政府临时会议决定将水产学校正式纳入国民技术教育范畴，专门在政府预算中开列这项教育的预算，计划每年拨款 19688 银元，并拨专项筹办费 30000 元在上海开办江苏省立水产学校。1913 年 3 月，江苏省拨吴淞炮台公地 60 亩，专款建筑校舍，新校舍落成后，即从原地迁到新校舍。学生分渔捞、制造两科上课，每科各有 30 余人，教学采取课堂讲授和野外实习相结合的方法进行。1916 年，江苏省立水产学校建造淞航号实习船 1 艘，并派第一届学生分赴江苏、山东和河北等省调查渔业。该校的学制、课程均仿照日本东京水产讲习所，学制为 3 年。1920 年，学校建造石油发动机渔轮"海丰"号 1 艘。1921 年，学校增设养殖科，并设编网职工科和贝扣职工科，在昆山周墅建造淡水鱼养殖场，这时，学校主要有制造、渔捞和养殖 3 个学科。人才的培养促进了水产科研的发展，对农村经济的持续性发展奠定了坚实的基础。

（三）政府管理与渔业企业的发展——近代江苏沿海渔业经济发展的重要保证

政府对渔业经济活动施加影响，是通过"渔政"来实现的。在中国由传统走向近代的过程中，渔政制度"与时俱进"，向"近代"转型。20 世纪以前中国渔政设施中几乎没有为促进渔业发展、扶植渔民、改善渔村设施的政策措施。近代渔政制度首先在江苏沿海地区开始施行。20 世纪初，特别是民国政府成立后，渔业行政归实业部，渔政设置比以往有了较大的拓展，渔政的内涵也日益扩展，如水产监督保护、豁免渔税、维护国家的海权、发展水产教育、兴办渔业银团、兴办渔业合作社和渔业公司、进行渔业新闻宣传、兴办新式渔会等，比以往时期有了巨大的进步。北洋政府时期，实业部分为农林、工商二部，渔政事业归农林部，由农林部设立渔业局专门管理渔业，这是在中央渔政设立专局的开始。1914 年 7 月，农林、工商二部合并为农商部，张謇任农商部总长。农商部下设立矿政、农林、工商、渔政四司，渔牧改局为司。张謇制定的农商部渔牧司的职责有：水产监督保护及教育，渔业监督保护，公海渔业奖励，渔业团体事宜。

1904 年成立的江浙渔业公司既是我国渔业管理的里程碑，同时又是我国近代新型企业制度的转折点。从公司发展的历史看，公司是筹集资金最为有效的企业组织形式，它具有资本联合性。江浙渔业公司"集股办事"，体现了资本联合性，并具有"股份有限公司"的性质，所以是现代企业的雏形。它存在的时间虽然很短，但从设立的目的看，它的政治职能较强，首先，它是个渔政机构。若从业务活动上看，该公司是一个政商合一的组织，自称"以官经商纬为组织之一"。公司除了经营渔业以外，还担负海防、救济、保护、捐税、教育任务。继江浙渔业公司之后，从民国初年开始，一些中小民族资本家也开始以股份制筹集资金，经营渔业，新型的渔业公司纷纷成立。这些公司在江苏沿海都以上海为基地，采用机械化捕捞，所以无论从生产力设施，还是从基金筹集以及经营方式上看，渔业公司的成立和运营都是渔业经济发展史的一个跳跃，这些公司主要有："浙海渔业公司"，1914 年在上海成立。公司成立之后，从欧洲购入渔轮一艘，命名为"府浙"号，因为改进了捕捞技术和设备，渔业生产一时间兴旺发达。1921 年，该公司又从美国购来军用轮船一艘，改装为"富海"号渔轮，渔获颇丰。与此同时，近代化的渔业公司不断涌现，如 1909 年在宜兴成立的"达昌渔业公司"，1914 年在上海成立的"浙海渔业公司"，1923 年在上海组织的"海利渔业公司"，1926 年在上海成立的"振兴渔业公司"，1927 年在上海成立的"中华轮船渔业公司"等。公司制是一种新型的资本组合方式，有利于资本积聚，有利于生产要素的优化组合，并能提高农村渔业经济活动的效率。

**二、连云港地域独特的渔业资源**

连云港因南北要冲的独特地理区位，成为我国东部海洋高低盐水系、暖冷水团的重要交汇区域，亦是多种海洋鱼类产卵、索饵的良好场所。境内"西连岛水势较深，大渔船可随时出入，设遇咫风骇浪，多可趋避于此，为江苏第一渔港。夏秋渔汛旺盛时，山东渔船悉以该处为根据地。……"[1] 相对于其他沿海地区，连云港渔业具有鲜明的地方特征。

（一）区位优势独特，资源丰富

连云港港湾因得名于古海州而俗称为海州湾，地理位置约为东经 119.27 度，北纬 34.44 度，海流适量，鱼类之栖息与来游者，除黄花鱼外，其他种类亦极为丰富，每年三月至五月间是鱼类出产的鼎盛时期。"本港附近渔获不

---

① 李士豪著：《中国海洋渔业现状及其建设》，商务印书馆民国二十五年五月版，第 69 页。

下百余种，且均为珍贵物品，如黄花、鳞、刀、鲳鱼、梭子蟹、对虾、大乌贼……"①

在古代中国漫长的农耕社会时期，因种种复杂的政治经济语境，被边缘化的渔业始终是农业发展过程中的薄弱环节。尤其是明清漫长时期的闭关政策更使得沿海渔业经济愈加衰败。"明清两代，南从粤东起，中经福建东山、浙江舟山、江苏连云港、北至山东辽宁间所有海岛，悉数荡平房舍，驱民迁徙"，"这种海禁、迁界暴政，使海洋渔业的生产基本上陷于中断"②。

近代以来，各种社会思潮在中华大地上进行着剧烈的碰撞和交融，古老的中国社会开启了艰难的转型和嬗变，作为沿海重镇，连云港迎来了难得的发展机遇，尤其是东陇海铁路的通车运营以及连云港港口的建设成为连云港经济发展的重要转折点，在这一重要的过程中渔业的发展超过了以往任何时期。"自老窑筑港以来，该港定为商业港兼渔港，经政府积极经营，商业日渐繁盛，航路北通青岛，南达淞沪，铁路则横贯苏豫陕诸省。查其出产鱼类有百余种，产额每类每年有千余担，渔民有四万余户。"③ 即使到战火纷飞的解放前夕，由于渔业资源的丰富，依然吸引着数量可观的渔民投身渔业，"1948年，海州湾渔场仅连云地区就有大小渔村 12 个，渔船 184 艘（其中 100 担以上的大船 29 只），渔业家庭 1200 多户（占总户数的 46%），渔业人口 6000 余人（占总人口的 63%）"④。经考证，这批渔民的来源已远远超出本地居民的范围，其时，大批山东人、徐州人、河南人等外来居民也沿着陇海线到连云地区以捕捞或以渔船帮工为生。

（二）机构数量众多　交易活跃

丰富的鱼类产品需要借助于相对稳定的交易平台，俗称鱼行的渔业机构便应运而生。民国时期的海州已经出现了一批具有相当规模的鱼行，几乎遍布于各个县区。

1. 海州地区

该地区包括："常茂永""万顺兴""周一大"等著名的渔业机构，大多

---

①　高启新：《江苏时事月刊》，《连云港渔业概况》1937 年第八期，第 29 页。
②　丛子明、李挺：《中国渔业史》，中国科学出版社 1993 年版，第 7 页。
③　高启新：《江苏时事月刊》，《连云港渔业概况》1937 年第八期，第 23 页。
④　张大强等：《海州湾渔民俗》，中国文史出版社 2016 年版，第 342 页。

分布在河海相连、运销便利的蔷薇河畔，此处至今仍保留当年闻名遐迩的“鱼市巷”巷名。

2. 连云地区

在所属区域中，连云地区的海产品交易最为活跃，也是本区域渔业市场的中心地带。每年夏历三五月间，墟沟附近的高公岛、西墅，甚至更远的陈家港、刘公岛等各处渔船将海产品集运到此处公兴、都兴、华大、兴裕等规模较大的渔业机构进行二次分销。1935 年，上海著名的经济水产月刊定期对连云地区各行水产的数量、种类、价格等进行详细的统计与报道，1935 年 3 月上海经济水产统计信息表明连云地区鱼类之丰富、交易之活跃及其在上海水产市场中地位之重要。

三月份連雲墟溝魚市

| 種類 | 數量（担） | 每担價格（元）最高價 | 最低價 | 平均價 | 總價（元） |
|---|---|---|---|---|---|
| 比目魚 | 31.0 | 16.0 | 5.0 | 10.5 | 325.5 |
| 鰡魚 | 4.0 | 24.0 | 10.0 | 17.0 | 68.0 |
| 狗腿 | 18.3 | 10.0 | 5.0 | 7.5 | 137.2 |
| 對蝦 | 9.5 | 100.0 | 15.0 | 57.5 | 546.2 |
| 鱆魚 | 3.5 | 3.0 | 2.0 | 2.5 | 8.7 |
| 銅蟹 | 8.0 | 10.0 | 6.0 | 8.0 | 64.0 |
| 馬鮫魚 | 0.5 | 19.0 | 14.0 | 16.5 | 8.2 |
| 章魚 | 3.6 | 13.0 | 11.0 | 12.0 | 43.2 |
| 蝦姑 | 3.3 | 5.0 | 3.0 | 4.0 | 13.2 |
| 小黃魚 | 1.2 | 15.0 | 11.0 | 13.0 | 15.6 |
| 鱸魚 | 1.2 | 20.0 | 15.0 | 17.5 | 21.0 |
| 方頭魚 | 0.4 | 11.0 | 9.0 | 10.0 | 4.0 |
| 總計 | 84.5 | | | | 1254.8 |

三月份连云墟沟鱼市

来源：《上海市水产经济月刊》1935 年第 4 卷第 3 期，第 5 页

3. 赣榆县

作为当时本地区历史最为悠久的渔产品交易市场，有渔行 18 家、船行（业务范围和渔行大体相当）23 家。地方设有“渔业公会”，会长张子桢、周益三。大型渔行有“余生太”“万盛恒”“张隆兴”等。其中以张隆兴渔行较大，每年经营量超过其他行号，在全县驰名。

4. 日本占领期的渔业机构

据记载，日本对连云港一带渔业的窥视、调查与侵略开启于 1930 年。

"青岛与海州临洪口之间，海面宽二百余华里，素为产渔最富之区，沿海居民以捕鱼为生者，不下数十万户。查日本渔船来我海侵渔，已非一次。兹闻前月又开来兵船一艘，率领渔船千余只，散布临洪口外泰山迤东一带，自由捕鱼，兵船往来梭巡，以保护其渔船。"① 之后，在占领连云港期间日本又先后建立了四大渔业组织机构，其一，日华兴业株式会社水产课，总机构设于青岛奉天路八十号，1942 年 9 月开始在连云港建立基地，办公地点位于连云港启业路一号，营业范围包括我国黄海、渤海一带的渔捞作业。其二，海州水产组合，该组合在濒临海岸的连云、墟沟、青口镇及西墅等处均设有办事处，建立了较为科学的一体化营运体系。其三，帝国水产统制株式会社，该会社紧邻连云市墟沟镇火车站，主要经营渔产冷藏业务，具有紧靠渔市场和陇海铁路车站的优越地理位置。其四，田中水产，日本田中金四郎于 1940 年设于东连岛，资本约为三万五千元伪联银券，捕捞成绩占据日占期间四所渔业机构的最高份额。日本的侵略行径从另一侧面反映了本地区海产资源的丰富与交易市场的活跃。

### 三、淮盐的悠远历史及其重要地位

盐是人类最早认识的结晶体之一。见于文献记载的盐名古称颇多。《礼记·曲礼》解释为"咸鹾"；《本草纲目》称"方士呼盐为海沙"；《说文解字》注释"天生曰卤，人生曰盐"。总之，在科学不够发达的古代对盐的解释较为笼统，把凡固体溶存于海水中的物质统称为盐——白色金子。迄至近代，化学家始有对盐的确切定义，盐是指一类金属离子或铵根离子与酸根离子或非金属离子结合的化合物。其中，食盐的主要成分是氯化钠。这里涉及的盐系指食盐中的淮盐。

在中国沿海曲折绵延的 18000 多公里的海岸线上，广袤的海滨地域盐田相望。由于地域辽阔，我国海盐品名，一般以产地命名。如浙江沿海产地的海盐称浙盐，山东沿海产地的海盐称鲁盐。而淮盐则是古人以淮河为界对淮南、淮北地区所产海盐的通称。清光绪二十九年（1903）之后，由于淮南海势东移，土壤淡化，盐产日绌，煎盐法逐渐淘汰，而淮北滩晒制盐技术日渐普及，及至清朝中叶，淮南原运销于鄂、湘、赣、皖四省即扬子四岸的食盐，均由淮北盐场供给。1936 年淮南归并淮北，之后，淮盐又专指淮北天日制晒的"色白、粒

---

① 《日本渔船至海州湾浸渔》，《渔况》1930 年第 2 期，第 7 页。

大、干"的淮北盐,其品质最上,推为"海盐之冠"。"两淮盐,天下咸"①,淮盐以其悠久的历史和特有的魅力在中华文明史上独领风骚。

纵观中华漫长的盐业史,连云港作为淮盐的重要产域,"国家经费,盐利居之十八,而淮盐独当天下之半"②。自古以来对于国计民生功不可没。

(一) 淮盐的起源与初步发展

从夏商周至大唐被认为是淮盐的起源与初步发展时期。夏商周时期,淮盐业已成为贡品之一。《尚书·禹贡》就载有夏禹时代,青州以海盐作为贡品的史实,"海岱惟青州……海滨广斥……"这里的青州盐实已包括淮盐。据记载,本地域淮盐的生产始于商代中晚期,其时,因西北亘方等地的矿盐资源告危,商王朝中心地区人口的不断增加造成食盐需求量随之大增。食盐的民生压力促使商王朝把注意力转向东方制盐的海滨地带。商王朝以掠夺海盐资源为目的,首先对鲁北滨海潍淄地区的商代东夷方国进行征伐。李学勤指出"商末征夷方大致是沿安阳——兖州——新泰——青州——潍坊的路线"③。结果"发生了部分煮制海盐的淮夷部族向东南方向移民,并沿着山东半岛黄海海岸向南到达淮河下游古海州湾一带"④。这批山东半岛潍淄流域信仰鸟图腾、从事煮制海盐生意的徐姓淮夷先民开创了古海州制盐历史的先河。他们的初来乍到,是通过新兴产业——海盐生产创造财富的方式影响、融合、同化本地域的小部族文化,无疑给本地区的经济文化发展注入了新活力和内生的动力。与此同时,这批来自祖源故土——燕北地区、同样以鸟为图腾的新移民与本地土著居民因共同的文化信仰及价值取向而能够和睦共处。古海州地域悠远制盐历史的画卷由此展开。

考古学的发展着实是一支推动着历史学不断向纵深发展的重要力量。现存今连云港市赣榆区海头镇龙河乡盐仓城村盐仓城遗址为春秋及秦汉遗址,被列为江苏省重点文物保护单位。经考古发掘,这里是新移民来到本地区的第一处落脚点,他们的早期淮盐生产为西周初及春秋时期本地区的经济和文化的发展奠定了基础。盐仓城一带亦因淮盐的生产而长期成为本地域的政治

① 张乃格、张倩如:《江苏古代人文史纲》,江苏人民出版社 2013 年版,第 720 页。

② (明) 宋濂等撰:《元史》卷 170《郝彬传》,中华书局 1976 年版,第 4001 页。

③ 李学勤:《夏商周与山东》,《烟台大学学报 (哲学社会科学版)》2002 年第 3 期。

④ 刘凤桂、朱成安:《淮盐源流初探》,《连云港社会科学》,光明日报出版社 2016 年版,第 391 页。

经济文化中心。

"2015 年 9 月至 2016 年 1 月，南京博物院联合连云港市博物馆、赣榆区博物馆等对庙台子东侧及城址西北墓地进行了小规模抢救性发掘，发现了龙山文化、岳石文化、周代和汉代的文化遗存，包括房址、灰坑、灰沟和墓葬等遗迹，以及陶器、石器、铜器等遗物对于深入了解盐仓城（庙台子）遗址的文化内涵和促进本地区的历史文化研究具有十分重要的意义。"① 盐仓城（庙台子）遗址如下图所示。此次，考古发掘的诸多器物是以周代至春秋时期鬲、罐、盆、豆为基本组合，尤其是其中的鬲具有较为浓郁的东夷（莒国）文化的显著特点。文献记载当时活动于本地区的是莒国，而据《赣榆县志》记载，"盐仓城是春秋时莒国盐官驻地，时筑盐仓城，为赣榆县治所在，其东北为莒邑纪鄣城"②。

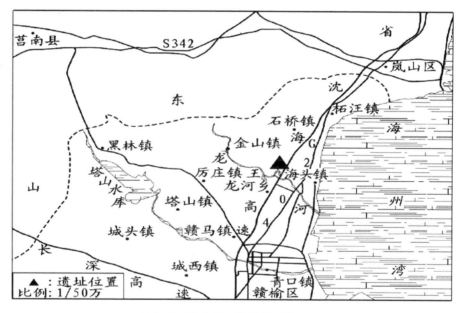

盐仓城（庙台子）遗址所示位置图

来源：南京博物院　连云港市博物馆　赣榆区博物馆：《江苏赣榆盐仓城（庙台子）遗址发掘简报》，《东南文化》2017.3，第 21 页。

---

① 南京博物院、连云港市博物馆、赣榆区博物馆：《江苏赣榆盐仓城（庙台子）遗址发掘简报》，《东南文化》2017.3，第 21 页。

② （清）特秀主修、王文炳总纂：《光绪赣榆县志》卷二。

西汉初年，因海岸变迁，今天连云港的板浦一带逐渐现滩成陆，人们多以渔盐为生。汉武帝时，由于长期对外用兵，财政开支不断增大，国库日见疲困，始在两淮地区设立盐官管理盐政，征收盐税。"彭城以东，东海、吴、广陵……有海盐之饶。"① 此东海即古海州地区，即后来淮北盐区的核心地域。在民族融合的东晋时期，生活在郁州岛的居民，曾将海盐、海货和红花作为一种远销的商品进行边境贸易。

（二）淮盐生产的扩大与淮盐地位的进一步提升

宋朝是我国内外交流繁荣、贸易活动兴旺的重要时期，淮盐已经作为贸易中的大宗商品。北宋初年，政府鼓励农民垦种荒田，并对农民捐税负担稍作削减，农民的生产积极性有了一定的提高。神宗继位后任用王安石进行变法，"变法"中颁布的"农田水利法"规定："（凡）吏民能知土地种植之法，陂塘、圩、埠、堤、堰、沟洫利害者，皆得自言，行之有效，随功利大小酬赏。"② 这一措施，推动了海州沿海地区堤堰道路的进一步发展，不同程度上保护了农田、盐池，这些堤堰成为交通大道，便于海州地区百姓的交通运输，对农业、盐业和渔业的发展起到了促进作用。

北宋熙宁七年（1074）铁盐撇，左齿"七年"，中齿"熙宁"，右齿"字二"。

（来源：连云港市博物馆）

---

① （汉）司马迁：《史记·货殖列传》第六十九，燕山出版社 2007 年版，第 3592 页。

② 脱脱：《宋史·食货志》第一百二十六卷，《食货上（一）（农田）》。

北宋时期的制盐业，主要集中于淮南路的楚州、泰州和海州以及涟水军。这些濒海地区，自古即有设场煮盐的传统。仁宗天圣年间（1023—1032），北宋政府在海州设2场、楚州设7场、泰州设8场煮盐。煮盐工场称"亭场"，从业人员称"亭户"或"灶户"，一场约10灶，1灶之下，有20多家参与煮盐。每灶昼夜煎煮6盘，约1800斤。北宋时期的煮盐，采用的是淋卤煎盐法，大致与现代相同。"凡取卤煎盐，以雨晴为度，亭地干爽，先用人牛牵制，挟刀取土，经宿，铺草藉地，复牵爬车聚所刺土于草上成溜，大者高二尺，方一丈以上，锹作卤并于溜册。多以妇人及小丁执芦箕，名之曰'黄头'，欹水灌浇，盖从其轻便，食顷，则卤流入井。"① 淮南东路的盐业资源极为丰富，盐产量居全国之首，是政府的重要财政来源。所谓"国家鬻海之利，以三分为率，淮东居其二"②，可谓多矣。

北宋年间，海州地区盐业生产已经具有一定的规模，单从水路每年向外地运销食盐47.7万石。③《宋史·食货志》载有"海州之利，以盐茶为大端"，以及《太平寰宇记》载有海州土特产"凌、绢、海味、盐、楚布、紫菜"。宋绍兴年间（1131），淮北所产盐斤除供应海州军需民食外，还销往徐州，以及淮南的光、泗、濠、寿州，江浙的杭、苏、湖、常、润州等3个地区计11个州或军。其时"军"为行政区划，与县同级，隶属于州。

元大德四年（1300），为了增加国库收入，元政府改革盐法，由原来盐商直接到盐圩买盐，改为将灶户圩盐驳进盐场、盐垛，再售卖给盐商。以调动盐民生产积极性，并促进盐业发展。元代，两淮每年运输食盐达95万引④（每引400斤）。朐山县（元至元二十年，即1283年，东海县并入朐山县，县治凤凰城，今海州南城镇）沿海一带食盐由凤凰城、板浦装船，经盐河运至西坝中转，然后运至今苏南、浙江、江西、河南等地销售。元代，漕粮由河运改为海运，海州地处南北要冲，淮北每年外销食盐达95引，大多销往江浙、湖广及江西、河南等地。海上运输盛行一时，呈现"商船帆集，商旅熙攘"⑤ 的繁盛局面。

---

① 乐史：《太平寰宇记》卷一三零，《淮南道八·刺土成盐法》。
② 脱脱：《宋史》第一八二卷，《食货下四》。
③ 王峰主编：《东海县交通史》，江苏人民出版社1991年版，第20页。
④ 王峰主编：《东海县交通史》，第20页。
⑤ 嘉靖《两淮盐法志》卷上。

（三）淮盐税收成为明清国家重要的支柱性产业

明清时期，淮盐的销售遍及人口稠密的江苏、安徽、江西、湖南、湖北、河南六省的 256 个州县。在漫长的封建时代，盐税作为在封建社会各朝代仅次于田赋的第二大税源，被誉为政府的"摇钱树"，在中国古代盐课中久盛不衰。寓盐于税，既可抑制商人无限制地哄抬盐价，又可得到来自百姓盐税的丰厚收入，更重要的是政府垄断盐价。从汉唐直至明清，两淮盐课在财力上雄踞全国各大盐区之首。

明代税赋主要分为田赋税和商业税，盐税为商税之大宗，岁征约 250 万两，"国家财富，所称盐法居班，盖岁计所入四百万，半具民赋，半则取给与盐荚。"① 明代食盐生产的各大盐场中，淮盐质量最好。其质地优良，色泽白艳，口味鲜美，是明政府食盐采办的主要对象，光禄寺、神宫监、内宫监，于两淮地区设专供，特意采办。淮盐岁支"南京各司官吏 9299.385 大引，内府等 71696.375 斤"②。由于淮盐的销售市场很广，产量也很多，又依托大运河、黄河、长江、淮河、海道等，交通运输较为便利，获利的空间又很大，故南北盐商齐集两淮盐场，各地商人争办淮盐以获利。明清时期著名的古老商帮汇聚在两淮地区，如山陕商帮、徽州商帮、山东商帮名噪一时。其时，作为淮盐聚集地的古板浦，更是商贾云集，摩肩接踵，古板浦城出现了商贸繁荣场景。

清顺治元年，两淮盐税收入占全国的 62%，清顺治十年两淮盐税占全国的 56.3%，康熙十八年的盐税征收额比顺治十年增加 100 万两，以淮北盐场为核心的苏北地区成为全国最大的盐税区。③

盐业作为古代社会由国家持久垄断的产业，不仅是政府财政收入的重要来源，同时也为其在平抑物价、稳定市场、安抚人民的过程中起到了巨大作用。据记载，唐永泰元年（765），关中（今陕西）本行销山西池盐，由于盐区频遭暴雨、颗粒无收。一向依靠池盐供应的长安市场盐价飞涨，朝廷降旨急调 3 万斛淮盐运至关中接济民食。宋天圣七年（1029），官府于涟水军设置转搬仓，专储海州盐，以备调剂。

---

① 王峰主编：《东海县交通史》，第 18 页。

② 《明史·河渠志》。

③ 李巨澜：《略论近代以来苏北地方社会的全面衰败》，《淮阴师范学院学报》，2006 年，第 28 卷，第 220 页。

### 四、民国时期的盐政改革与盐业的再度兴盛

国民政府建立初期，困扰历代政府的私盐问题越发棘手。作为全国首要产盐区的淮盐走私为害更剧。盐务界颇有声望的缪秋杰被派往淮北盐都板浦全权主持盐政缉私。缪在板浦的五年间功绩卓著，从多方面着手打击私枭使得陷入窘境的淮北盐业生产再度崛起。改革税警、分区驻扎使得缉务人员得到重新整合和优化配置；对缉务人员严格管理和训练加强了缉私部队的战斗能力；修建公路、架设电话等交通通讯设施增强了缉私实效。通过整顿缉私不仅增加了国家税收，也有利于地方经济的发展和社会的和谐稳定。

#### （一）淮盐改革的历史背景

纵观中国古代史，盐的税利收入在历代政府财政收入中举足轻重。产盐量越大，政府重视程度越高。"盖盐为官业，若违禁私营，其干犯法纪，故非寻常商货漏私逃税者可比。"① 作为盐政的重要内容，缉私是历代政府的关键所在。

淮盐的税利收入在历代政府财政收入中举足轻重。乾隆两淮巡盐御史李发元曾经在《盐院题名碑记》所言"两淮岁课当天下租庸之半，损益盈虚，动关国计"②。但与此同时，因盐为官业，私盐贩运又成为困扰官府的棘手事件。淮盐走私，自唐开始代代相沿，尤其是晚清时期，更加猖獗，"山东面临着芦私、淮私南北夹击和场私泛滥的严峻态势，其中淮私为害更剧。"③ 北洋政府和国民党政府期间，盐政积弊、私盐贩卖日趋加剧，尤以淮盐为最。"淮盐走私，范围之广、数量之大、手法之多、持续时间之长，为历代封建王朝所不及。……以贩私为业的盐枭遍及各地。"④

总体而言，在漫长的历史时期，私盐贩运历代不绝，历代政府对私盐贩运的控制亦从未放松，但收效甚微。民国时期是淮盐事业发展与改革的关键时期，尤其是 20 世纪 30 年代盐务界颇有声望的缪秋杰在主政两淮盐务期间对私盐贩运的有效遏制，使得两淮盐业呈现出前所未有的兴盛局面。1930 年缪秋杰奉命调任板浦淮北稽核分所经理职务。次年 2 月，两淮盐运使公署

---

① 曾仰丰：《中国盐政史》，上海：上海书店 1984 年版，第 151 页。

② 李发元：《盐院题名碑记》，见嘉庆《两淮盐法志》卷 55。

③ 宋志东：《近代山东的盐务缉私方式及其法规建设》，《盐文化研究论丛（第三辑）》，2008 年，第 11 页。

④ 江苏盐业史编写组：《江苏盐业史》，江苏人民出版社 1992 年版，第 61 页。

（后改称财政部两淮盐务管理局）从扬州移迁板浦，缪秋杰升任两淮盐运使。以盐都板浦为中心，对处于漏私严重、生产凋敝、管理混乱的淮北盐区进行缉私整顿。

（二）缪秋杰及盐政改革

缪秋杰（1889—1966），字剑霜，号青霞，江苏江阴人。自幼刻苦学习，成绩优良。1912 年毕业于北京税务学校，被分配至哈尔滨海关任见习员。次年，由哈尔滨海关调入盐务稽核总所任职。1929 年任云南稽核分所经理。30 多岁就担任省一级盐政领导，1930 年任两淮盐运使。[①] 一生致力于盐政建设和改革。历经了北洋政府、国民政府、中央人民政府时期盐政事业的缪秋杰，在盐政尤其是缉私方面功不可没。1930 年缪秋杰奉命前往淮北稽核所驻板浦分所担任经理职务，后任两淮盐运使公署（后改称财政部两淮盐务管理局）。又经扬州移迁板浦，升任两淮盐运使的缪秋杰便以盐都板浦为中心，对漏私严重、生产凋敝、管理混乱的淮北盐区采取了前所未有的缉私整顿措施。

1. 税警改革，分区驻扎

鉴于史上盐政积弊益深，私盐日益加剧的严重态势，国民政府成立后首先从调整盐务机构着手加强缉私。淮北盐区是其改革重点。淮北盐务缉私机构原于板浦设团部，后改为淮北缉私统部。1928 年，成立不久的国民政府裁撤缉私统部，改设缉私局。1930 年，为统一事权，又改在财政部内设立缉私处，管辖全国缉私事宜，各区缉私局统一受缉私处直辖。1931 年 1 月，鉴于地方缉私局有克扣军饷之风，财政部命令稽核机关主持整顿，在稽核所内设经理科，负责军需物资的采购及其他盐务事宜。3 月经国务会议议决，将淮北、淮南等部分地区的盐警、盐务缉私队改归盐务稽核所管辖，重新编制，改成税警，同时裁撤原财政部缉私处，在稽核所内设立税警科，办理全国缉务。不久，在地方分所和稽核处内设税警科。可见，盐务缉私权至此完全归并于稽核系统。

淮北的税警改革是在全国税警改革的背景下展开的。缉私的成败，缉私队伍的变革必不可少。淮北盐区加强缉私，首先从缉私队伍力量的整顿着手。1930 年 9 月，在盐务界颇有声誉的缪秋杰奉调淮北稽核分所任经理。次年 4 月分所接管原淮北缉私营队，缪秋杰兼任缉私局长。1932 年 1 月，应财政部

---

① 缪希霞：《怀念先父缪秋杰》，《人民政协报》，一九八六年八月五日，第三版。

的要求，淮北作为整顿缉私的重点区域。因此，税警改革亦自淮北盐区开始。缪秋杰奉准将原淮北缉私营改编为税警，编成五个大队，一个商巡队，一个"新警队"，合计官警 2400 多人。缪秋杰领导的淮北盐政稽核机构通过此次对缉私人员的调配和重新整合，实现了缉私编制的统一，使缉务人员得到优化配置。

为了加强缉私效果，在改革缉私队伍的同时，一并改革原来的队制为区制。将淮北盐场划为六个区，"税警分区驻扎：第一区设青口，第二区设大浦，第三区设东陬山，第四区设堆沟港，第五区设陈家港，第六区设板浦；区下又设若干分区，下辖若干分队，划分防务地段，明确职责范围；各区区长及队长，皆经总所委派，由缪秋杰直接指挥。"① 当时盐区公路皆与驳盐河平行，驳盐河又包围盐滩，"除盐坨驻军外，沿路还重点设防，设小队部。如中正场之丁三圩、马二份，板浦场之黄九埝等"②。从位置及布防原则可以看出，税警分区驻扎是以盐场和坨地为依托，择要地驻防，有利于提高缉私实效。

2. 管理加强，训练严格

1927—1937 年，淮盐产销基本为蒋介石嫡系部队所控制，淮盐走私活动更加猖獗。当时一个英国人在淮北盐区视察后写了一篇文章说："若论私盐，西坝触目皆是，倘若缉私不庇护，陆军不干涉，挨户查抄，一月之中至少可缉五千包。"③ 私盐产生的因素很多，其中官匪与私枭勾结、吃空放私是主要因素。"1929 年淮北某一盐巡为方便与其合伙私运的盐船，暗中将盐河坝掘毁，使河道水位猛跌干涸，官盐因盐河无水而停运数月，盐巡则乘机倾销私盐。"④ 针对缉私官佐吃空放私的严重行为，缪秋杰采取措施一方面加强整顿，由稽核分所派员点名发饷，从官佐到士警，发给随身执证，粘贴相片，载明到差日期及出生经历等项，以便出现徇私舞弊情形时，人证物证，严惩不贷。另一方面，改良士警待遇，逐步推行职位保障制度，派专职人员随时严密巡查，对缉私放私行为严加监控和惩治。

缪秋杰任职前，缉私营属地方统领管辖，纪律性差、官兵老化、贪图享

---

① 李涵等著：《缪秋杰与淮北盐务》，中国科学技术出版社 1990 年 10 月第一版，第 78 页。
② 政协灌云县委员会、文史资料研究委员会：《灌云县文史资料》1988 年第四辑，第 37 页。
③ 江苏盐业史编写组：《江苏盐业史》，江苏人民出版社 1992 年 7 月第二版，第 62 页。
④ 江苏盐业史编写组：《江苏盐业史》江苏人民出版社 1992 年 7 月第二版，第 62 页。

受现象严重，甚至有一些是从盐枭武装收编而来，是一支战斗力薄弱的缉私营队。为了加强整顿，提高缉私武装的战斗力。缪秋杰从三方面着手，首先在改编税警时注重汰弱留强，对骄横跋扈、徇私枉法的官佐坚决铲除；其次，从财政部税警总团及其他军校调进一批受过正规训练的军官充当各级骨干。第三，在中正天齐庙设"新警队"淘汰老兵，训练新兵。又在中正观音堂设立"两淮税警士警训练所"，从各队抽调人员轮训，学科与术科并重，加强训练，要求从严。从此，改变了士兵素质和军容。

加强对盐务稽核所的人事管理亦是盐政的重要内容。针对任职前职员上班松弛现象，规定了严格的上班签到制度。同时，还取缔陋规，凡属员中犯有假公济私、受贿纳赠等以革职论处。执勤不力者，依据情节处以降级直至开除。"缪秋杰到任后不久，开除一批不胜任及不廉洁的属员，仅中正一场，第一批就开除三十六人。以致属员们人人争相勤工守纪，廉洁自奉。"① 上述措施效果显著，"经济状况较前稳固"②。

3. 改善交通，发展通讯

为了加强各区缉私部队的联系和调动，便捷的交通和通讯设施至关重要。建设盐区公路是缪秋杰责成建坨委员会主任陶守贤着力完成的重点工程，以板浦小南门作起点兴建的公路有"中正——张圩跳——东陬山——徐圩坨——三百弓——陈家港（济南场署）；南感——宋跳——猴嘴（后板浦场署）；南城——新浦——青口（临兴场署）"③。以上公路沿线，凡遇有河流，皆架设桥梁。此外，开辟了部分运盐河道作为对公路的补充。如：从张圩跳至猴嘴的运盐支河，从张圩跳至徐圩的汇通盐河，并在大小板跳都建有支河。公路、桥梁以及盐河的建设使得淮北盐区贯通畅达。通过这些措施不仅使淮北盐区的盐斤存放困难、运输不畅的问题得到基本解决，更有效地减少了偷漏私盐的可能性。缪秋杰对整顿后的缉私部队进行科学部署，在场区坨地、新建的公路沿线及各走私要道，重兵驻守、层层设防。同时部署缉私巡舰专堵从山东等地侵入淮盐销区的海上走私盐船。

在修筑盐区公路的同时，缪秋杰主持在盐区广泛架设电话，以提高缉私

---

① 政协灌云县委员会、文史资料研究委员会：《灌云县文史资料》1988 年第四缉，第 35 页。

② 二档馆藏盐务总局档案 156.3478。

③ 政协灌云县委员会、文史资料研究委员会：《灌云县文史资料》1988 年第四缉，第 36 页。

部队联合作战的机动能力。"全区较大的放盐处，场务所及税警盐房，均装置了电话，到 1934 年初，共架设电话线 265 公里，费用计 39500 元，后来又花费 9 万元架设了 390 公里四通八达的公路网。"① 公路、河流、桥梁、电话等交通及通讯设施的建设使盐坨、产区、交通要道形成了一张四通八达的网络，缉私实效大大提高。"水陆两路，私枭既无法前来，而来后又无法他逃，各种贩私遂大为敛迹。"②

淮北盐区作为重点缉私地域，受到国民政府的关注与重视。"1930 年冬，宋子文将刚刚组建的财政部税警总团 12000 多人，两淮缉私大队 6000 人全部调到淮北，一面训练，一面配合淮北缉私部队进行'剿匪'。"③ 这支部队由宋子文直接控制，人员素质高，装备精良，经费充足。到达淮北后，总团部驻扎在海州，所属部队分驻淮北盐区及陇海东段沿线。在税警总团、两淮缉私大队和淮北的税警部队的合力下，缪秋杰在军事清剿方面比较顺利。当时东堆、小南沟、东陬山一带一些土匪头目，手下拥有上百的枪支，他们偷运私盐，每次上千担，在小南沟开"盐槽子"，缉私营常与其冲突，无法慑服。"缪秋杰改缉私为税警，财政部委派张中立为税警总队长，归缪指挥，终于制服了这帮土匪力量，使他们不敢再运私盐。"④

（三）改革的显著成效

1932 年以后，当地的一些土豪劣绅或土匪头子与日伪势力相勾结，贩运私盐，窝藏枪支，缪秋杰亦予以剪除。"如潮河某地的汉奸唐治臣，勾结伪满国防部长张海鹏、山东巨匪刘桂堂，……缪秋杰即命令税警区队，协同税警总团队一起，将其剿灭。"⑤ 此时的盐政缉私，使得盐枭遍地的淮北盐区基本堵住了私盐偷漏的渠道，从而使得淮放盐数量和税收大为增加。"在税收方面，淮北全区税收总数在 1930 年未整顿前，从未超过 1500 万元，至 1933 年则达 2130.7 万元，到 1935 年增加到 3000 万。过去近场五、六岸，从未销售过官盐，现在则完全销售官盐了。"⑥ 缪秋杰在两淮主持盐政五年，以政绩卓

①　1934 年 2 月曾仰丰《视察淮北盐场报告书》，二档藏盐务总局档案 156.3478。
②　李涵等著：《缪秋杰与淮北盐务》中国科学技术出版社 1990 年 10 月第一版，第 79 页。
③　李涵等著：《缪秋杰与淮北盐务》中国科学技术出版社 1990 年 10 月第一版，第 79 页。
④　政协灌云县委员会、文史资料研究委员会：《灌云县文史资料》1988 年第四辑，第 37 页。
⑤　李涵等著：《缪秋杰与淮北盐务》，中国科学技术出版社 1990 年 10 月第一版，第 80 页。
⑥　李涵等著：《缪秋杰与淮北盐务》，中国科学技术出版社 1990 年 10 月第一版，第 81 页。

著，被誉为民国盐务系统"四大金刚"之一。1932年、1933年，宋子文和当时江苏省政府主席陈果夫相继视察淮北盐区，都盛赞缪对盐区的建设，认为他是"不可多得的人才"①。

近代海州由于政治语境、自然环境等因素的影响经济发展长期受到压制，1930年缪秋杰到任时的海州盐区仍然是一片没有任何现代设施的荒滩，淮盐的振兴，带动了板浦地方经济和金融、服务等行业的发展。在当时，小镇内商贾辐辏，店铺济济，京广布杂、饭馆酒楼、熟食粮店、中西药房、银行钱庄、旅社货栈等等，星罗棋布，繁华异常。据统计：20世纪30年代，板浦镇上汇集了6家银行、17家钱庄、两家大银楼、一家大当铺，还有8家保险代理处……板浦成了当时海州地区最繁华、最富庶、最引人注目的城镇，成了闻名遐迩的"小上海"②。

缪秋杰作为政府官员，主持盐政期间能够深知盐民疾苦，在打击走私维护国家利益的同时对他们予以同情。地方盐民"终岁劳苦，供役于商，衣食所资，先贷后还，亦仅足免饥寒而已。其视人民生命几于牛马不如"③，盐民灶户的生活窘迫代代相沿。"一不幸有水旱，而灶户先受其病。何哉？盖盐多而价廉，衣食仰给，计日而晒，未必足用也；加以官司之收敛，团长之侵渔，巨商之估算，又安得不贫乎？"④ 缪秋杰在板浦进驻的五年中能够把土匪盐枭与为生活所迫进行零星私煎私运的一般村民灶户区别开来。"1934年11月间，税警曾抓获了一批刮取碱土、淋卤以供腌菜之需的所谓'犯私'者，便按'轻微案件'处理，每人罚款20元以示警戒。"⑤ "裕国、便民、惠商、恤灶"的宗旨在缪秋杰主持盐政期间得到了落实。作为民国史上的一名盐官，对于板浦盐业乃至整个淮盐的生产发展，对于板浦乃至海州以及整个国家的财政经济的振兴和繁荣，对于整个社会的和谐与进步，都起到重要作用。缪秋杰被称为民国盐业史上的里程碑。

① 《四川文史资料选集》第11辑。

② 政协灌云县委员会、文史资料研究委员会：《灌云县文史资料》1988年第三缉，第95页。

③ 张怡祖编：《张季子九录》《政闻录》卷18"盐务类"，（台北）文海出版社1965年版，第20页。

④ 连云港市粮食志编辑室：《隆庆海州志》，北京燕山出版社1992年12月，第30页。

⑤ 《淮北区所属稽核机关二十三年十一月份工作报告》，《盐务汇刊》第62期。

## 第二节　农业转型蕴含独特的地域特质与时代意义

农业生产与地理环境二者之间具有彼此依存、彼此影响相互激荡关系。地处江苏沿海的连云港，其独具特色的地理环境及自然资源对历代农业发展以及社会进步的推动产生了巨大影响。在"西风东渐"的时代背景下，在中国社会诸多领域面临着由传统向近代嬗变和转型的社会环境下，和其他精英一样，近代海州士绅在广袤的苏北沿海创建新式农事试验场和农垦公司等新式农业公司，大力传播和推广近代农业科技，开启农业经济的转型与发展，促使落后的海州地区在嬗变和转型的道路上步入了农业近代化的艰难历程。

### 一、独特的沿海农垦资源

连云港地处江苏的东北部。按照地貌形态，则处于鲁中南丘陵和淮北平原的接合部。西北部为低山丘陵岗地，海拔高度在 25—100 米，中部为剥蚀、堆积的倾斜平原，海拔在 5—25 米之间。从西北的低山丘陵到东南沿海的倾斜平原呈现出地势上的过渡式缓降。以平原为主兼有山地、丘陵、岗地、平原、水面的类型齐全的地貌概况，自古以来为农业的发展提供了丰富的水源、土壤等优质资源。

本市河流属淮河水系，为沂、沭河下游，呈季节性丰水、枯水。境内沟、河众多，有绣针河、龙王河、蔷薇河、新沂河、灌河等 40 多条河流，受地势及地貌轮廓的影响，主要由西北向东及东南注入海州湾、黄海。其中从市区南部缓缓流经海州、新浦、大浦、临洪口的蔷薇河，长约 46 公里，作为流经市区的主要河流，蔷薇河既是本市的主要引水通道，其两岸的冲积平原也是主要的农业区，在本市千百年来农业文明的孕育过程中，蔷薇河功不可没。

濒临海洋的独特地理区位以及类型齐全的多种地貌形态造就了本市丰富多样的土壤类型，为农业经营的多样化创造了有利条件。其中，滩涂作为沿海地区的重要土壤类型在漫长的经济开发过程中举足轻重。

从字义上讲，"滩"是指河边泥沙淤积而成的新地，"涂"就是泥。从地理学上讲，滩涂是与海岸紧密相连的一种独特地貌形态，因此，常称为"海岸滩涂"。自然地理学对滩涂的解释包括狭义和广义两种：狭义滩涂是指淤泥质海岸潮间带浅滩，是高低潮位之间的泥滩；广义滩涂则包括整个海岸带，既包括平均潮位上下的潮间带又包括沿海平原和沿海岛屿。而字义上的滩涂则分为海滩和海涂。海滩是海岸泥沙在激流作用下形成的堆积形态，是海岸带最为活跃的部分，滩面向海面缓缓倾斜，包括海岸沙堤、沙坝、沙嘴、滩肩等特殊类型的地貌元素。而海涂是指经过海水周而复始淹没的由淤泥组成的广阔平坦的海滨湿地。

江苏的滩涂面积为全国之最，分布于苏北的盐城、南通和连云港沿海地带。连云港海岸带北起苏鲁交界的绣针河河口，南到灌河河口，可资利用的滩涂资源较为丰富。"海州境内，濒临大海，潮汛往来，易于淤垫，潮带泥沙，涌入各河，水退沙停"①"河海之水，淡咸各异，互相交融，起着凝絮作用，导致泥沙极易沉淀，真所谓絮淤易积、海涨沙淤"②。特殊的地势与地理位置使海州湾地区孕育了丰富的滩涂资源。

合理开发可资利用的沿海滩涂，直接影响地方经济的发展，如何有效地利用这一资源优势，曾经引起了一些有识之士的高度重视。在近代经济史上，对苏北沿海滩涂的开发是由推动中国农业近代化的先驱——张謇开创的先河。在其影响和帮助之下，近代士绅沈云沛与许鼎霖对连云港地区的海州湾滩涂进行开发和利用，仿效通海垦牧公司的成案，在本地建立了新式农垦公司，为本地由传统的封建小农经营向资本主义农业经营树立了一块跨越社会形态的里程碑。

**二、"实业救国"思潮与海州绅商的产生**

"实业救国"思潮作为探索中国近代化道路的一种社会思潮，在清末民初中国社会的知识分子群体中产生了广泛的影响。其时，以通州张謇为代表的官僚士绅在此思潮的影响下首先开始在其家乡兴办实业并取得了奇迹般的功绩。同为苏北沿海的海州士绅沈云沛、许鼎霖在张謇引领下利用苏北沿海的独特资源开始了对本地域的开发，为农工商的近代转型与发展奠定了基础。

（一）"实业救国"思潮的兴起

近代以来，内部的动荡伴随着外族的入侵此伏彼起，中华民族何去何从开始成为许多有识之士不断探索的中心议题。洪仁玕、薛福成、郑观应等为了挽救民族存亡都曾设计出喧嚣一时的救国方案。甲午以后，随着外力进一步的猛烈冲击，中国社会的剧烈动荡，偌大的中国危在旦夕。更多的有识之

---

① 李洪甫：《连云港地方史稿》，上海社会科学院出版社，1990年版，第48页。

② 张传藻：《连云港地理与经济》，河海大学出版社1999年版，第72页。

士奋起投入爱国救亡运动的潮流中。1895 年，康有为发动的以"公车上书"为标志的维新运动和孙中山在广州发动的反清武装起义同时兴起，中国的救亡运动进入了以西方资本主义为强国样板的新阶段。"实业救国"便是顺应当时的发展资本主义经济的要求，以及力图阻止中国沦为外国殖民地和附庸国的一种救国思想和方案。

张謇对其概念作过这样的解释："实业者，西人赅农工商之名"①。综合性的解释"实业是十九世纪末期以后，人们对具有现代意义的农业、工业、商业以及相关的生利之业的一种概括性说法，是近代精英阶层在经济领域吸收和接纳西方工业文明成就，进而对产业结构所形成的一种全新认识和理解"②。借助"实业"一词的内涵，可以对"实业救国"作出相应的解释与分析，"所谓实业救国，就是主张以振兴实业为抵制外国经济侵略的方法。这种主张的提出，是鉴于经济扩张已成为列强侵华的最终目的和主要手段，经济落后已成为中华民族生存和发展的严重威胁。这表明持实业救国论者不仅看到了列强侵华的新趋向和中华民族生存的新危机，而且决心采用与列强侵略的现代手段相对应的方法和手段，以增强抵制外族侵略和挽救民族危亡的能力"③。

实业救国思潮作为一种爱国思潮萌芽于甲午战争前后，它随着中华民族生存危机的加深而产生、扩大，又随着中国民族资产阶级爱国的和革命的运动高涨而深入、发展。因为它是在中国的大门被西方列强打开之后，中国人对西方认识逐渐深化的结果。因此，到辛亥革命期间，这种思想已发展成为人们所广泛接受的具有相当范围和规模的社会思潮。辛亥革命后，随着国内局势的日益变动，它已发展成为左右中国近代社会发展的进步思潮之一。1895 年，郑观应重新修订刊行《盛世危言》，着重加强对"商战"的论述。把他的"富强救国"的思想更加丰富、明确、深刻和强烈地呈现在读者的面前。他说："夫亚洲各国，贫弱者无论矣；最大者首推中国，次则日本，……日本初亦受其朘削，……国势已形岌岌。厥后其大臣游历各国而归，窥见利病之故，乃下令国中，大为振作，讲求商务。臣民交奋，学西洋之制造，以

---

① 《张謇全集》第五卷，江苏古籍出版社 1994 年版，第 151 页。

② 卫春回：《张謇评传》，南京大学出版社 2001 年版，第 229 页。

③ 虞和平：《近代中国商人》，广东人民出版社 1996 年版，第 68 页。

抵御来源；仿中国之土货，以畅销各国；表里图利而国势日兴，纸钞悉数收回。府库金银充溢，此日本近日通商之实效也。"① 实业救国思潮一时间勃兴于神州大地，实业救国的主张"久为智者所扼腕称道，其憬然流布于人心者，亦既有年，稍明时局之人固已共晓"②。一时间，大江南北，长城内外，上自中央，下至地方，乃至海外华侨，都受到这股思潮的熏染。

1911 年的辛亥革命，掀开了中国历史的新纪元，为中国工商实业的发展创造了前所未有的宽松环境，新政府先后颁布的有关实业的法令就多达 50 多个。孙中山在辞去临时大总统后，更是以极大热情专注实业建设，1912 年 4 月 17 日，刚去职的孙中山就在上海中华实业联合会欢迎会上发表演讲："中国乃极贫之国，非振兴实业不能救贫。仆抱三民主义以民生为归宿，即是注重实业。"③ 黄兴也说："今者共和成立，欲苏民困，厚国力，舍实业莫由。"④ 由于革命领袖的倡导，更由于人们对新生共和国未来的憧憬，实业救国思潮出现了前所未有的规模和声势，成为与教育救国思潮、科学救国思潮交相辉映的一股社会思潮。当时有的评论指出实业救国潮流所及程度，"群知非实业不足以立国，于是有志于实业者项背相望"⑤。一个振兴实业的高潮很快在中国大地兴起，1912—1922 年间的资本主义"黄金时代"就是在这股思潮的影响下出现的。

综合而言，实业救国思潮的产生、发展是先进的中国人向西方学习的思想收获，这一批先进的中国人包括思想开明、敏锐、务实的知识分子和从事工商业的人士。他们主张用资本主义的生产力和经营方式代替封建主义的生产力和经营方式，用开放主义代替闭关自守，用振兴工商业的政策代替重农抑商政策，为资本主义在中国的发展大造舆论，动员了社会各阶层的人们热心参与实业活动，使全国上下形成了一股"实业热"。他们掀起的"保护国

---

① 《盛世危言　商务三》1898 年图书集成局印硬本，转引自陈绍闻主编：《中国近代经济文选》上海人民出版社 1984 年版，第 48 页。

② 胜因：《实业救国之悬谈》《东方杂志》，1910（6）。转引姚琦《清末民初实业救国思潮及影响》，《韶关学院学报》2004 年第 1 期，第 68 页。

③ 孙中山：《孙中山全集》第二卷，中华书局，1982 年版，第 339 页。

④ 黄兴：《黄兴集》，中华书局 1982 年版，第 252 页。

⑤ 《中华书局总理陆费逵的话》《中华实业界》1 号，1914 年 1 月 1 日。转引虞和平：《中国现代化历程》，江苏人民出版社 1996 年版，第 206 页。

货，挽回利权"的运动，极大地调动起人民的爱国心，促进了国产品的创新和改良，有力地保护和促进了民族工商业的发展。

### （二）士绅阶层的转型

近代以来的中国，内忧外患纷至沓来，处于一个剧烈动荡、风云变幻的特殊时代。"实业救国"思潮的兴起促使近代中国社会急剧转型，上至朝廷要员下至地方督抚甚至乡间名流开始思索和倡导种种变革措施，期盼着这个古老民族的转型、嬗变和自强。由此，近代西方资本主义因素随着诸多救国思潮、自强举措、变革运动逐渐在中国社会内部滋生、演变和发展，古老中国政治、经济格局步入了前所未有的新时代。

士绅阶层是中国社会传统而独特的一个士大夫阶层，作为封建统治的代言人，他们既是掌握国家重要权力的政治阶层，又是一个思想嬗变剧烈的特殊阶层。甲午以后，在民族危机日渐加深、国人进一步觉醒的时代环境下，更多的上层士绅开始弃置以往空泛的议论和对官场的仰慕，步入了与传统士绅截然不同的道路，一股"设厂自救""实业救国"的新思潮在中国社会勃然兴起，由此，传统士绅开始了由"修身、齐家、治国、平天下"向"亦官亦商"的角色转换。实业家张謇堪称其时士大夫群体中成功实现角色转型的典型，特别是由于特殊的社会声望和地位，使其在这一转变过程中的意义更加深远、影响更加深刻。张謇的转型不仅仅影响了一个群体更影响了一个时代。而近代海州绅商的产生则是顺应了这一转型、嬗变的新时代。

封建社会时期，读书人是把科举制度作为其提高身份和地位的阶梯的。读书应试几乎成了知识分子的主要活动。"学而优则仕"也是他们乐于接受的公认的社会准则。中国旧知识分子尤其是"缙绅先生"，向以"修身治国平天下"为其终身追逐的人生目标，儒家入世哲学和经世致用思想更是其不变的信条。近代以来，帝国主义的隆隆炮火给中国人民带来了深重的灾难和屈辱，同时，也给中国人民带来了先进的新学。天朝上国的幻想破灭了，中国人开始开眼看世界，在自身痛苦的蜕变中摸索着救国救民的道路。旨在锻造"民族精神"，"国魂"，"民族魂"的知识界文字激荡，人们高呼"国魂者，立国之本也。""国魂者，原于国学者也。国学苟灭，国魂奚存？"这些旨在唤醒人们对民族危亡紧迫感的言论首先深深影响了一代先进的士人，他们开始探究当今中国的"国魂"。特别是王韬、薛福成等提出商战主张后，在士绅阶层中引起更大的震撼，大批以救国为己任的士绅看到通过经商振兴民族的希望所在，纷纷投身商潮。许多士绅弃儒从商。另外，随着工商立国政策的确立和振兴实业活动的展开，政府和社会各界对商人的态度发生明显转变，从鄙视转向联合和尊重。清政府从提出振兴实业政策起，就表示要革除以往"商民平日与官场隔阂，怀宜未能遽孚"①的陋习，务使"官商联络一气，以信相孚，内外合力维持"②。商人开始成为官府需要合作和依靠的对象。

此外，士大夫们对商人的社会作用倍加推崇。有人甚至认为，商人的品格和作用优于士，所以要出士林而入商界。这种对商人社会作用的推崇，正是不少士大夫弃士从商、与商人为伍的一个重要思想根源所在。"同，光以来，人心好利益甚，有在官而兼营商业者，有罢官而改营商业者"③。中国出现了绅商群体。绅商是士绅与商人相互渗透的结果，除士绅向商人的"顺向渗透"外，还有由商人向士绅的"逆向渗透"。士绅集团内部"绅""商"互动关系的形成打破了科举取士的传统格局，商业上的成功也成为评判一个人成就的一项标准。人们的社会成就感不再拘泥于学而优则仕的传统框框，而向"得商界高位"倾斜。因此状元办厂成了清末民初这一特定历史时期独特的历史现象。"中国之资本家，或为大商人，或为大地主，……惟于此二者之外，有一外国所不能见之资本家在焉，盖即官吏是也。东西诸国，官吏而富裕者，未始无之，……惟中国之号为大资本家者，则大商人、大地主，尚不如官吏之多。彼其国人，一为官吏，则蓄产渐丰，而退隐之后，以富豪而兼绅贵，隐然操纵其政界之行动，而为乡民之所畏忌。……次之亦为绅商，此中国亦有相当之官阶，或至为官为商，竟不能显为区别，常表面供职于官府，而里面早经营商务也。自是以下，则为小商人及小官吏焉。"④另外，据严中平在《中国棉纺织史稿》中所引1900年前中国棉纺织厂主要创办人的出身来看"15人中就有14人任有官职"⑤。

在清末民初投资创办实业的高潮中，向资本主义近代工业投资最大的是封建地主官僚分子，他们构成了新兴民族资产阶级的上层。1907年农工商部的一个奏折可以反映这一情形：

① 朱寿朋：《光绪朝东华录》，中华书局1958年版，第5091页。
② 商务印书馆编译所：《大清光绪新法令》（第1册），商务印书馆1910年版，第9页。
③ 徐珂编撰：《清俾类钞》第四册，中华书局1984年版，第1672页。
④ 汪敬虞：《中国近代工业史资料》（第二辑），中华书局1962年版，第925—926页。
⑤ 严中平：《中国棉纺织史稿》，科学出版社1957年版，第153页。

　　兹查有三品衔臣部头等顾问官翰林院修撰张謇创办江苏耀徐玻璃公司、上海轮步公司，集股一百万圆以上。三品衔直隶候补道严义彬创办浙江通久源轧花纺织厂，集股在八十万圆以上。二品顶戴安徽候补道许鼎霖创办江苏海丰面粉公司、赣丰饼油公司，集股在六十万圆以上。四品衔候选州同楼景辉创办浙江通惠公纺织公司；三品衔中书科中书顾钊创办浙江和丰纺织公司；三品衔兵部郎中萧永华创办广东汕头自来水公司；候选道马吉森创办河南六合沟煤矿公司；分部郎中蒋汝坊创办江苏济泰公纺织公司，均集股在四十万圆以上。二品衔度支部右参议刘世珩创办安徽贵池垦务公司；御史史履晋创办京师华商电灯公司；二品顶戴浙江候补道程恩培创办安徽裕兴榨油公司；候选道曾铸创办镇江机器造纸公司；二品顶戴福建补用道程祖福创办河南清华实业公司；候选道顾思远创办山东博山玻璃公司，顾润章创办湖北扬子江机器制造公司，黄兰生创办湖北汉丰面粉公司，均集股在二十万圆以上。皆能卓著成效①。

　　在当时投资新式企业的封建官僚中，一部分人往往是亦官亦商，直接地仰仗封建的政治资源开展资本主义活动。两江总督端方"出其侵渔所得之财，与许鼎霖合股开办耀徐玻璃公司、海丰面粉公司、饼油公司，借以牟利。许鼎霖出入督署，倚势横行，往来徐、海一带，夹带私货，抗不完厘，各局卡莫敢诘问。张謇经办大生纱厂时，得到两江总督刘坤一的支持和他自己状元的社会地位的便利更是尽人皆知的事实"②。

　　因此，在当时半殖民地半封建社会的条件下，握有大量资金能够向资本主义企业投资的除了一部分商人和买办以外，主要是一批封建地主官僚。在当时封建王朝的重重压迫之下，能经营这种新式企业的，首先也是同官府有勾结的这批封建地主官僚。他们凭借上通官府，下通民情以及在地方上的个人威望等诸多有利条件投身到创办实业的洪流中，沈云沛、许鼎霖堪称其中的典型代表。

### 三、官僚士绅沈云沛与许鼎霖

　　1905 年、1906 年，上海《时报》主编狄平子由于通州的张謇、海州的沈

---

　　① 《光绪政要》抄件实业 7。转引胡绳武：《清末民初的历史与社会》，上海人民出版社 2002 年版，第 265 页。

　　② 胡思敬：《退庐疏稿》卷一，第 314 页。转引胡绳武：《清末民初的历史与社会》，上海人民出版社 2002 年版，第 267 页。

云沛和赣榆县的许鼎霖开发苏北的影响力而多次著文称誉其为"江北名流"，以彰显他们对江苏沿海特别是对苏北的通州地区、海州地区民族资本主义发展的特殊贡献。此外，当时江苏民间还流传着"南张北许"的说法。南张即南通的张謇，而北许即海州的许鼎霖。沈云沛、许鼎霖堪称近代海州"西风东渐"中由传统向近代转型的绅商代表。

（一）沈云沛及其从事实业的基础

沈云沛，生于清咸丰四年（1854）的江苏海州，其家庭在当地属名门望族。特别是对其进行悉心启蒙教育的一位才华横溢的相术之士给予了他很大影响，"这位启蒙老师渊博的才识、严谨治学的品质对他日后的从政和兴办实业产生了一定影响"①。

沈云沛十七岁考中秀才，三十八岁时入都馆试，授职编修，四十一岁考中光绪二十年甲午科进士，任职于翰林院，人称沈翰林。四十八岁时（光绪三十二年即1906）担任清政府农工商部的右侍郎，"专司推演实业，以厚民生"②，掌管大型工

沈云沛像
来源：刘凤光：《沈云沛传》，中国文联出版社，2017 年

程、水利等交通方面的政令。是年，沈云沛以"充会办商约大臣"身份改任邮传部右侍郎，邮传部是清光绪三十二年（1906）清政府根据当时动荡的社会形势，效法西方体制成立的一个新式机构，"掌管交通政令，汽行舟车，电达文语"。和其他绅商类似，位高权重是沈云沛创办实业的重要基础和条件。

作为建设家乡的开拓者，沈云沛的个人行动同地方上发生联系，则是在甲午以后开始的。下面是 1895 年（光绪二十一）旧历四月初四日南洋大臣两

---

① 政协连云港市委员会文史资料委员会编：《私企旧事》，2001 年版，第 90 页。

② （民国）赵尔巽等撰：《清史稿·职官六》，中华书局 1977 年版，第 3466、3467 页。

江总督张之洞的一份奏片：

"再，江南所属之海门厅，濒临大海，通州锁钥长江，由北岸陆路可径趋扬州，为南洋门户。海州内障徐淮运道，东北一带滨海三百余里，可登岸之处太多。当此海氛告紧之际，虽由臣提调营勇，扼要驻扎，而地广兵单，不敷分布，非举办团练，无以团结民心而辅兵力。除遣委干员分赴沿海沿江一带会同地方盐务各官，劝办渔团、民团、灶团外，兹查有通州丁忧在籍原居海门绅士翰林院修撰张謇，学识素优，博通经济，实心任事，允洽乡评。海州在籍绅士沈云沛，品行端谨，才具优长，尽心任劳，乡人推重。该二员于本处之地利民情，均极熟悉，而于保卫桑梓，均能力任不辞。当经照会张謇办理通州、海门厅两属团练，通海唇齿相依，正可互相联络。沈云沛办理海州属团练，均饬令就地筹款，募练壮丁，会同地方印委办理。由臣酌约军火品械，于开壕筑垒各事宜，各就本地情形酌量劝办。令团练与防营联络一气，以收众志成城之效。张謇系丁忧人员，臣勉以移孝作忠，循古人金革无避之义，谊无可辞。沈云沛系请假回籍，现值假期届满，即当回京销假，相应请旨准令该庶吉士俟军务平定后再行回京供职散馆，实于防务有裨。"朱批："着照所请"①。

从此奏片可见，沈云沛和张謇一样深得清廷器重，从沈云沛日后的实业成就来看，张之洞推崇的沈云沛的"品行端谨，才具优长，尽心任劳，乡人推重"着实是其真实的写照。"此次办理团练，系在中日战争最吃紧的时候。当时国势危急，张之洞叫他们办团练，是希望他们能做中流砥柱的大事业。希望心很大，办起来不会不郑重，规模也不会小"②。沈云沛按御批积极筹办地方团练。因为是就地筹款，如要额外加重地方民众负担则无以团结民心。因而他在募丁时强调"爱国主诚，出以自愿"③；筹款时则"毁家纾难，不扰于民"④。沈云沛在办团练时由于得到好友海州士绅殷雨岑（殷克勤）的大力支持，因而在短短几个月内团练初成。1895 年随着甲午海战清政府战败、《马关条约》的签订，为了减轻地方负担，沈云沛将壮勇"解甲以归田"。虽然地方团练保卫疆土、保卫乡民的宗旨并未实现，此时他在地方也未兴办什么实业，但在办团练的过程中积累了一定的实践经验，在乡里树立了威望，这为

---

① （清）张之洞：《张文襄公全集》，卷 141，第 17 页；奏议，卷 36，第 19—20 页。
② 沈蕃：《辛亥前后的江北名流》，《私企旧事》，政协连云港市委员会文史资料委员会编，第 73 页。
③ 《连云港市文史资料》第二辑，第 32 页。
④ 《连云港市文史资料》第二辑，第 32 页。

他以后返乡兴办实业打下了一定的基础。

由于"品行端谨、才具优长",沈云沛被两江总督张之洞奏请朝廷委任督办地方团练、保卫疆土、保卫乡民,由此获得的乡望在随后的王朝衰落降临时,为沈云沛主导地方、塑造海州奠定了基础。沈云沛的实业项目多达30个,其中在海州自办、任办和附办的项目达十多个,主要包括农事试验场、农垦公司、榨油厂、面粉公司等农工商互为依附的经济实体。

自幼生活于高官显赫封建地主家庭的沈云沛认为:"臣无君,臣何以为臣?"① 以致康梁变法、义和团运动、辛亥革命等变革都使他深感迷惘。但政治上的守旧并未阻碍其顺应"实业救国"的时代思潮,作为时代精英,在近代中国社会转型的关键时期,他投资开发的地方实业公司,在推动地方经济发展的同时,也丰富了地域文化的内涵。

(二) 许鼎霖的官场历程及其兴办实业的条件

许鼎霖(1857—1915),字久香,赣榆县青口镇人。和沈云沛类似,走科举考试之路而步入仕途。他从小得力于父亲的教育与扶持,其父特别热心于教育事业,先后督办青口的选青书院,城里的怀仁书院,沙河的溯沂书院,并迎才华横溢的张謇来选青书院当院长,为地方造就人才。父亲的这一举动为日后其子许鼎霖与张謇的长期亲密合作铺平了道路。清光绪八年许鼎霖获壬午科举人第二名,所以人称之为许亚元。其父曾任赣榆县臣,因其揭露知县贪赃枉法之事,而蒙冤入狱。许鼎霖趁参加会试之机,约集同科举人联名上书两江总督左宗棠,为其父冤狱申诉,并使之获释。许鼎霖作为一名海州士人,维护正义、桀骜不顺的性格从此在举人中声名远扬。关于海州人民的性格,有史料这样记载:"考其旧俗,人颇劲悍轻剽,其士子则任气节,好尚宾游,此盖楚之风焉。民俗勇悍,不畏强御,惜名节,保身家"② 。史书上记载的海州人民这种不畏强暴,敢于斗争的精神品质在许鼎霖身上得到了充分的体现。

由于"许公清高拔俗,刚正不阿,颇有申屠嘉之风。善持论,每廷议,风发泉涌,开敏果决,当机立断,能片言解纠纷。尤以省外事,折衡应变,中外折服"③ 。1893年2月,清政府指派许鼎霖随我国驻美国、日本、秘鲁公

---

① 李洪甫:《连云港地方史稿》,第38页。

② 朱炳旭:《明史小录》,新疆青少年出版社2003年版,第2页。

③ 朱云樵:《谈赣榆许公久香与海州》,《海州文献》1979年,第一卷,第二期,第25页。

使杨儒，担任驻秘鲁领事。在秘鲁任职四年中，他积极为华工争取权益，使秘鲁政府撤销对华人征收的重税，受到当地华人的爱戴。1897年回国后，"许公先后担任凤阳知县，天津交涉使，资政院议长（不就），于江南教育会，农会，咨议局，自治局，皆以许公为重"①。作为一位出使别国的朝廷官员许鼎霖对资本主义的民主、变革的了解无疑先于其他官员，为其在经济落后的家乡首扛实业大旗奠定了坚实的基础。作为朝廷大使，许鼎霖对经济的发展、社会的进步无疑先知先觉。和沈云沛类似，他也是近代海州在籍官僚士绅中将传统与近代有机结合的典范，他们的实业思想及创造的企业文化不断推动着地方经济文化不断前行。

许鼎霖像

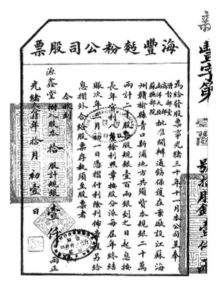

许鼎霖创办的海丰面粉公司发行的股票

（来源：连云港市档案局）

此外，许鼎霖和沈云沛以一位封建士大夫的身份投身于建设家乡的事业中，还有以下几个共同条件：

第一，将自身拥有的货币财富转化为商业资本。他们和张謇一样是由封建绅商转化为资本家的著名代表。在半殖民地半封建社会的中国，创办近代企业需要"二气"："官气"和"财气"。所以，中国最早创办近代企业的是地主、

---

① 朱云樵：《谈赣榆许公久香与海州》，《海州文献》1979年，第一卷，第二期，第25页。

官僚和商人（包括买办）。有人统计过，"1872—1913 年，近代企业的创办人中，地主占 55.9%，商人占 19.3%，买办占 24.8%，而且投资于近代企业的地主，大都有某种官僚身份，很多是二三流的洋务派，绝少是土地主"①。沈云沛和许鼎霖就属于带有官僚身份而将自己积累的财富投资于近代企业的地主。

第二，"实业大王"张謇的影响与帮助加快了沈云沛、许鼎霖对海州的投资开发。1888 年张謇应许鼎霖父亲之邀来到赣榆选青书院，直至 1894 年北京殿试中了状元方才离开书院。通过长达七年在赣榆的生活，张謇和许鼎霖结下了深厚的友情。两家的深厚情谊曾在港台传为佳话。晚年身患重病的许鼎霖由于种种原因欠了不少债务，其中包括张謇相当一部分资金。这成了他的一块心病。他担心张、许两家多年的交情会因为这笔债务而付之东流，便在弥留之际命其子许廷琛赶往通州以了却这笔宿债。张謇见了许廷琛后设酒宴招待，一再询问许公病情，拳拳之心溢于言表，就是闭口不谈债务。许廷琛不得不谈这次通州之行的目的，并让管家送上股票、房地契作为抵押。张謇看后释然一笑："财物乃身外之物，世谊却是最永久，最珍贵的。"② 当即退回股票、地契，并提笔写下了张、许两家银钱两清的字据，交许廷琛带回，当许鼎霖在病榻上看到张謇的字据时，激动不已，含泪溘然长逝，斯年 58 岁。张謇得知此噩耗时长哭不已，并亲书挽幛，派人送至灵前。联曰：

　　　"仕宦未崇，事农商未终，所苦在毕生疲于津梁，奈何无命？

　　　好辨得望，好议论得谤，乃夫以贞疾厄其年寿，是则可哀"③。

这副挽联字里行间表达了张謇对许鼎霖仕途之浮尘，事业之未竟，生命之短暂不胜沉痛哀悼之情。除了与许家建立了深厚的情谊外，张謇在赣榆的一段不寻常经历使其对海属地区的海滩地理、风物人情以至民生经济都有较为深刻的了解。为他帮助沈、许二人共同开发苏北奠定了基础。临行前张謇留下诗句："地临齐鲁大区愿诸生绍述儒林，广为上都培杞梓；客走江淮男子，笑十载驰驱幕府，又来东海看涛山。"④ 临行前的留言寄托了他对海属地区的一片深情。后来在开发苏北，兴办实业的过程中，张謇与许鼎霖二人是鸿雁不断。赣榆县文史资料中搜集了五封当年张謇先生给许鼎霖的信件（以

①　吴承明：《中国资本主义与国内市场》，中国社会科学出版社 1985 年版，第 120 页。

②　《赣榆县文史资料》第一辑，第 13 页。

③　张大强：《沈云沛许鼎霖与连云港近代经济发展》，《私企旧事》2000 年，第 42 页。

④　《连云港市文史资料》第一辑，第 24 页。

下附其中一封）。

## 复许鼎霖函①

得电悉在江宁，何日出京邪？淮、沂、泗、沭，必应分析以杀其势。赣之主河在蔷薇，以盐论，柘枉［港］殆亦难于存在。目前应规诸水下游之要，未能及疏浚也。分急于乡里，亦敬共之义宜然。然论事当得中，办事当切实。白茆为今吴、昆、震三县水道，三县岁赋约二百数十万，汉水用二十八万，殆十或九一。且一总河耳，他支不预焉。江北徐、淮、海、扬岁赋，比之如何？方唯一之治自茆也，计之周，务之力，而不受给，条理秩然。而江北为鄙人所亲见者，高邮一处，已见其敷衍门面，其它则问之伯雨。浚之先，曾测量否？曾计划否？一切未遑，是直应谓之赈，不得谓之工。工自有工之程序，赈则必荒，而满目无荒状。曾问徐庶侯，他县如何？并云麦好。是所赈者乃兵灾，当名为抚矣。昨函韩省长，言之意，诚觉其名之不适于义，公必见是函也，以为误传，岂以鄙人为有妨于此工赈，将蒙不美之名，而故宥之邪？电令指示员司，乌得一一见所谓员司者？鄙人言于省长，不欲侵省长权限也。公语亦廓落矣！公既归，正宜实地求之。顷亦为伯雨言之，然伯雨何能遍及邪？以领先万散之穷人而已。在地方情形，未尝不可。但以为不可使人相承以伪。徐群素未相识，武则有函，主淮、沂并出淮河口。此与其昔之言不甚合，意自别有在而忘却矣。河之有盐场也，梅隐及他垣商皆虑之，正在研究。海之实业，两厂堕矣，可说者止一盐可不保邪？所欲言于公者殊多，姑答，不尽百一。珍重，珍重。

此封复函充满了忧国忧民之情，表明在动荡年代二人结下了深情厚谊，同时也是新时代的实业家们在艰难的实业之路上志同道合、齐心协力，共同为发展苏北经济辛勤耕耘的历史见证。

从筹办大生纱厂时起，张謇就经常写信给沈云沛、许鼎霖，表述自己利用海州滩涂、开发苏北农业资源、兴办实业的想法。连云港市地方史研究办公室留存了一批张謇写给沈云沛、许鼎霖的信及奏片。其中的一封信中写道："为安妥长久想，已筹油面垦三事"②。"油"是指油坊，"面"是指面粉厂，

---

① 《赣榆县文史资料》第六辑，第23页。

② 《新浦区文史资料》第二辑，第5页。

"垦"则是指滩涂垦牧。后来沈云沛和许鼎霖二人便联合奏请朝廷，垦牧海州一带滩涂。他们联合开办的海赣垦牧公司还得到张謇的大力支持。张謇给沈云沛的又一封信中说："弟意在新浦沿岸宜广购地皮，将来必获大利，此时尚无人知觉。"① 于是，沈云沛利用官场势力，立案登记，用很低的价格，购买了南至灌河口北至临洪口，包括今天灌云、灌南、云台山周围，以及赣榆县广大沿海滩涂、苇荡泽地，这其中还有一部分为群众垦熟耕种的好田。因为这些地皮买来时价格低，又享有减免捐税的特权，大大降低了新式农垦公司的创办成本。张謇对海属地区的自然地理、风物人情以及民生经济都有了较为深刻的了解，为沈、许二人开发海州起到了一定的引领作用。

许鼎霖创办的海丰机器面粉厂

（来源：连云港市档案局）

## 四、近代农垦公司与农工商一体化模式的形成

关于转型的界定，不同领域观点不一，但有一点是相同的，即通过改变事物的形态、结构或性质使其更好地满足新需要的过程。而农业转型是指近代以来为了适应社会经济发展的新需求，在中国传统农业形态和西方近代农业新形态相互交织中经历了阵痛和抉择后，开启的由简单再生产阶段迈向扩大再生产阶段的艰难转折的曲折历程。近代海州在农业近代化道路上经历了坎坷曲折的

---

① 《新浦区文史资料》第二辑，第6页。

历程，一批新式农业试验场及农垦公司的建立和发展在助推本地域经济发展的同时，开创者在时代浪潮中的开拓精神也成为重要的"文化记忆"。

（一）国内农垦公司的概况

中国历代皆以农立国，视农业为国家要政。与之相应，以农立国、农本说等重农思想和观念，经过千百年来的积淀，益加丰富和根深蒂固，构成中国传统社会的经济思想的要旨。在中国从传统向现代社会过渡的过程中，重农思想不仅未被工业化的运动和思潮所淹没，反而增添了时代的内涵。梁启超说过，"工艺不兴，而欲讲商务，土产不盛，而欲振工艺，是犹割弃臂胫而养其指趾，虽然圣药，终必溃裂"[1]。很明显，此时的重农思想和传统社会的重农思想相比，其内涵更加丰富。

和具有浓厚移植色彩的工业企业相比，作为立国之本的农业显然具有内在的特殊性。在中国，农业有数千年的耕作传统，并形成一套相当完善的以家庭承担土地为主的土地耕作制度，它是中国农业文明的根基。近代以来，在遭受西方列强前所未有的打击下，传统农业面临严峻挑战。"中国农业何去何从"成为许多有识之士努力探究的重要课题。甲午以后，随着"实业救国"浪潮的兴起，中国民族资本主义工业步入初步发展的时期。与此相应，在农业方面也出现了一些标志农村资本主义生产关系的垦殖畜牧公司和新式农牧场，据统计："截至1912年，各省申报注册的农牧公司共171家，已缴资本6，351，672元"[2]。"当时民族工矿业共有厂矿521家，资本1，596，548，129元，前者资本总额虽然仅及后者的3.98%"[3]，但新式农牧企业毕竟作为一件新鲜的事物在中华大地上出现了。

江苏境内随着通海垦牧公司的建立，整个苏北沿海掀起了一股开发沿海荒地滩涂的热潮，总计从清末至1935年，"在南通和苏北农村先后涌现了70多个垦牧类公司。其中有正式名称的公司为45个，营田万亩以上的大公司24个"[4]。关于垦牧公司的经营性质，史学界一直是众说纷纭。有："所谓公司

① 梁启超：《饮冰室文集》（卷4），中华书局1989年版，第11页。
② 章有义：《中国近代农业史资料》第三辑，三联书店1957年版，第697页。
③ 严中平：《中国近代经济史统计资料选辑》，科学出版社1957年版，第93页。
④ 羽离子：《南通：以工业革命推动中国城市近代化的典范》，《南通师范学院学报》2003年第3期，第56页。

云云者，不过为一集资购地，征收田租之机关而已，其生产方法依然如旧"①的说法。又有人指出："垦牧公司实质是封建地主，军阀政客以及资本家的混合产物，公司在这里已不是什么近代的企业机构，不过是若干地主的联合租栈而已"，"从各个方面来榨取垦民血汗"②。尽管史学界的说法不一，但从总体上讲，有一个从否定到肯定的趋势。严学熙认为："盐垦公司形式上只不过是土地投资公司，并采用分成制的地租剥削形式，形同租栈。然而，无论是公司的集资方式（股份有限公司发行股票）、生产目的（商品粮、棉等），还是经营管理等方面，均已不同于旧式的封建土地经营，特别是各公司都进行了大规模的水利工程和农田基本建设；把大片荒滩改造成方正化，条田化的农田，这是封建地主所不可能办到的。"③

与江苏其他地区相比，近代的海州相对封闭，经济相对落后。然而就是在这片落后的土地上，沈云沛和许鼎霖联合本地其他士绅，开发沿海滩涂，先后建立了两大农垦公司——树艺公司和"海赣垦牧公司"，为近代海州的农业经营方式由封建小农经营向资本主义大农业经营过渡树立了一块跨越社会形态的里程碑。为本地农业逐步由传统迈向现代提供了十分值得借鉴的宝贵经验。

（二）近代海州农事试验场

农事试验场是直接试验和传播最新农业科技的场所。1903 年，清政府商部发布振兴农务指示："土货之划分，种子之剖验，肥料之制造，气候之占测，皆施立试验场，逐一考求，纵人观览，用意美善，尤宜仿行"④。政府倡导在全国创办农事试验场的决定赢得了拥有经济实力和地方威望的官僚士绅的拥护和支持。

1. 近代江苏性质不一的农事试验场

自清末至民国初年，江苏地区和全国其他省份一样纷纷创建立了规模不等的农事试验场。就组织方式而言，主要包括以下三种：第一，由士绅协助地方政府创立。包括协助政府制定计划、组织管理及实施过程，其中典型的是吴江士绅唐荃生协助地方政府创建吴江公立稻作试验场。第二，由士绅资

---

① 实业部中国经济年鉴编纂委员会：《中国经济年鉴》，1934 年，第 87 页。

② 孙家山：《苏北盐垦史初稿》，农业出版社 1984 年版，第 54、74、75 页。

③ 严学熙：《再论研究江苏近代经济史的意义》，《江苏近现代经济史文集》，江苏省中国现代史学会，1983 年，第 9 页。

④ 刘锦藻：《续文献通考》（卷 378），商务印书馆 1936 年版，第 1241 页。

助地方政府创立，如：士绅投入大量资金确保试验场场地的设施条件，维持正常运营，典型的包括淮安士绅孙骏生、如皋士绅龙璋对当地试验场给予的经济资助和大力支持。第三，由士绅自主创办，此类试验场在苏北地区占据多数，包括综合性试验场以及蚕业、棉业和树艺等经济作物和经济林木试验场。这些新式试验场的创办为苏北农业科研的起步与发展搭建了重要桥梁，也开启了苏北地区从"经验农学"向"实验农学"的重要转型。

2. 海州种植试验场

1895 年海州在籍士绅沈云沛受张之洞引进美国棉籽在湖北试种的启发，投资白银 30 万两创办海州种植试验场。该试验场是近代淮海第一家大规模的农业综合试验实体，不仅栽培茶树、蚕桑、花生、烟叶、棉花等经济林木，还与当时的鸿门果木试验场有机结合，还充分利用海洋优势发展深水捕鱼与淡水养殖等。此外，沈云沛充分利用本地域位于鲁中南丘陵与淮北平原的接合部多丘陵的地势特点，建立林业试验场。三年后，再次筹银十万两，置买朐山附近长 26 里，宽 15 里的山地创办筹谋多年的海州薄利树艺公司，到 1904 年沈云沛以"近已成林，可期发达"报告商部。晚清以来，随着士绅们对西方农学认识的逐步加深，其创办的试验场科技水平亦逐步提高。沈云沛集股创办的云台茶叶树艺公司明确："仿照外洋开荒之法"，而达"振兴商务劈开地利"之目的。淮安府士绅孙骏生"购地四十亩，并采购西国葡萄，苹果种及拉美草，湖桑等，已于春初试种矣"①。

民国初期，人们对西方农学表现出的热情更加高涨。此时，试验场的种类除了粮食种植试验场外，还创办了棉业、蚕桑等经济作物种植试验场。如苏北的高邮士绅为了率先开启当地栽桑养蚕的良好风气，积极组建了蚕桑试验场。"风气之开，当有捷于影响者。是以蚕业前途，颇抱乐观"②。

海州种植试验场的成功实践深得南通实业家张謇的赞赏，张謇曾致信沈云沛：日后须求于公者正多：若桃、若梨、若苹果，若洋种鸽、若蜂皆是。种桑养蚕、新法饲蚕成为其时江苏各试验场科研活动的重要内容，沈云沛致商部报告："海属旧生产鲁桑，无蚕者。乙未（1895 年）春，购栽湖桑五十万本，存活者半，嗣以接法推广，岁增数十万株。海、沭之交。土坟衍，产

---

①　《淮兴农学》，《农学报》1898 年第 22 期。

②　江苏省长公署第四科：《江苏省实业视察报告书》，上海：商务印书馆 1919 年版，第 83 页。

较良……"①。报告中显示出沈云沛对栽桑养蚕的极大热情，在海州种植试验场的引领下，连云港地区的养蚕业步入了一个新的历史时期。

3. 鸿门果木试验场

近代苏北的农事试验场和全国其他试验场一样，是士绅们深受西学影响而对近代农业付诸的实践，尽管他们中的多数未曾受过西方农学的系统教育，只是从各种分散的渠道和信息中感受西方农业科技的魅力。但是，"他们的先知先觉般的提倡，对于沉浸于历史传统中的古老中国，对于承袭了数千年积淀的农业技术，依然产生了前所未有的震荡"②。

在创办海州种植试验场的当年，沈云沛又将同治十三年购置，并经平整治理的 1600 亩鸿门荒滩乱岗，创办为鸿门果木试验场，该试验场规模为江苏之最，亦是淮海第一家颇具规模的果业企业实体。该试验场引进美法培养的美国葡萄、苹果种苗，以及桃、梨美种进行试种，在技师的具体指导下进行栽培。同时"在果树栽种的当年，在果木行距中试种引进的花生，产量不低于沙卤田，这一传统一直保持了 70 多年"。关于鸿门试验场，沈云沛在给商部的报告中言："（鸿门）果木试验场，在临洪西岸沙岭南。乙未（1895 年）岁由云沛筹资五万两，杂种中外各果，葡萄、苹果，纯用美国种，亦用美法培养，桃、梨半用美种率皆丰茂；余枣、栗各种，皆取内地佳植。计中外两种各十万株，已见利益。近年来酿各品果酒，外洋亦间有购买者……"。

4. 近代农事试验场蕴含的开拓精神与时代意义

作为近代"由绅而商、由商而绅"的精英群体，海州在籍士绅沈云沛的绅商之路着实典型。据商部刊文所知：在当地人均言海州土质不宜种植棉花，致海州几千年无种植棉花历史情况下，沈云沛杂考中外棉 43 种，全部予以试种，经实验淘汰 41 种，得出试种的篙本碱水棉与大白毯棉，适宜本地的卤质地与黑坟土的结论最终试种获得成功。白毯棉亩收子花 150 斤，篙本棉亩收五六十斤不等，沈云沛根据土质情况，对两种棉均部署予以推广。由此，商部称之为"治农海上、海滨斥卤、又治胸麓，洪门诸村坳为果木试验场，亘二十余里，弥望蔚然"。商部对洪门果木试验场与种植试验场总体评价为"其法错中西而运以己意，务使水土之性质，与所树之谷木性质相吻合，故腴瘠

---

① 刘风光：《沈云沛传》，中国文联出版社 2017 年 10 月第 1 版，第 74 页。
② 曹幸穗：《启蒙与体制化：晚清近代农学的兴起》，《古今农业》2003 年第 2 期。

之下无弃地"。沈云沛在海州的农业近代化之路上获得较高的社会声望。

时至民国，农业近代化风气渐开，综合性的农业试验场不断出现。研究内容涵盖了种植、饲养、树艺、茶艺、园艺、渔业等各个方面，试种试养的品种更加丰富，部分实验场引进国外优良品种进行试验并加以推广。"1934 年，如皋士绅王庭松于掘港北郊开办实验农场，进行稻、麦、棉新品种试验，引进泰国黑、黄麻壳沙稻种、乌克兰小麦种和美国岱字棉种，试验获得成功并予以推广"①。近代苏北农事试验场和全国其他地区一样，是地方士绅在政府政策层面的鼓励之下、在"迷信充斥""听天由命""泥守旧法"的农村环境之下而进行的近代化改革的尝试。其实施的试种试养活动为江苏近代化农业技术的传播和推广奠定了坚实基础，其影响是非常深远的。"各种农业试验场的设立，是近代农业科研的萌芽，使得中国农业开始与世界先进的农业科技逐步接轨交流"②。士绅们从科技着手开创了中国农业从传统走向现代的先例。

近代海州地区的农事试验场和全国其他地区一样，是士绅深受西学影响而对近代农业科技付诸的实践，尽管他们未曾受到西方农学的系统教育，只是从各种分散的信息和渠道中感受近代农业科技的巨大魅力。但他们率先垂范的实践及开拓精神对沉浸于历史传统的古老中国，对承袭了数千年积淀的传统农业技术，俨然产生了前所未有的激荡，并赋予了新的时代意义。

（三）近代海州农垦公司

中国几千年农业文明的根基是男耕女织的小农经济。近代以来，这种一家一户式的小农组织形式与西方规模化、机械化、集约化的形式相比，劣势日趋明显。创建具有近代经营管理理念和模式的新式农垦企业是时代的产物。

清末以来，政府为进一步解决财政危机，逐步开放多年来的禁垦区，鼓励民间开荒拓土。民国伊始，这一政策日渐明朗。"自来富国强兵，莫不以劝农为先务，而招徕离散，尤必以开垦为首图，夫地不爱宝百物生焉?"一批拥有财力和威望的士绅开始投资于各种农业公司。近代连云港地区由于战乱、地势、灾荒等原因，留有大量有待开垦的荒地，特别是广阔的沿海滩涂，为建立新式农垦公司创造了丰厚条件。其中，沈云沛等地方士绅创办的树艺公

---

① 《掘港镇志》编纂委员会：《掘港镇志》，北京：方志出版社 2007 年版，第 159 页。

② 王奎：《清末农事试验场的创办与农业经济形态的近代化》，《华南农业大学学报（社科版）》2007 年第 4 期。

司和海赣垦牧公司作为近代海州两大典型的新式农垦公司，为本地区农业从封建小农经营向资本主义大农场经营的转变树立了一块跨越时代的里程碑。

1. 树艺公司

1898 年沈云沛、宋治基等在籍士绅创办树艺公司筹谋开发云台山。草案初辟，效果显著。之后，在初见成效的基础上，为进一步扩大规模，树艺公司一方面正式呈请清政府批准开发云台山，另一方面成立股份公司面向社会征集股份，同时在上海、苏州等地设立了集股分支机构。树艺公司从创办到结束虽历经仅十余年，但成效显著。合计开发前云台山的望海楼、寒窑、西斗牛石、胡真洞等 9 处，后顶北风口、羊鼻峰、腰石、玉皇阁等 20 处，向日坡、斗篷山、古牛蛋、唐王洞、凤凰坡、十八盘、杨柳盘等 68 处。

沈云沛成立树艺公司开发云台山时的界碑

并设四局（管理）于凤凰岗、凤凰坡、望海楼、唐王洞。对后云台山的开发包括：桅尖山、蜘蛛山、芹菜沟、留云岭、宿城山、罗汉墓等 20 处，并设四局于悟正庵、苏文顶、陶公祠、老君堂。

为充分利用资源，拓展贸易范围，沈云沛又在新浦创办油厂，生产桐油、茶油、柏油等，装篓入船，经临洪口入海，远销烟台、上海、京广、闽广等地。此外，地方特色产品也得到进一步开发，如萝卜头、焖黄瓜、豆酱等，销往南京、上海、九江、镇江和汉口等国内市场。种植的开展也促进了场务建设，平修道路，开挖塘池等一系列的开发举措使荒芜于草莽间 200 余年的云台山呈现一片蒸腾景象，同时，农业开发也获得了丰厚的利润，当年"净得余利按陆成匀分"，现"入股诸公净得利拾成"[1]。至今，郁郁葱葱的云台山还留有树艺公司当年的界碑。

_____

[1]　刘洪石：《初识江北三名流》，载《新浦区文史资料》第四辑，第 3 页。

2. 海赣垦牧公司

1896 年海州士绅沈云沛开始筹谋开发云台山周围的大片荒滩沙卤田地。后来经过滩涂丈量、立案登记与购置等筹备计划后，于光绪二十九年（1903年）呈文时任漕运总督的恩寿，恳请成立海赣垦牧公司。"比年海势日东，涨滩益远，计自海州北境入赣榆县界五、六十里，抵山东日照县境有鸡心滩，其地长狭约两千余顷，自州治东抵淮安、阜宁县境三百数十里有燕尾滩约两千余顷，可垦可牧，若听其芜秽不治，污莱极目，官既无义得赋，民亦无从资生。"① 经过催促，至光绪三十一年（1905）五月十一日，清廷恩准，称："江北之海州，赣榆东滨大海，广斥数百里，比年海势日东，潮滩溢远，计自海州境入赣榆界五、六十里，抵山东日照县境，有鸡心滩。其地长狭约二千余顷，可垦可牧……设海赣垦牧公司，就鸡心、燕尾二滩筑堤开渠，渐次拓垦……，查海赣一带，涨淤滩膏腴不少，自应及时修办。"② 恩寿以江淮巡抚身份上光绪《奏请赐准海州绅士沈云沛等巨资创设海赣垦牧公司事》之奏折获准。之后因公司界址问题沈云沛再次上呈时任两江总督周馥，至十二月十四日该公司界址全部划定。沈云沛投资 42 万两白银垦牧鸡心滩和燕尾滩，垦牧范围自海州北境入赣榆县界 60 里，抵山东日照县，向南抵淮安阜宁县境约 300 里，总面积约 5000 公顷。海赣垦牧公司就垦牧面积而言仅次于张謇创办的通海垦牧公司，亦是近代苏北垦牧史上重要的里程碑。

海赣垦牧公司曾一度和南通的张謇大生公司合作，其成案和组建都是仿照通海垦牧公司。为确保具体事宜顺利进行，沈云沛亲自到南通暂住一段时间，对通海垦牧公司的建立和经营管理模式进行悉心研究。张謇也亲自来到新浦沈云沛的商行（今市化工局为其旧址），洽谈滩涂开发的具体事宜，并借给许、沈二人银三十万两，还专门派遣了淮北垦务专员代其办理日常事务，其在给下属指令的信中念念不忘海州垦事，并强调垦事之先，必须委托于十分老练的人才。要努力物色、擢用"爱国才子"，警惕"小小殷勤"之人。经磋商，总公司设在海州，总账房设于上海，以便收股付利，并于云台山、山㠀山、响水口、青口设分所。为保持独立起见，资金中的二十万先由创办

① 《江淮抚宪恩附奏创办海赣垦牧公司片》，《农学报》1906 年第 315 期，第 1 页。
② 《连云港市文史资料》第二辑，第 56 页。

者分认，尚余一万股，也仅限于同人分认，并把垦牧办法具体分为十二项：①

（1）定界。上抱山趾，下迄海滨，岛港分歧，民灶杂处，由主管州县场官司先行会勘定界。

（2）收到。定界后，凡在公司范围内土地，不论私或规划极垦的，一并收入，已垦土地，按价作股。

（3）筑堤。御潮而蓄淡。堤高五、六尺至一丈。

（4）挑河。以泄内水。挑干河、支河各若干以取灌溉之利，免泛滥成害。

（5）建闸。每河入海之处建石闸一座，潮涨则闭，以障海水；潮落则启，以泄山水。

（6）治沟洫。以干河、支河为经，以沟洫为纬。

（7）平道途。干路以五丈宽为度，支路以三丈宽为度，以便人行。

（8）辨土质。近山宜薯，近河宜稻，平原宜青菽，卑温宜蒲芦，各视土宜布种。

（9）培坡田。近海之处，地愈低下，拟用培垫之法，挑塘二尺，垫地一尺，掘塘一亩，培地二亩，地可种麦塘可植蒲，两尽其利。

（10）种芦苇。海州芦苇质厚而坚，其用至多，其利亦溥，斥卤之地先试种芦苇，待土脉益松，然后逐渐开垦。

（11）开牧场。草深水浅者宜牛，草短山高者宜羊，杂草沮洳曲潦者，下至鸭栅亦期布置得宜，尽收旧弃之利。

（12）兴渔业。海滨之处，地居下游，山河下注，海水上升，咸淡相错，渔产最繁，堤成之后水有归宿，布散鱼苗，生息必盛，秋冬水涸，网取尤易，利更倍于耕耘。

海赣垦牧公司和树艺公司一样，在围田垦荒、开发荒滩涂、耕种养殖等方面取得了大面积的收获。然而，这两大农垦公司和当时全国诸多农垦公司一样，由于复杂的国内外形势，许多垦牧规划和技术性的开发工作没有能够如期完成，垦牧公司的局面没有能够大规模的展开，最终未能如愿完成开发计划。在当时剧烈动荡的社会环境中，全国各类农垦公司迟迟发展不起来，有的甚至纷纷夭折，其主客观情况主要有这样几种：有因企业内部贪污，浪费，经营不善；有因军阀混战，兵匪骚扰，社会动乱；有因当地封建势力阻

---

① 《连云港市经济史资料》第一辑，第42页。

挠和破坏，有因官府繁重的税捐和勒索；有因交通运输不便；有因自然灾害频繁袭击。作为当时全国诸多农垦公司的一分子，近代海州这两大农垦公司的衰弱离不开以上原因，具体而言：

第一，旱、涝、虫灾害频繁。垦区地处东南亚季风地带，常年多风。夏秋之交，垦区常受太平洋台风的袭击，暴雨海潮也往往随之而来（见下表）。多风不仅会危害农作物的生长，也会加速地面水分蒸发，助长土壤表层盐渍化，大大降低农作物的产量。

表 1    1899—1928 年间江淮水旱灾害统计表①

| 年代 | 季型 | 旱灾 | 涝灾 |
|------|------|------|------|
| 1899 | 夏 | 旱，湖荡水涸，咸潮内灌 | |
| 1905 | 夏 | | 水灾 |
| 1906 | 夏 | | 大雨水，伤禾 |
| 1909 | 夏 | | 大水 |
| 1910 | 夏 | | 水灾 |
| 1911 | 秋 | | 大雨水，伤禾 |
| 1913 | 秋 | | 大水 |
| 1914 | | 大旱岁大饥，民多流亡 | |
| 1915 | | | 大雨水 |
| 1916 | 夏秋 | | 大雨水，灾区达 2.7 万平方公里 |
| 1917 | 夏 | 旱 | |
| 1919 | | | 大雨水 |
| 1920 | | | 大雨水 |
| 1921 | 秋 | | 大水 |
| 1922 | | | 大水，苏、浙、皖灾民 1200 万 |
| 1928 | 夏 | 旱，咸潮内灌 | |

---

①　章开沅、田彤著：《张謇与近代社会》，华中师范大学出版社 2001 年版，第 130 页。

第二，地势低洼。海赣垦牧公司有相当一部分面积位于新浦往东的地区，这一带成陆年代较近，地势低洼。大雨过后，雨水常常长时间淹没农作物。海州在自然地理位置上处于鲁中南丘陵与淮北平原的接合地带，呈西北向东南倾斜的趋势。几百年的黄河夺淮入海严重破坏了海州原有的沂沭水系结构，使海州"上承东省来源，下游逼临海浦。每春夏之交，栽植甫毕，横流随至。渺弥一片，不见阡陌"①。

第三，面积过大不便管理。除树艺公司外，仅海赣垦牧公司就占有北起绣针河南达阜宁县数百里的土地。而且当时沈云沛、许鼎霖二人未能痛下决心脱离官场，常常是政务缠身，影响了对投资公司的经营管理质量，另一方面公司里严重缺乏新型的管理人才。

尽管如此，海赣垦牧公司围绕开发滩涂、围田垦荒、耕种养殖等方面，较为科学合理地开发了垦区九万一千七百多亩薄地。作为集农林牧副渔于一体的综合性农业公司，有力地推进了海州地方近代农业的发展。沈云沛曾言："海州治东云台山，逶长三百里……现已筑圩开办、试种稻、麦、碱水棉万余亩，蒲苇二万亩。渔业，海州旧业渔，土法不能极深，故业终不振。甲辰岁由云沛合资（与许鼎霖）十万元，添置沙船参用外洋深取法，专行黄海线路，隶上海渔业公司。"②

（四）农工商一体化运营模式的出现

近代海州新式农垦公司对沿海滩涂、荒山野岭、斥卤之地的开发利用，在推动地方农业发展的同时，也加强了地方农工商一体化的发展，开启了古海州整个经济领域从传统向近代的日趋前行。

纺织、面粉、榨油等农产品加工业是近代苏北较为发达的工业门类，除资金、技术等因素外，廉价优质原料的就近获取是其主要原因。例如，近代海州鸿门牲泉槽坊的玫瑰露酒和各种果酒，其原料即来源于鸿门果园的玫瑰花及各种中外名果。为了充分利用当地优质原料，促进农工商的协调发展，沈云沛于1895年4月投资20万元成立牲泰榨油厂，生产花生油、豆油。该厂初衷为榨油，但在生产过程中油饼却成了大宗，随之亦易名为"临洪油饼厂"。沈云沛在致商部报告中言"海州产豆，而尚无榨油工作，其以饼、油运

---

① （清）贺长龄：《皇朝经世文编》卷 1115《工政》之《海州请筑圩岸疏》。
② 农学会：《蚕麦成绩》，《农学报》1898 年第 37 期。

售青口者，率自山东来，然土法未良，多夹泥泽，故只销内地，而他国无过问者。乙未（1895）岁，云沛就本地合资二十万两，参用石碾、引重各压法，出饼如镜面，逐渐销售洋庄"①。光绪二十七年（1901），由于树艺公司所植的 1400 万株油桐、茶茗等经济树木业已成林，沈云沛再次扩建该厂，以增加桐油、茶油的生产。经过开发，清末海州已是"油、面公司并立，农工并务，本末相资，洵足为商界之锆石也"。② 此外，成立于 1903 年的海州织布厂，原料来自海赣垦牧公司的白毯棉纺纱。由于布匹质量好，竞争力增强，一度出现了供不应求的局面。该厂的示范效应带动了海属地区经济弱小的农户开始步入织布行业，海属地区的农村出现了前所未有的商业气息。农工商协调发展模式的初步形成既是海州士绅开发地方的结果，同时也反映了士绅力图繁荣地方的努力，这种努力将在新的机缘面前不断前行。

（五）农业近代化的转型

近代海州的农垦公司和农事实验场虽然和当时全国诸多农垦公司一样，难逃破产的厄运，但沈、许二人在这块经济状况并不景气的土地上，首次进行现代农业的尝试，其意义远远超过了实业开发本身。最近，市博物馆在整理旧有书刊中，发现一份印于清光绪二十七年（1901）的树艺公司招股揭贴。揭贴横 36 厘米、纵 25 厘米，竖行排印。由上海点石斋代印。揭贴，用今天经济学的观点来讲就是宣传广告，可惜内容不太全面。但从整体上可以一窥其原貌。揭贴从内容上共分七部分：一、江苏巡抚聂缉椝、漕运总督张人骏奏章；二、两江总督刘批札；三、宋治基禀札；四、集股章程；五、农工开垦种植条规；六、开垦云台山地段图说；七、附录：①树艺公司开垦地段及设局地点。②股票存根及股票样式。剖析该揭贴的内容，可以得出当时的这份宣传广告具有以下几个特征：

1. 创建了近代股份制公司管理机制

树艺公司集股章程中写道，"俾民间多设公司，筹建股本，按股人利，扣民自便。官则任其保护，实力维持；绅则锐意经营，垂诸久远。庶几野无旷土，民歌乐利，物产日丰，税厘亦因之日旺，诚于国计民生两有裨益"③。集

---

① 沈云沛：《沈云沛致商部关于临洪油饼厂报告》，天津博物馆藏。
② 沈云沛：《海州各属农工商进步迟速表》，《商务官报》光绪三十二年（1906年）第 6 期。
③ 《树艺公司集股章程》第 2 页。

股，实际上起着聚积资本的作用。将社会零散的资金用来投入资源开发，扩大生产。投资者入股分红，参与管理，实际上就是我们今天所讲的股份制。股份公司以集股的形式可以筹集到巨额资金，完成家庭生产单位所不能实现的重大经济、生产功能，如大规模的农田水利建设、道路交通、商业文化设施等等。定章招商股的方法，对私人资本具有很大的诱惑力。其集股地域从新浦、海州、赣榆，扩大到淮阴、苏州、南京和上海等地，使其在短时间内完成 30 万元集资任务。在很大程度上改变了海州十年资本招集的艰难景象。可以这样说："这次集股是中国民族资本在海州地区的第一次投资记录"[1]。

2. 制定了中国近代化法规

资本主义经济的出现和发展，资产阶级必然要有保护自身发展的政权和法律。张謇在他就任袁世凯政府的农商总长就职的两年中，致力于农商发展的各种条例和法规的制定，如《公司保息条例》《商会法》《国有荒地承垦条例》等等。树艺公司成立后不久，在其章程中就突出地提出加强农业队伍的管理问题："明定功过赏罚，以昭劝戒"[2]。管理条例可以说是十分苛刻，明显地带有资本主义剥削的色彩。与封建农业显著的不同之处，就是制定并实施了一系列有利于农业发展的科学的管理方法。合理的组织形式和科学的管理方法是进行大生产的保证，是创造生产价值、延续企业生命的客观需要。树艺公司所制定的《督率农工开垦种植条规》，正是为了保证"振兴商务辟开地利""共谋自然之利"[3] 这个目标的实现。管理细则第一条中说："开垦荒山隐寓以工代赈之意"。雇佣附近农民开垦荒山已经直言不讳地点出了雇工剥削的性质。但它把分散的个体经营或破产了的农民组织起来，成为一支具有组织性与纪律性的集体生产的产业大军，这在当时确是一个具有划时代意义的尝试。

3. 出现了引进外资、引进技术和对外开放的新思想新举措

在当时开发苏北沿海的实业家中，以南通的张謇，海州的沈云沛和许鼎霖较为著名，他们在开发沿海荒滩涂向现代农业进军的过程中，先后形成了开放思想并付诸实践。张謇的对外开放思想开始于清末，形成于民初，许鼎霖驻秘鲁领事的生涯给他注入了民主、改革、开放的新思维，沈云沛则是在

---

① 《新浦文史资料》第四辑，第 4 页。

② 《树艺公司集股章程》第 2 页。

③ 《新浦文史资料》第四辑，第 2 页。

洋务运动大潮的裹挟下，深受张謇、许鼎霖思想的熏染，而站到了先进的知识分子的行列中，他们的开放思想包括引进技术、引进人才，自辟通商渠道，发展对外贸易，积极利用外资，都取得了较为显著的成果。树艺公司在集股章程中就指出："购买机器，精制茶叶，以利外国销市，自中外通商以来出口之货茶为大宗。照锡兰用机器烘制不惜工本，精益求精，务使茶叶尖嫩色浓、味厚，庶足以风行海外，挽回利权"①。

近代海州的农垦公司和农事试验场卓有成效的运营模式为近代海州的农业经营方式由封建小农经营向资本主义大农业经营过渡树立了一块跨越社会形态的里程碑，同时也为我们今天开发利用沿海荒滩涂提供了借鉴。在土地十分宝贵而紧张的情况下，积极开发和利用沿海滩涂，大力发展农、牧、渔、养殖业等是一个颇有实效的广阔天地。和江苏省其他地方一样，连云港市的人口与土地比例关系逐渐趋向人多地少。"建国初期全市有 34 万公顷耕地，不到 200 万人口，人均耕地两亩多，而到 1988 年耕地减少到 20 万公顷，人口增至 300 多万，人均耕地只一亩。随着耕地进一步减少，人口进一步增多，目前人均耕地降到不足一亩"②。因此要保持良好的人地比例关系，加快沿海滩涂开发是增加可耕地的有效途径。海滨荒地作为海陆交界广阔天地，包括河口治理，海港布局，内外交通、水利工程、农田围垦、植树造林、浴场、风景旅游，这些都是滩涂开发的重要内容。农业、水利、水产、盐业、环保、旅游和财经等部门应根据沙质、泥质、水质等的具体情况发展不同产业，使它们之间互相协调、相辅相成。

目前，连云港市综合开发沿海滩涂、发展地方经济的规划业已朝着系统化、科学化方向发展。本地区的东辛、云台、新浦、五图河、岗埠等规模化、集约化的农垦公司以及滩涂开发公司不仅在发展地方经济发挥着重大作用，也蕴含着人们在新时代感召下的开放思想和开拓精神。

## 第三节　新型港口城市的崛起顺应经济发展的新潮流

连云港地处苏省北隅，经济基础较为薄弱。但清末"实业救国"思潮中

---

① 《树艺公司集股章程》第 4 页。
② 张传藻：《连云港地理与经济》，河海大学出版社 1999 年版，第 42 页。

兴起的第一批新式企业以及民国时期快速增长的港口贸易，使得这座海滨小城发展为新型的近代港口城市。在这一过程中新浦和连云市的崛起最为典型。

**一、近代连云港的工商业简况**

在近现代经济史上，江苏经济占有极其重要的地位。据 1895—1911 年的统计数字：江苏先后开办了 140 余家工矿企业，资本总数为 1928 万元，企业家数占全国新办企业的四分之一，资金额占全国的六分之一①。然而，在江苏境内，近代工业主要集中在无锡、苏州、南通与常州，而且都是由纯华资的工业企业构成，形成以纺织、缫丝、面粉为主体的工业部门。江苏省南部这个经济区的形成是与以上海为中心的中国东南部经济区直接联系在一起的。上海的辐射作用对于南通、无锡、常州等附近地带的影响是巨大而深远的。"鸦片战争之后，英国人以近代贸易的观念首选上海作为开埠通商城市，短短十几年就使他拥有取代广州成为全国对内对外贸易的心脏地位"②。这便使上海对近在咫尺的南通、无锡、常州产生强力辐射成为可能。大量的外国进口商品、上海本地的产品以后又发展到上海的资金、优秀的人才、先进的技术、信息等源源不断地涌向附近城市，成为这些城市发展的主要外部推动力。与此同时，民族资产阶级向上海周围的中等城市扩散，南通、苏州、无锡以棉纺、丝绸及面粉等工业为主而进一步发展起来，便逐渐形成以上海为中心的工业城市群。而处于江苏省东北隅的海州在近代经济转型的时代环境下依照自身的地理优势，将工商业推向一个新的阶段。清末民初的连云港工商业概况有其显著的特点：

（一）轻纺工业中出现了少量的民族资本

近代海州的工业产品主要靠上海、青岛、天津等地转运而来。此时这一地区工业企业的建立都是民族资本，是本地的官僚、地主、商人投资兴办而起的。沈云沛、许鼎霖是这一时期发展地方工商业的杰出代表。他们在新旧时代交替的潮流中，在海州这片工商业基础比较薄弱的土地上奋起举办与发展了一批工商企业（见下表），尽管行业规模小、结构单一，但为发展当地经济和形成新城镇打下了新型近代工商业基础。给这片古老的土地增添了新的活力。

---

①　《连云港市志》，方志出版社 2000 年版，第 120 页。

②　［美］罗兹·墨菲：《上海——现代中国的钥匙》，上海人民出版社 1993 年版，第 139 页。

### 沈云沛、许鼎霖所创企业一览表

| 序号 | 创办人 | 创办时间 | 企业名称 | 地址 | 资本额（千元） |
|------|--------|----------|----------|------|----------------|
| 1 | 沈云沛 | 1895 年 | 海州种植试验场 | 海州 | 420 |
| 2 | 沈云沛 | 1895 年 | 果木试验场 | 海州 | 70 |
| 3 | 沈云沛 | 1898 年 | 临洪榨油厂 | 海州 | 280 |
| 4 | 沈云沛 | 1898 年 | 树艺公司 | 海州 | 140 |
| 5 | 沈云沛 | 1903 年 | 海州织布厂 | 海州 | 5 |
| 6 | 沈云沛 | 1903 年 | 毛巾洋胰厂（肥皂厂） | 海州 | 5 |
| 7 | 沈云沛 许鼎霖 | 1904 年 | 海赣垦牧公司 | 海 州 云台山 | 420 |
| 8 | 沈云沛 | 1904 年 | 上海渔业公司 海州分公司 | 海州 | 100 |
| 9 | 许鼎霖 | 1905 年 | 海州面粉厂 | 新浦 | 280 |
| 10 | 沈云沛 | 1906 年 | 海州硝皮厂 | 海州 | 840 |
| 11 | 沈云沛 | 1906 年 | 云台茶叶树艺公司 | 海州 | 300 |
| 12 | 许鼎霖 | 1909 年 | 赣丰油饼厂 | 新浦 | 420 |
| 13 | 许鼎霖 张 謇 | 1907 年 | 耀徐玻璃厂 | 宿迁 | 839 |

来源：沈云沛《海州种植试验场各业》商务官报光绪三十二年（1906 年）闰 4 月第 6 期；张传藻：《近代海州经济简况》，载政协连云港市文史资料委员会编：《连云港文史资料》第 5 辑，1987 年版，第 56 页。

**（二）商贸经营中以粮油业为主体**

近代本地以粮油业为主体的商贸业的发展主要由于以苏北、鲁南不发达地区的农牧业产品同东南沿海的股富地区的工业产品及工业加工品的交换，另一方面由于本地地处以海州诸港为中心，与运河、淮河、盐河、沂河、沭河所流经的苏北、鲁南地区的河、海联运，加速发展了粮食商品的流通，使粮食出口成为这一地区主要的商品经济。当年本市这个转运、集散地，经青口、灌河转出的农产品有小麦、高粱、豆饼、大豆等，转入的是东南各口岸的工业产品和杂货，经海州诸港在苏、鲁经济区内散销。二十世纪初以来，本地地主、商人经营商业，与外地大批客商商帮涌入开行贩卖，成为这个地区商贸业兴盛的基本因素，长期以来这里成为著名的粮贸中心。

十九世纪末二十世纪初的中国，受列强欺凌的剧烈冲击，挽救中华民族于危亡的各种思潮风起云涌，其中实业救国思潮成为时代主流。海州士绅顺应时代潮流发展本地工商业。其时，工商业具有如下类别：

**1933 年新浦各行业发展概况**

| 业别 | 家数 | 资本数（元） | 年产值（元） |
|---|---|---|---|
| 面粉业 | 1 | 200000 | 1420000 |
| 油坊业 | 7 | 30000 | 312700 |
| 酒坊业 | 13 | 35000 | 102820 |
| 棉织业 | 66 | 21000 | 120000 |
| 酱园业 | 13 | 18100 | |
| 染纺业 | 8 | 2870 | |
| 电灯业 | 1 | 75000 | |

来源：《中国实业志（江苏省）》，实业部国际贸易部出版社 1933 年版，第 70—73 页。

（三）引进股份制、向社会集资是筹集资本的主要形式

所办企业大多数规模较小，除海州硝皮厂资本 80 万元以上，其余在 5000 元到 40 万元之间。其时洋务派所主持的官办企业平均资本在 85 万元以上，外国在华企业平均资本在 75 万元以上，相比之下，民族资本投资少，规模小。海州一带在江苏属贫穷地区，沈、许两人虽是朝廷官吏，个人也无力独资举办诸多企业，稍上规模的企业全靠集股创办。近年发现的树艺公司招股揭贴（广告），内容有集股章程、股票式样等。其集股地域，开始在新浦、海州、赣榆，后来扩大到淮阴、苏州、南京和上海，费时不久就集资 30 万元。

（四）慎重选定厂址，形成集聚效应，推动当地经济发展

海丰面粉厂的创办、经营和运销，对繁荣新浦地区的工商业和推动新浦的快速崛起发挥了很大作用。该厂原本打算建在赣榆县的青口镇，因那里水运比较方便。消息传开后，当地士绅、乡董纷纷反对，理由是当地产粮不丰，面粉厂建成后在当地收购小麦，粮价势必上涨，会造成民生贫困。后经慎重

研究改在新浦奠基建厂，既扩大了收购原料的产地，又形成了新的水陆交通要道，推动当地商业进一步集聚。

**二、新式企业的创办与新浦城市中心地位的确定**

根据各种辞书的解释，"浦"除用作姓氏之外，还有"濒也""水边或河流入海的地方""水源枝注江海边曰浦"等几种解释。再从古海州志中关于"东海诸浦"的注释来看，"浦"有四个基本特征：一是上无源头；二是下通海潮；三是便渔舟盐舶；四是经过人工疏浚。有鉴于此，新浦原本是指沿海滩地上那些无固定发源地、季节性向海里排泄洪水的小水系，而后经人工疏浚而形成的运盐河道和渔船停泊避风的口岸。通俗地讲，新浦是由河流通向海洋的入海口即新浦口发展而来。新浦的崛起得力于自然和人为的双重作用，但作为本地区晚清历史上的商业中心，人的力量占据主要因素。大体说来，新浦的崛起经历了三个阶段。

第一阶段，人工的开挖和疏浚奠定了新浦发展的基础。乾隆末嘉庆初，云台山内附大陆后，大海已经向东北方退至海州城东孔望山东北角，原运盐河入海口下河口淤塞。后来淮北盐商捐资疏浚拓宽河道，河靠胸山，当地人称之为胸山河，作为新的运盐河入海口，因而被称为新浦口。1804 年，海州知州唐仲冕为保证海州城内粮草供应，又率众从海州东门外至新浦口开挖甲子河。甲子河的开挖使得新浦口由此成为盐粮转运的中心地带，它的日渐繁荣吸引着更多商人的聚集和进一步开发。

第二阶段，富安刘氏的开发开启了新浦成街的历程。富安在古海州城正北，位于临洪河（蔷薇河入海河道段）北岸，与临洪滩隔河相望，地势险要，为盐业生产的滩地。具有优越地理环境的富安在来自山东的刘氏家族的开发和引领下，曾一度兴盛。但海岸的变迁、富安优势位置的丧失，刘氏家族逐渐把投资的目光转向潜能巨大的新浦一带，开启了对新浦的塑造。

清咸丰年间，身为富安董事的刘兆垣由于新浦处于"临洪河环绕其西北两面，有盐运河流灌其南，龙尾河延带于东，而盐运河东汇龙尾河，西接临洪河，其地位适当三河围绕之中，成一椭圆形之平畴"① 的优势地位的吸引下，举家南迁，于新浦重整刘家祖业。在今南极北路西侧、王巷北端，清除蒿莱，挑筑圩堰，首建"同泰行"，经营土产品。进而在刘兆垣的同辈及后辈

---

① 陈果夫编：《江苏省政述要》，《地政编》，（台北）；文海出版社 1983 年版，第 35 页。

的相继开发下，新浦陆续出现了"永顺行""小永顺""泰永顺""福茂永"等经营粮油、土产的商贸场所。刘氏家族良好的经营之道以及他们"言正行端、刚正不阿"的秉性在新浦商界赢得了较好的声誉。他们竭力维护中小商户的利益，与贪官污吏据理力争的正义举措也为新浦营造了良好的经商环境。特别是刘氏在商界倡导的划行市、定商规、规范量器衡器等措施，吸引各地客商纷纷前来投资经营。

经过刘氏家族以及其他各路客商的陆续经营，到 1892 年，新浦商埠已初具规模。《天后宫记》："（新浦）为运河尾闾，河流所及，土货泛而至焉。渤海商舶，因是翔集，而交易成然。茅屋星星，帆樯环之。"[①] 历经十年，终于落成的天后宫使得人气更旺、生意更兴隆的新浦一时间成为海州地区的商贸中心。富安人刘振殿在撰写《创建新浦天后宫记》时称新浦之兴自天后宫始。

第三阶段，海州士绅的陆续开发进一步推动了新浦的繁荣。

光绪末年，沈云沛等地方名流陆续创办海州种植试验场、果木试验场、海州缚利树艺公司、云台茶叶树艺公司、海赣垦牧公司等新式农垦企业开发荒地，同时，还积极引进蚕桑、蓝靛、烟叶、花生、棉花等经济作物，发展农业。在农业开发的基础上，海州名绅沈云沛等陆续在新浦创立糟房、杂货店及饼、油等一批新式企业，这批新式企业的创办对新铺的兴盛起到了巨大的推动作用。如海丰面粉厂用机器制粉，规模和影响都较大。该厂拥有两台制面机，日生产能力 1500 包，职工 200 人。除在本地销售外，还远销河南、山东等地。为运销便利，公司自备蒸汽轮"海丰号"，出资在前河上修建"洋桥"。水陆交通枢纽的格局初步形成。

1905 年朝廷对海州自开商埠的恩准，是海州地方发展的重要机遇。此时，河北茶商与沈家合资创办的"生庆公"茶庄，山东人创办的油坊、织布坊以及安徽人开设的第一家照相馆，推动了新浦的榨油、酿酒以及娱乐消费行业的日渐兴起。商业的逐步推动，随着前街、后街的交相辉映，新浦俨然已成为享誉当地的商贸中心。

民国初年，在此开设的粮行、油坊、面坊、糟坊就有复茂永、刘四太、福聚东、六和圣、永昌等十多家。据统计，1918 年在该地区的粮食集散量达 60 余万石（每石 360 斤，折合 10.8 万吨）。随着工商企业的日增，海州五大

---

① 《创建新浦天后宫记》，载政协连云港市文史资料委员会编《连云港文史资料》第 5 辑，第 46 页。

家族中除沈家之外的其他殷、葛、杨、谢四家和墟沟王家，也纷纷到新浦开店设坊，外地客商也集聚于此。以福聚东为首经营粮油的山东帮，以华中裕为首经营商业百货的河北帮，以经营布匹为主的徽州帮，以经营盐业为主的河南帮，以经营亚细亚、美孚火油的外国资本分销店也插足新浦地区的商业开发。尤其是 1922 年新东电灯股份有限公司的创建，开创了新浦地区电力工业的新启元。

到二十世纪三十年代初，新浦街在国内已颇有影响。1933 年，中央大学地理系胡焕庸教授来新浦专程考察，后在其《两淮盐政考察报告》中强调："新浦水陆辐辏，商铺林立，是新兴的商业码头，商民俨然以小上海自诩，其前景正方兴未艾"①。1936 年的新浦镇已拥有"经营农矿产品的商行 4 家，经营五金、药品等制造品的商行 12 家，同时拥有中国银行、中央银行、交通银行等 7 家银行"②。

尽管历史时期，作为新浦依托的大浦港曾因淤塞而废弃、后建成的连云港港口亦远离新浦，但时至今日，由于坚实的工商业基础，新浦作为本地区中心城市的位置始终未曾动摇。

### 三、港区贸易的繁荣与连云市的诞生

在我国近代沿海港口城市的发展过程中，连云市的诞生有其独特性。陇海铁路的出海口原定于河海相连的临洪河口即大浦。但 1933 年中外专家经过勘测认为淤塞严重的大浦港无疏浚必要，必须向东另觅新址。1935 年 6 月新浦至老窑（连云港）段的铁路通车以及始于 1934 年 1 月连云港码头的建设为连云市的诞生揭开了新的篇章。

从 1933 年 7 月到 1937 年 7 月，是连云港建设和贸易发展的基础时期，在这期间，陇海铁路局与招商局施行联合创办海陆联运、实行免征转口税等特殊政策，使得连云港的货物吞吐量逐年增长，路港联运呈现了兴旺景象。为适应连云港建成后机械化输送煤炭需要电力的新形势，陇海路局委托方记公司承建了连云发电厂，为港区提供了动力。一座城市是否拥有电力，是当时评判其是否步入近代化的重要标志。

---

① 海州区委宣传部编：《海州史话》，第 54 页。
② 交通部邮政总局编：《中国通邮地方物产志·江苏编》，商务印书馆 1937 年版，第 61 页。

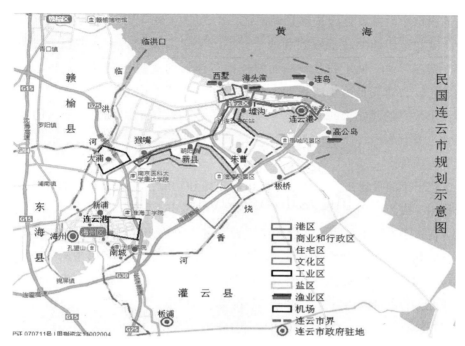

连云市规划示意图

（来源：连云港市档案局）

为了进一步发挥沿海港口的重要功能，1935 年 1 月 18 日，江苏省政府委员会第七一八次会议公布了以连云港港口为依托设立连云市的议决要案。"连云港埠设置普通市，定名为连云市，其水陆区域暂以临洪口以南，烧香河口以北，东至东西连岛，西沿临洪河新浦、板浦以东为范围，先设市政筹备处，由建设民政两厅，从速拟具组织规程提会。"① 4 月，"连云市政筹备处" 即在墟沟成立，赖琏为连云市市政筹备处处长。初步规划为：连云市以老窑（今连云镇）为港务区，墟沟为住宅风景区，黄九垱一带为市政中心和商业区，大浦为工业区。这是连云港市历史上最早的具有现代理念的城市规划。其间，又先后制定了《连云市政筹备处组织规程》《连云市市政筹备处处务会议规则》《连云市市政筹备处办事细则》等市政建设的相关文件，并据实际情况适时修正。1937 年，确立为江苏省直辖市的连云市政府正式成立。

特设连云市的决策充分表明政府对连云港发展规模的期待与信心。时

---

① 《江苏省国民政府第 718 次会议决定》，载《江苏月报》第三卷第二期，民国廿四年二月一日。

任连云市市政筹备处处长赖景瑚回忆："一九三〇年代，主政江苏的陈果夫先生就想运用他的政治权利和地位，把国父建港设市的伟大理想，很快的一一实现。他一见了我，就一面叙述他对连云的重视、期待及其建港设市的构想，力劝我将历年所得的市政经验和我能罗致的专门人才，前往连云担任市政筹备处处长的职务。"① 其时，在政府政策的引领下，连云港地方士绅也联合当地各阶层政治和民众力量参与其中，连云设市的举措一时间轰动海内外。

连云市的筹建初具近代港口城市的规模和功能，发挥了较好的集散、输出作用，成为中国东部一个资源出口型海港城市。便捷的铁路、水路运输，大大促进了本地工商业的发展，使连云市进入了抗战前城市发展史上的一个鼎盛时期。以新浦为经济中心，以墟沟为政治中心，带动衰落中的大浦港口和新建的连云港向前发展，连云市这个港口城市，成为中国东部沿海中段仅次于北方青岛港和南方上海港的一个新兴港口城市。

据统计，连云港出口货物 1934 年 15.18 万吨，1935 年 27.93 万吨，1936 年 40.90 万吨，1937 年上半年 35.69 万吨；进口货物分别为 2.28 万吨、6.86 万吨、10.06 万吨、6.12 万吨。吞吐量大幅度增长，连续出超是其贸易特征，1936 年出口量为 1934 年的 269%，1937 年上半年已达 1936 年的 87.3%。输出物资以 1936 年为例，煤炭 28.69 万吨、棉花 5.54 万吨、花生仁 2.62 万吨。进口量增长也较快，但进口量每年不超过吞吐总量的 20%，进口物资主要有五金、石油、水泥、木材、棉布、砂糖、面粉等建材和食品。这些数据一方面表明港口贸易量的急剧增大，另一方面也反映新型港口城市功能的新变化。过去以大浦港为基地出口的物资以农副产品为主，而连云港港口建成并实现水陆联运后，输出物资便转为以煤炭为主，连云市的城市主要功能已然成为能源输出型近代化港口城市。

## 第四节　城市变迁的新格局体现追逐大海的开放思想与开拓情怀

1925 年东陇海铁路的通车运行使新浦进入了城市发展史上第一个鼎盛时期。陇海铁路大部分进出货物皆由临洪的大浦港出海，作为大浦港的依托，

---

①　赖景瑚：《连云忆语》，台北，1979 年 10 月 18 日。

水陆交通便捷的新浦取代原来的海州城迎来了重要的发展时期。而随着陇海铁路不断地追逐大海，以港口为依托的新型港口城市连云市肩负着重要的港口城市功能。近代连云港城市呈现出以陇海铁路为主线，以追逐港口为目标的独特的空间变迁格局。

**一、独特的交通发展历程**

得天独厚、滨海要冲的地缘优势，决定了连云港自古以来便成为海路要道。早在 2500 年前的战国时期，云台山一带就是"以舟为车""以楫为马"的吴越人从海上伐齐的必经之地。秦代方士赣榆人徐福是我国史料记载的第一位远赴日本的官方使者，此次远航被誉为"海上丝绸之路"第一程。徐福故里在今天赣榆县境内，而徐福东渡日本的启航点据学者推测应在今天海州锦屏山附近。汉时，古朐县是重要的海祭中心。南北朝时，云台山虽是周围300 里的岛屿，实为控制南北海运的重地。到了繁盛的唐宋时期，海州一带已是海外交往的重要窗口。据载，日本第四次遣唐使藤原常嗣即在楚州（今淮安）买船而在海州东海山（今宿城海湾）始发回国。宋元丰六年（1083），在海州建有高丽亭馆，以接待高丽商旅。元政府曾一度将漕粮改为海运，海州由此成为海上漕运的必经之地。在漫长的历史变迁中，古海州虽有较多的海事活动和海外交往，但并未形成海运中心及古港的突出地位。随着 1925 年东陇海铁路的通车以及 1935 年海港的建设使得连云港迟缓、滞后的交通走上迅速发展的轨道。

**二、以路港为中心的近代交通变革**

交通的原意是往来通达。即使在古代，为了政令通达、互通有无和方便群众，各地区也有着自然的交通运输联系。而交通的便利与否，直接影响流通能量的大小，而流通是区域城市发展的重要命脉和基本功能，它直接影响到区域城市的兴衰和发展程度。

随着时代的变迁，交通运输在经济生活中的地位和作用日益显著，逐渐成为地区生产力系统的重要组成部分，成为促进社会经济文化发展的直接杠杆。作为沿海城市，连云港在漫长的交通发展进程中，具有着与其他沿海城市的共性，同时又由于地理条件、政治语境以及经济因素的影响，形成了鲜明的特征。

（一）盐业发展成为交通变革的内在动力

连云港地区自古以来就是淮北盐业中心。《南齐书·州郡志》："郁州在海中，有田畴渔盐之利。"北宋时，淮北盐业日益发展，在海州设有板浦、惠泽、洛要三场，年产盐47万余石。到明清时期，淮北盐业已替代淮南盐业。盐业的发展势必促进盐业运输的兴起，民国初年，燕尾港设济南公司，成立海运处，开始了盐业海运的历史。此外，淮北盐务机构为了便利盐运，大兴公路建设，开设车行，有力推动了连云港近代公路运输的发展。盐业的发展促进了交通建设，同时交通的发展也推动了经济的发展。今连云港市新浦即是因为处于临洪、板浦、青口诸盐场水陆便捷地位，而很快取代大浦、板浦，形成盐业集散地而兴起的。

（二）路港联动助推近代交通体系的形成

连云港原名老窑，南依云台山，北有东西连岛作天然屏障，凭借靠山隐蔽的良好优势而成为本地区的一个优良港湾。东陇海铁路的展筑及其经济腹地的扩大，老窑迎来了港口建设的良好时机。1925年，陇海铁路通车至海州洪门，新浦开辟为新兴商埠。1926年，铁路又展筑至临洪口的大浦。临洪口的淤塞使得陇海铁路不断追逐出海口，在老窑与东西连岛之间的连云港最终成为陇海铁路的吞吐港。路港一体化格局的形成在连云港交通史上具有划时代意义。

20世纪30年代末期连云港港口及其标志钟楼

（来源：连云港地方史志办公室）

连云港海港于 1932 年开工。陇海铁路局、中兴煤矿以及一批建筑公司、港口商务管理部门相继在连云港设置办事机构。工程的承建方有中国大生、方生、方记、协记等十多个建筑或砂石公司，这些公司相继从苏北、山东、河南、安徽等地招收筑路建港民工。工商企业、办事机构的建立，人口的聚集以及由此带来的经济发展为连云港进入规模化、科学化建设阶段提供了前提条件。此外，富商巨贾的云集带来商务的日益发达，连云港初步形成一个为港口服务的城镇。

**三、以海洋为引领的城市空间变迁**

在连云港漫长的城市发展和变迁过程中，先后经历了以海州—新坝、海州—青口、海州—新浦以及新浦—连云港为重心的城市格局的空间演化过程，这种以追逐大海为目标，以港市结合、市因港变为特征的演化过程充分表明了连云港城市变迁过程中的特殊性和差异性。

（一）以港口为目标的城市变迁历程

在海州漫长的经济贸易发展史上，受海岸变迁、黄河改道、政局动荡、政府政策等各种复杂多变因素的影响，港口的变迁具有自然性、军事性和政治性等多重特点。在漫长的海岸变迁过程中，连云港港址在不同的历史时期随着海岸线的逐步东移呈现出由西向东变迁的规律，魏晋南北朝时的南城、龙沮，唐宋时的新坝、板桥以及明清时的青口、临洪等先后成为海州历史上不同时代的代表性港口。元明之际，今天已成内陆城镇的新坝镇是当时政府的重要关隘。而赣榆的青口经历了晚清时期海州贸易史上一段重要的发展历程。清乾隆年间赣榆县青口港取代了衰落中的新坝，政府明令："青口，自乾隆五年以前但渔者，勿问其它，商舶一切封禁。既大吏题请运豆太仓浏河，报可。于是，峨舸大舟往来南北"[1]。青口一时成为商业繁荣的海港。

青口，居青口河下游，濒临海口，"口"在地理学上具有"港"的含义。清初，朝廷的禁海政策并未包括青口。乾隆年间虽仍然禁止私自出海贸易活动，但在 170 公里的江苏沿海，朝廷只准开放赣榆青口装豆入浏河。直至鸦片战争后的五口通商期间，青口一直是苏北沿海的著名商埠。同治时期，由于捻军在苏北海州、沭阳一带的频繁活动，河运受阻，南北货物贸易量由青口海运的数量日渐增加，山东等周边各地商船相继汇聚于此，一时间一派繁

---

[1]　（清）王豫熙修、张謇等纂：《光绪赣榆县志》卷 3《建置·集镇》。

盛景象。时人认为"青口与墟沟高公岛同为海州门户，市面之盛为江苏省北海岸之最"。青口港从乾隆迄至清末，由一个河口小港发展为商业城镇、著名港口，其间兴盛长达170余年之久。至民国，青口虽仍为赣榆县商业中心，但无论从人口还是工商业规模来看，日渐边缘化的青口已经逐渐被运盐河和蔷薇河交汇之处的新浦所取代，苏北沿海港口的兴盛出现了新的变化。

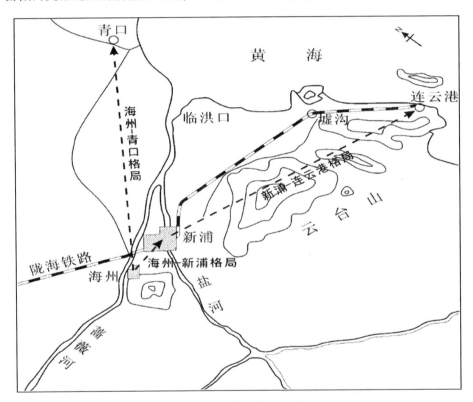

近代海州城市格局变迁示意图

来源：张雷、沙薇：《一城两市：近代海州城市格局变迁研究（1855–1938）》，《中国历史地理论丛》，2008年10月，第39页。

取代青口港成为海州地区中心港口的是位于蔷薇河下游临洪口岸的大浦港。光绪年间，在地方士绅的争取和朝廷的奏准下，本港获得自行开放。1925年陇海铁路修筑到新浦，并延伸到大浦。港路联动的现代交通运输体系的初步形成对近代海州城市的变迁影响巨大。"陇海路通，交通便利，其发达之速，一日千里，异日将蔚为巨埠"①。但之后大浦港淤塞严重，1933年经过中外专家共同勘测，做出了"大浦港无疏浚必要，必须向东另觅新址"的决定。1934年以后，随着新浦至老窑（连云港港口原名）铁路的通车和连云港新港的投入使用，海州地区最终完成了区位港口中心的迁移。老窑作为近代以来本地域海港港口的重要地位至今未曾改变。

（二）城市变迁的主导性因素

连云港门户港从新坝到老窑的变迁过程除了海陆变迁、追逐大海的自然因素外，交通的引领与变革是主导因素，尤其是陇海铁路的全线通车对城市发展作出了巨大贡献，近代连云港的市政事业亦由此展开。

1. 交通革新引领商业兴盛

陇海铁路全线从连云港到甘肃兰州，长1759公里，是我国东西交通的大动脉，其最初修筑是从中间的汴洛路（开封—洛阳）向东西两端展筑的。1925年7月1日，徐海段（徐州—海州）通车至新浦。由于经费的紧张，东陇海铁路的附属口暂定在临洪口的大浦，但大浦港日益严重的淤塞现象，使得陇海当局和铁道部最终决定开建新浦至老窑（连云港）段的铁路，这段工程的距离虽只有27.8公里，但东段云台山岗峦起伏，尤其是孙家山段隧道的开凿工程较为艰巨。全部工程于1932年8月5日正式开工，1935年6月整段工程完竣并通车。

东陇海铁路通车后，各种工商企业的种类和数目日益增加，涉及纺织、机器制造、食品、印刷、金融、火柴等十几个领域。恩格斯曾言："大工业需要许多工人在一个建筑物里面共同劳动；这些工人必须住在近处，甚至在不大的工厂近旁，他们也会形成一个村镇。他们都有一定的需要，还须有其他的人，于是，手工业者如：裁缝，鞋匠，面包师，泥瓦匠，木匠都搬到这里来了。于是村镇就变成小城市，而小城市就变成大城市。"②

2. 港口建设助推贸易繁荣

1935年东陇海铁路通车至港口，这样新浦商埠的口岸又延伸至连云港港口，铁路和港口的延伸为新浦以东地区的发展带来了契机，为近代连云港的城市发展提供了更为广阔的空间。1935年3月1日，台赵支线和台枣铁路的

---

① 刘肇嘉编著：《江苏人文地理》，大东书局1930年版，第125-126页。

② 《马克思恩格斯全集》第二卷，人民出版社1962年版，第300-301页。

连接，实现了津浦、临枣、台枣、台赵、陇海铁路五路贯通。据统计："1932年陇海线上30个县的物产输出总数为312000吨。而1935年仅从陇海线连云港出口的枣庄煤就达409001吨"①。物流量的增大促进了新浦以东墟沟、连云一带经济的发展，此地秀丽的风光、丰富的物产，广阔的投资前景深深吸引着不同身份的人前来投资。一时间，购地、投资、兴业，高潮迭起。文献记载宋子文两次来墟沟购地；陈果夫曾在此购地开办大安公司，国民党军界要员顾祝同曾在此开办蜀渝公司。② 购地开发的热潮兴起后，随之而来的是工商业的兴旺发达。工业方面，唯墟沟就有工厂五所，其中纺织工厂四所，铁厂一所。

由此可见，引领连云港城市由西向东的变迁趋势得力于东陇海线由西向东的逐步延伸，它的修建一改原来的南北运河运输为东西铁路运输和海洋运输，铁路和海运条件主导和塑造着城市的未来。

3. 精英人物汇聚榜样力量

在地方经济发展的过程中，铁路、港口、企业等交通事业和市政事业的发展，这些看似光鲜靓丽的外在因素，其实和人之间存在着密切的关联，而其中起关键作用的应该是动机多样但充满乡情的"贤人"即乡贤。例如，近代以来的新式交通工具，铁路对经济发展的巨大推动力不言而喻。而以近代海州为终端的陇海铁路的建成就得力于时任邮传部右侍郎的在籍士绅沈云沛。在其"以开封为起点，以自开商埠之海州为尾闾，西联汴洛以达甘新，为中原东西一大纬线"③ 的力主下，早在1912年民国政府即已和比利时等债权国签订了西起兰州东至海州的筑路合同。1920年，影响巨大的英雄式人物张謇正对南通进行传奇式改造，他集结地方名流力图将徐州至海州的东陇海改至通州，一时间海内外一片哗然。但既成事实的东陇海铁路的计划未曾因为张謇的影响而改变。据沈云沛六子沈蕃回忆："陇海铁路为沈云沛毕生最努力的一件事"④。另有记载"如果不是沈云沛竭力支持，现今这条横贯我国东西的交通大动脉——陇海铁路不会得以形成，连云港港口和连云港市的战略地位

---

① 刘洪石：《一座神奇的城市——新浦》，《连云港论坛》2002年第3期，第23页。

② 连云港市文史资料委员会编：《私企旧事》（内部资料），第20页。

③ （清）沈云沛：《派员勘测开徐海清路线折》，《邮传部奏议分类续编》，第2册，第48页。

④ 沈蕃：《辛亥前后的江北名流》，载政协连云港市文史资料委员会编：《私企旧事》，第40页。

也不会像今天这样显得如此重要"①。

自古以来，连云港地区的渔盐之利不仅影响着国计民生，而且由此衍生出独具特色的地域文化。尤其是近代以来人们征服海洋的意识与力量的增强，本地域的沿海滩涂得到了一定程度的综合开发与治理，前所未有的农工商一体化模式得以建立。在海洋经济的引领下，以追逐大海为方向的近代交通使得连云港发展为近代化的新兴港口城市。经济变革的同时，也引领着多元文化中以海洋色彩为主导的发展方向。

在西方，历代都有思想家认为：地理位置、气候、土壤等自然环境是物质世界发展的第一动力。人类社会经济的发展受到地理环境影响的同时，也引领着社会变迁与文化发展的方向。《荀子·王制》记载："北海则有走马吠犬焉，然而中国得而畜使之。南海则有羽翮、齿革、曾青、丹干焉，然而中国得而财之。东海则有紫紶、鱼盐焉，然而中国得而衣食之。西海则有皮革、文旄焉，然而中国得而用之。"千百年来，"靠山吃山，靠海吃海"的生存模式使得人们在利用地理环境发展经济、变革社会的同时也产生了与之相适应的心理特征与价值追求。尤其是新旧交织的近代以来，在促使连云港多元文化演变与发展的诸多因素中，源于海洋，追逐海洋的经济发展始终居于主导地位，开拓与开放的海洋文化品格成为地域文化精髓的重要组成部分。

---

① 海州区委宣传部编：《海州史话》，第51页。

# 第三章

# 兼容并蓄的宗教信仰承载独特的 "文化印记"

在中国传统文化的构成体系中，儒道释居于核心地位。道教作为我国土生土长的宗教，是 "早期中华文明的结晶，也是中华文化的 '根柢' 所在"①。佛教作为外来宗教，与本土文化逐步融合成具有地域特色的中国佛教。连云港地域的宗教文化在我国宗教文化宝库中极具影响力，作为道教文化的发源地之一，本土的道教与外来的佛教在古海州这块土地上相互融合，形成了浓郁地域特色的宗教文化。佛教之于中国既有自西域陆路传入说，以东汉明帝永平十一年（68 年）洛阳建成白马寺为标志，又有海路传入说，②以孔望山汉代摩崖造像及同时代圆雕石象为标志。③

由于错综复杂的地域特征，中国历来没有统一的宗教文化，民间信仰亦丰富多彩。民间信仰比宗教信仰更世俗，更关注现实，而世俗的、现实的信仰受当地各种环境的影响巨大而深远。海州地域多元化的民间信仰是其地域文化最显著的特征之一。

## 第一节　道教起源与道教活动的兴盛

道教产生有其深刻的思想渊源和严密的神学体系，是我国古代社会神仙、

---

① 《鲁迅全集》第 9 卷，人民文学出版社 1958 年版，第 285 页。

② 吴廷璆、郑彭年：《佛教海上传入中国之研究》，《历史研究》1995 年第 2 期，第 20-39 页。

③ 据文物部门调查发现，在孔望山圆雕石象的左前腿靠近象身的位置刻有雕造时间 "永平四年（61）四月"。参见李洪波、顾红：《孔望山摩崖石刻雕造于公元 61 年》，《连云港日报》2005 年 9 月 23 日，A01 版。

巫术、方术以及天人合一、天人感应等思想的延续和发展。其信仰宗旨是追求长生不死、超凡入仙，强调今生的价值而非来世的解放。

海州地域自战国以来即已被认为是神仙居住之地，秦始皇出巡此地的求仙问药使得这里逐渐成为羽化登仙、变幻之术等方仙道的重要活动场所。陈寅恪先生曾表明了道教与滨海地域内在的渊源关系。他指出："道教信仰之缘起往往与滨海地域有关，宫崇、干吉、张道陵都是滨海地域人士，因此太平道与五斗米道的起源都与滨海地域有关，太平道和五斗米道在中原和巴蜀地域的兴起，都与道教思想由滨海向内地传播有关。"[①] 东汉以后，社会动荡、人民颠沛流离的境况日趋加剧，古海州境内兴起了与黄老同源，以东海曲阳为基地多神信仰的民间道教。东汉顺帝时期的《太平清领书》（即《太平经》）是最为重要的道教著作，其造作地点为"曲阳泉水上"[②]。曲阳即今连云港东海县曲阳乡，曲阳古城遗址至今尚存。

## 一、以东海曲阳《太平清领书》为代表的道教文化的兴起

连云港地区有着丰厚的宗教文化资源。学界普遍认为，连云港地区是早期道教——太平道的重要起源地之一。本地域大量的原始历史遗存体现了多神崇拜的原始宗教信仰，而远古先民的原始崇拜意识深深影响着后世的宗教文化。卿希泰认为："道教的神与仙继承了中国原始宗教、古代神话、古代宗教所崇拜的诸神，又容纳了民间信奉众神，吸收并发展了得道成仙之思想，构筑了道教神与仙的崇拜体系。"[③]

战国至秦汉时期，宣扬长生不死的初级形态的道教活动——方仙道已经开始在出现海市蜃楼奇观的滨海地区流行。方仙道的产生有其深刻的思想基础，"随着神仙信仰的广泛流传，一些方术之士为增强其长生之术的说服力，又和邹衍的阴阳五行、五德终始说糅合起来。于是，一种'形解消化，依于鬼神'的方仙道正式形成了"[④]。方仙道信仰最大的一个特点"即是对海上蓬

---

① 陈寅恪：《天师道与滨海地域之关系》，载《金明馆丛稿初编》，三联书店2001年版，第1—46页。

② "初，顺帝时，琅邪宫崇诣阙，上其师干吉于曲阳泉水上所得神书百七十卷，皆缥白素朱介青首朱目，号《太平清领书》。"（南朝宋）范晔撰，（唐）李贤等注：《后汉书·卷三十下·郎顗襄楷列传第二十下》，北京：中华书局1965年版，第1085页。

③ 卿希泰主编：《道教与中国传统文化》，福建人民出版社1990年版，第47页。

④ 商庆夫、陈虎：《天师道的文化渊源及宗教特征》，《文史哲》1996年第5期。

莱、方丈、瀛洲等仙山的想象。战国末年，活动于滨海一带的方士们开始对随波上下、漂浮不定、忽而又不见的海市蜃楼现象展开想象，认为人世之外还有一个神仙世界，那里住着逍遥快乐、长生不死的神仙，他们有不死药，他们能够度脱世人成仙。'三神山'信仰得以迅速蔓延"[1]。战国以来的方士们利用人们无法解决海市蜃楼中所谓仙境形象的心理特征，对梦幻般的逍遥自在的仙人以及美妙幽胜的仙境大加鼓吹，从而发展自己的学说，尤其是博取统治阶级的迎合而实现自身的荣华富贵。

秦并天下，始皇帝立石于秦东门，开启了中国历史不断向海洋探索的新时代，而滨海方士们关于神仙及不死之药的言论投合了他继续开疆拓土、祈求长生不老的贪婪心理。始皇帝不仅本人"5 次出巡中 4 次巡海，其中 3 次到过朐或琅琊"[2]，而且屡次派方士齐人徐市（徐福）入海寻找蓬莱、方丈、瀛洲三神山，希冀从仙人处求得"不死之药"[3]。徐福为齐人，即齐地之人，赣榆在战国、秦汉时均属齐地，民间关于海上仙山和徐福的传说颇多，并在金山镇发现了徐福村。[4] 这一发现契合了数千年来滨海地区寻求不死之药的社会文化现象。

秦始皇梦寐以求的不死之药虽然最终化为泡影，但方士们迎合帝王渴求荣华富贵的贪婪行为并未因此而减弱，求仙活动继续对统治阶级施加影响。据记载，汉武帝时期也曾多次派人到瀛洲寻求仙药，围绕在汉武帝周围并得到重用的方士主要有李少君、少翁、栾大、公孙卿等，且多为齐人。[5]。此时的东海之滨业已成为炼制仙丹妙药的方术之士重要的聚集场所

随着汉初以来尊崇黄帝和老子的黄老道思想日渐深入人心，方仙道的部分方士开始转化为信奉黄老道的道教学者。"秦汉以来的方士，到了东汉以后，已经渐有道士之称，他们隐居在各地名山大泽，修炼仙道。"[6] 从西汉成帝时齐人甘忠可的《包元太平经》到东汉顺帝时的《太平清领书》（即《太平经》），一百多年间，早期道教理论在不断形成，东海郡、琅琊郡一带的高门士族在这一过程中发挥了重要作用。他们属于士族知识分子，受到良好的

① 李传江：《边际文化影响下的海州叙事文学》，中国社会科学出版社 2014 年版，第 23 页。

② （汉）司马迁：《史记》，中华书局 1959 年版，第 223—294 页。

③ （汉）司马迁：《史记》卷六《秦始皇本纪》，中华书局 1985 年版，第 247—263 页。

④ 罗其湘、张承恭：《秦代东渡日本的故址发现与考证》，《光明日报》，1984 年 4 月 18 日。

⑤ （汉）司马迁：《史记》，中华书局 1959 年版，第 1403—1404 页。

⑥ 南怀瑾：《中国道教发展史略》，复旦大学出版社 1996 年版，第 21 页。

教育，并具有较高的文化素养，且与上层统治集团有着千丝万缕的联系。甘忠可弟子丁广世为容丘人，容丘在今江苏和山东交界处。①

据《后汉书·襄楷列传》记载："顺帝时，琅琊宫崇诣阙，上其师干吉于曲阳泉水上所得神书百七十卷，皆缥素朱介，青首朱目，号《太平清领书》，（注曰：干吉、宫崇并琅邪人，盖东海曲阳是也。）其言以阴阳五行为宗，而多巫觋杂语。有司奏崇所上妖妄不经，乃收藏之。后张角颇有其书焉。"② 干吉（也称于吉）是造作和传播道教经典的重要人物。关于这部神书，李贤注曰："神书（《太平清领书》），即今道家《太平经》也"③，另有学者也认为《道藏》中所载《太平经》就是"太平道"的经典《太平清领书》④。因此，以曲阳为基地的道教——太平道于东汉末年已经正式形成。

实际而言，《太平经》在海州曲阳神泉上出现不是偶然的，当地学者李传江先生认为有其深厚的历史背景和契机。其一，海州滨海地区长久以来的神仙观念积淀深厚。因为，《太平经》总体来说还是以神仙信仰为基础的，尽管它尝试建立了一套较为完整的神仙谱系及各种相关修炼方术，但仍未脱离长期以来在滨海地区盛行的方仙道信仰。其二，西汉以来黄老思想在海州地域的盛行。因为，除了传统的神仙思想以外，《太平经》主要吸收了源于南方楚地的黄老思想。汉初黄老思想很快与方仙道信仰融合，并开始在东部滨海地区广泛盛行。其三，佛教传入海州以后对当地方仙道信仰的刺激。海州位于中国东部海域的中部，佛教很早就通过海上丝绸之路传入。其时，为了使得还未形成完整组织体系的方仙道与具有精致唯心主义世界观的佛教获得竞争空间，方仙道精英开始创造属于自己的经典。⑤

因此，东汉时期海州地区以尊崇老子为神明的黄老道的正式道教已经形成。此时，东海相受朝廷之命在孔望山修建东海庙，并于孔望山山顶刻制"杯盘刻石"，作为对黄帝和老子的祭祀场所。建造而成的东海庙"楼起三层"，祭祀之日"万民麋集、信奉者众"。此外，近年在赣榆区欢墩镇孙净埠

---

① 孟祥才、胡新生：《齐鲁思想文化史》，山东大学出版社 2002 年版，第 579 页。

② （刘宋）范晔：《后汉书》，中华书局 1965 年版，第 1084 页。

③ 同上书，第 1080 页。

④ 参看杨宽：《论〈太平经〉——我国第一部农民革命的理论著作》，《学术月刊》1959 年第 9 期；卿希泰主编：《中国道教史》，四川人民出版社 1988 年版，第 88 页。

⑤ 李传江：《边际文化影响下的海州叙事文学》，中国社会科学出版社 2014 年版，第 27—28 页。

村发现一处辟邪厌胜的道符刻石，当为东汉时期道士中盛行"丹书符劾"之术的产物①，以海州为中心的中国东部滨海地区珍贵的道教遗存表明了本地域历史时期道教文化的深厚渊源与深刻内涵。

**二、秦汉时代以孔望山为中心的早期道教遗存的汇聚**

道教是本土宗教，本地域所处的中国东部滨海地区是早期道教的发源地之一。从秦汉时期海滨地带的求仙活动，魏晋时期道教文化在此的交融汇通直至明清时期的三教合一，本地域留下了诸多活动遗迹。独特的地域特色孕育了独特的道教文化。

关于海州地区幽静独特的山海风光苏轼曾赋诗赞叹："郁郁苍梧海上山，蓬莱方丈有无间。旧闻草木皆仙药，欲弃妻孥守市阛。"② 宛如仙境的山高海阔的地理环境是道教徒们或隐居，或集会，或炼制丹药的理想场所。

秦汉时期方仙道信仰已经在连云港一带较为盛行。尤其是秦始皇来此寻访仙药，更加刺激了当地的道教活动。考古界在这里的孔望山③一带发现目前我国唯一一处早期道教文化遗存的聚集地带。其中的摩崖造像、人工石室——"龙洞"、祭祀道教统辖一方的地方神祇东海君（东海神）的杯盘石刻和承露盘等构成了本地域早期道教修炼、祭祀、礼拜的完整系统。其中的人工石室——"龙洞"以及杯盘石刻最为典型。

（一）龙洞

龙洞是一个天然的海蚀石洞，又名归云洞，位于孔望山东侧山麓西南的峭壁上，洞门可容一人进出，门内外有人工修整的痕迹。《隆庆海州志》"孔望山"条记载："上有龙洞，东有浴龙池"，同卷"龙洞"条又曰："在孔望山之阳，洞有一门，中空，方圆可二丈"。④ 洞内石壁上有明代谪贬海州通判的林廷玉刻诗一首《看龙洞偶成》，"幻化起溟蒙，丹崖一洞空。地灵呼即应，

---

① 刘凤桂、陈贵洲：《赣榆县欢墩镇道符刻石考释》，南京大学出版社 2014 年版，第 92 页。

② （宋）苏轼：《苏轼诗集合注》，（清）冯应榴辑注，黄任轲、朱怀春校点，上海古籍出版社 2001 年版，第 568 页。

③ 乐史云："在县西南一百六十里。春秋□□□□云此山与郯城相近，当是孔子之郯问礼之时，因登此山遂以名之。其山上有嵌石，其下方平，可坐十余人。山前石上有二盆，故老传秦始皇洗头盆，盆发隐隐，并山上马迹犹存。"（宋）乐史：《太平寰宇记》，王文楚等点校，中华书局 2007 年版，第 460 页。

④ （明）张峰纂修：《隆庆海州志》卷 2《山川志》，载《天一阁明代方志选刊》第 14 册，1962 年 12 月上海古籍书店据宁波天一阁藏（明）隆庆刻本影印，第 1—5 页。

应是讶相逢"。诗句的浓浓仙气证明这里是一处道教徒修炼的重要场所。

据记载，龙洞作为道教徒的修炼之地始于东汉时期。鉴于石室在道教神话中、在修炼飞升中具有的重要地位，孔望山龙洞成为历代文人雅士抒发情怀的理想之地。这里至今留有他们的诸多题铭。其中最著名的是宋朝王华曜的题铭："王华曜守东武，由胸山太守吕望之率王项父、黄天倪观东海于龙兴山之乘槎亭，饮于仰止亭，元佑四年三月四日"。从题铭中可知宋代的孔望山应该称之为龙兴山，可于"乘槎亭"上观海、"仰止亭"上饮酒。可以想像文人雅士在此观海，纵谈东海仙人并举杯畅饮的欢快场面。此外，在龙洞西侧石壁上刻有明嘉靖二十八年（公元 1549 年）重阳节海州知州王同的诗句。诗句为小篆字体镌刻，刚劲有力，声情并茂。作者在表达对山海美景赞叹的同时也抒发了一代知州对世事、人生的复杂情怀：

> 龙洞良宵月照，黄花满地秋香，此时此会文彦，一觞一咏情长。
> 蠢蠢山岩曲抱，潺潺胸海东流，明朝分袂城市，琴樽回忆绸缪。
>
> （嘉靖己酉年重阳日海州知州中泉王同题）

（二）杯盘石刻

杯盘石刻位于孔望山最高峰，由一块天然大石加工凿刻而成，底部有三块小岩石支撑。大石东段凿刻成平面，平面正中有一个盘形凹刻，周围刻有 8 个椭圆形凹刻。多数学者根据《东海庙碑》记录的隆重祭典场面推测当时东海相受朝廷之命于孔望山修建东海庙，为了祭祀能兴风布雨、保佑航海安全的东海君在山顶凿刻杯盘石刻。《东海庙碑》云"唯永寿元年（155 年）春正月，有汉东海相南阳君（下缺）念四时……，贫富俱均，下不容奸……惜在前代，昭事百（下缺）有司，齐肃致力，四时奉祠，盖亦所以敬恭明神"[1]。碑文记载了孔望山附近自秦汉以来便是奉祀东海神的重要场所。

当地学者李传江认为"孔望山杯盘刻石作为祭祀的用途可能就是祭祀八方神以求延年益寿或国家长治久安。而早期巫祝官的身份往往又很特别，他们可能既是道教徒，同时又上代表朝廷，下代表百姓。因此祭祀的目的既可能求自己长生、求当朝'长生'，又可能代表百姓们求风调雨顺、求太平盛世"[2]。其中的八方神《汉书·郊祀志》所云："八神将自古而有之；或曰太

---

[1]　（宋）洪适：《隶释·隶续》合订本之《隶释》，中华书局 1986 年版，第 30 页。
[2]　李传江：《边际文化影响下的海州叙事文学》，中国社会科学出版社 2014 年版，第 42 页。

公以来作之。齐所以为齐，以天齐也。其祀绝，莫知起时。八神，一曰天主，
祠天齐。天齐渊水，居临菑南郊山下下者。二曰地主，祠泰山梁父。盖天好
阴，祠之必于高山之下畤，命曰'畤'；地贵阳，祭之必于泽中圜丘云。三曰
兵主，祠蚩尤。蚩尤在东平陆监乡，齐之西境也。四曰阴主，祠三山。五曰
阳主，祠之罘山。六曰月主，祠之莱山：皆在齐北，并勃海。七曰日主，祠
盛山。盛山斗入海，最居齐东北阳，以迎日出云。八曰四时主，祠琅邪。琅
邪在齐东北，盖岁之所始。"①

　　当然，关于杯盘石刻的具体用途学者们依然存有分歧，但祭祀神灵、寻
求太平盛世的看法是一致的。这也充分说明本地域道教活动的深厚根基和浓
郁氛围。在早期道教受到佛教传入的刺激后，不断吸收着各地古老的神灵，
扩大和完善自身神仙体系，构建起一个多神崇拜、多元祭祀的庞大神教系统。
而东海神因有着久远的官方崇祠背景和深厚的民间信仰土壤，自然成为当地
道教的重要神祇。

孔望山摩崖造像图"道教人物"造像

（来源：连云港市重点文物保护研究所编著：《石上墨韵——连云港石刻拓片精选》，
上海：上海古籍出版社 2013 年版，第 17 页。）

---

① （汉）班固：《汉书》，中华书局 1962 年版，第 1202 页。

从摩崖造像到东海庙的修建、从人工石室再到杯盘石刻，孔望山丰厚的历史遗存充分体现了古海州地域独具一格的道教文化底蕴。作为我国唯一的早期道教遗存聚集之地，学界给予了这样的界定："孔望山所在的鲁南苏北地区是东汉晚期道教的活动中心，是中国道教最早的纲领——《太平经》的诞生地，也是东汉晚期蓬勃兴起的太平道的活动中心。孔望山道教遗迹群很可能就是当时某个教团的遗存，是太平道进一步发展的结果或是不同教团之间的差别所致。"[1]

秦汉以来，僻在一隅的海州地域能够成为太平道重要活动中心。其中包含着重要的自然和社会历史因素。其一，秦汉时期的孔望山濒临大海，僻在一隅，政权统治力量相对薄弱，便于太平道的隐蔽传播与发展。其二，奉祀东海神的久远传统，为太平道的扩展提供了理想场所和合法外衣。其三，前述苏北鲁南地区作为早期道教的重要发源地，积淀了较为成熟的理论体系和深厚的群众基础。《东海庙碑》中"贫富俱均，下不容奸"等语句表明了与《太平经》"均平"主张的契合，体现了地方官员和民众对东海神的信仰和对早期道教理论与实践的认同。如此深厚的自然社会基础即便在太平道遭受重创的情况下，孤悬海中的云台山依然能够为道教的秘密活动提供安定的发展环境。

**三、魏晋以来云台山从"灵山仙境"到"洞天福地"影响的扩大**

魏晋时期的海州地区，尤其是孤悬海中的云台山作为南北交汇之地，成为了融合太平道、五斗米道的天师道发展的重要地域，其独特的地理人文环境对道教文化的发展与壮大发挥了重要作用。

（一）天师道的发展

南北纷争、政局动乱的魏晋时期，宗教文化的发展因复杂的社会环境随之进入了分化、融合的重要阶段。此时，海州地域的道教内涵进一步丰富，逐渐演变成为融合了太平道、五斗米道的天师道。有学者认为，"凡东西晋南北朝奉天师道之世家，就史记载可得而考者，大抵与滨海地域有关。故青徐数州，吴会诸郡，实为天师道之传教区。"[2] 据《晋书·孙恩传》记载："孙恩字灵秀，

---

[1]　中国国家博物馆田野考古研究中心等：《连云港孔望山》，文物出版社 2010 年版，第 257—260 页。

[2]　陈寅恪：《金明馆丛稿初编》，三联书店 2001 年版，第 14—17 页。

琅邪人，孙秀之族也。世奉五斗米道。……于是恩据会稽，自号征东将军，号其党曰'长生人'。……闻牢之已还京口，乃走郁洲……刘裕与刘敬宣并军蹑之于郁洲，累战，恩复大败，……乃赴海自沉，……余众复推恩妹夫卢循为主。"① 东晋义熙七年（411 年），卢循兵败投海自尽。孙恩、卢循及其徒众虽信奉五斗米道，但每次战败却选择太平道"登仙堂""做水仙"，赴水而死的方式，显然是受太平道影响的一种所谓成仙之道。孙恩每次攻取或栖泊的郁州即是魏晋时期连云港云台山的古称。陈寅恪先生也认为，"郁洲之地为神仙居处，而适与于吉、宫崇之神书所出处至近。……孙、卢之所以为海屿妖贼者，盖有环境之旧习，家世之遗传，决非一朝一夕偶然遭际所致。"② 由此推断，此时的连云港地区已经成为太平道与王师道的重要融合之地。

（二）灵山的得名

道教虽然在中国历史上各个时期的演化过程中各具特征、流派纷呈。但得道成仙、长生不死的终极信仰始终未曾改变。道教形成的初期，道教将众神毕集之所美誉为灵山，在那里能够际遇神仙、得赐灵药、长生成仙。即使错失际遇神仙的良机，深入灵山自我修炼也能得道成仙，为此形成了系统的理论研究和实践操作的成果。道教认为，成仙的重要法门即是炼制并服食丹药，而理想的炼丹场所必是其所谓的灵山，那里的深山石室清静隐秘、令人神往。如葛洪认为"可以精思合作仙药者，有华山、泰山、……括苍山，此皆是正神在其中，……若有道者登之，则此山神必助之为福，其药必成。若不得登此诸山者，海中大岛屿亦可合药。若会稽之东翁洲、亶洲、……郁洲，皆其次也"③。

社会纷争动荡的南北朝时期，孤悬海外、易守难攻、境地清幽的郁州，既是道教追逐的神仙居住之处，又是合药炼丹和得道成仙的理想之地，因而被葛洪列入可以合药的灵山之一。《嘉庆海州直隶州志》记载，此时最为典型的道教建筑是雺门寺，也称云门寺。"在诸曹村栖云山后，其南峰有石门，时出云雾，有石刻，北齐武平六年建。"④ 武平六年为公元 575 年，雺是古代为求雨而举行的一种祭祀活动。由此推测，"时出云雾"的雺门寺为当时本地域

① （唐）房玄龄：《晋书》卷一百《孙恩传》，中华书局 1996 年版，第 2631—2634 页。

② 陈寅恪：《天师道与滨海地域之关系》，《金明馆丛稿初编》，上海古籍出版社 1980 年版，第 7 页。

③ 王明：《抱朴子内篇校释》（增订本），北京：中华书局 1985 年版，第 85 页。

④ 仲其臻等：《嘉庆海州直隶州志》（标点注释本），南京大学出版社 1993 年版，第 1170 页。

道士求雨的一座道观或祠宇。

（三）隋唐以来的"洞天福地"

"洞天福地"的称呼始于东晋，成型于唐代。① 道经中所谓"洞天福地"称仙山，道经称其乃神仙真人居住之所，包括十大洞天、三十六小洞天和七十二福地。隋唐是中国封建社会前所未有的强盛时期。尤其是大唐帝国政策上的包容开放、海纳百川使得我国封建社会的思想文化进入了儒、佛、道空前融合的重要时期。唐代李氏王朝与道教宗祖老子李耳联宗，大力推崇道教，在统治者的极度渲染与引领下，国内高道大师辈出，南北道教的教理教义相互融会并逐渐走向成熟和兴盛。

在这样的时代背景下，连云港地区作为道教传统的发源之地，作为南北文化交融汇通的独特之地，境内宫观的建筑以及高道隐士的数量都较前获得了较大规模的发展。隋朝开皇五年，今南城凤凰山建造了规模较大的玉皇宫，在进一步满足海州地域大规模道教活动需要的同时，道教在我国东部地区活动中心地位也由此确立。及至唐朝，海州的玄妙宫、云台山上的三官庙开始大规模兴建。附近州县信奉道教前往三元庙敬香祀佛的人群络绎不绝，运输水道烧香河由此开辟。此时，云台山亦由魏晋时的灵山而跃升为"洞天福地"之一。司马承祯《天地宫府图》云："七十二福地，……第七十二东海山。在海州东二十五里，属王真人治之。"② 东海山即古郁州，今云台山。王真人即指长生成仙的汉代著名道人王远。杜光庭《洞天福地岳渎名山记》中的第七十二福地为"沃壤，在海州东海县，二疏修道处"③。将第七十二福地具体到沃壤山，即后云台山之南坡。又将修道之人说成"二疏"。"二疏"为汉宣帝时名臣疏广与兄子疏受。史书中的东海山与沃壤山都是指孤悬海中的云台山。

就云台山而言，有着在全国众山中脱颖而出，上升为"洞天福地"的底蕴和条件。

首先，独特的自然环境是得道成仙的理想之地。云台山地处我国南北交

---

① 付其建：《试论道教洞天福地理论的形成与发展》，硕士学位论文，山东大学历史系，2007年，第9页。

② （宋）张君房纂辑、蒋力生等校注：《云笈七签》卷27《洞天福地部》，北京：华夏出版社1996年版，第155—157页。

③ 四库全书存目丛书编纂委员会：《四库全书存目丛书》子部第258册《洞天福地岳渎名山记》，齐鲁书社1995年版，第384—391页。

汇的中心区域，孤悬于浩渺的海洋之中，远离尘嚣、平静祥和。尤其在动荡不安的战争年代，更成为道家隐士炼制丹药、得道成仙的向往之地。

其次，丰富的天然物产深受道家重视。长生不死是道家追求的终极目标之，而服食仙药或虔心修道是实现这一目标的重要途径，古海州山海相拥、南北交汇的特殊地理环境和气候条件，是提供仙药和修道的天然场所。《山海经·海内东经》曰："都州在海中，一曰郁州"，郭璞注曰："今在东海朐县界，世传此山自苍梧从南徙来，上皆有南方物也"①。据统计，海州地域的灵药仙草主要有："金银花、五加皮、菟丝子、天南星、车前子、香附子、麦门冬、刘寄奴、旋覆花、蛇床子、夏枯草、马鞭草、大小蓟、青箱子、牵牛子、桑白皮、玄胡索、何首乌、天仙藤、三棱蒲、地骨皮、土牛膝、竹安蒡、马芹子、紫胡、半夏、槐角、地榆、荆芥、桔梗、菖蒲、射干、商陆、紫芋、大青、玄参、苦参、大戟、枳实、茴香、芫花、艾、环留行、漏芦、卷柏、草乌、苍术、百部、百合、骨碎补、青木香、紫花地丁、稀莶、葳灵仙、白蒺藜、木泽等等"②。海州地域丰富的草药很早就为道教徒所重视。晋代葛洪在《抱朴子》中曾提到过郁州海岛中有可以合药的药草："海中大岛屿，亦可合药。若会稽之东翁洲亶洲纻屿，及徐州之莘莒洲泰光洲郁洲"③。

最后，广为流传的仙道故事增强了浓郁的"仙境"色彩。长期以来，海州地区流传着大量神仙汇集之地的故事，这些传说有利于道家产生"神仙向道士传授秘籍或道士向神仙请教修道之法，早日飞升成仙"的主观愿望。宋乐史《太平寰宇记》曾言"昔有道者学徒十人，游于苍梧郁州之上，数百年皆得至道"④。显然，海州云台山被作为是成仙得道的一块"福地"⑤。至今保存在海州区孔望山的"第七十一福地"、连云区中云街道长春庵遗址的"天下第七十一福地"等众多石刻都承载着本地域浓厚的道教印记。

---

① 郝懿行云："刘昭注郡国志引此注云：'在苍梧徙来，上皆有南方树木。'与今本异。疑今本从南二字衍也。水经注（淮水）亦云：'言是山自苍梧徙此，云山上犹有南方草木'。"见袁珂：《山海经校注》，巴蜀书社 1996 年版，第 382—383 页。

② 李传江：《边际文化影响下的海州叙事文学》，中国社会科学出版社 2014 年 8 月版，第 55 页。

③ （晋）葛洪：《抱朴子内篇校释》，王明校释，中华书局 1985 年第 2 版，第 85 页。

④ （宋）乐史：《太平寰宇记》，王文楚等点校，中华书局 2007 年版，第 465 页。

⑤ 海州在道家的"洞天福地"中位列"福地"第 72，参看（宋）张君房《云笈七签》卷 27，"洞天福地部""天地宫府图"，书目文献出版社 1992 年版，第 208—213 页。

孔望山龙洞摩崖石刻群释浩然题刻拓片

（来源：连云港市重点文物保护研究所编著：《石上墨韵——连云港石刻拓片精选》，上海古籍出版社 2013 年版，第 85 页。）

宋元时期，南北交战频繁，中国社会一方面政治纷争、战争频繁、矛盾突出，另一方面民族融合和多元文化兼容并蓄。此时，在统治阶级继续尊崇和扶持道教文化政策的推动下，南北方各自呈现出地域特色鲜明、代表性教派独立风骚的兴盛局面。南方以江西龙虎山为中心的正一教，活动以符箓派为主，影响巨大。主张"祛魔""祈福"，以天师道为代表，符箓派称火道居士，俗称方士。龙虎山天师（正一）派与茅山上青派和阁皂山灵宝派，号称"三山符箓"。北方以陕西终南山为中心，代表人物王重阳创立的全真教，主张儒释兼容，炼丹飞仙，遵守戒律，至其弟子丘处机，受元太祖之命掌管天下道教，使得全真教盛极一时，元朝时期全真教南传并与内丹派南、北二宗融合，南北道教逐渐合流成为唯一的丹鼎大派，并与符箓大派正一道平行发展，产生了较大的影响。

古海州地区此时亦进入全真教的活动频繁的重要时期，全真教王重阳弟子、具有"北七真"之称的王处一曾亲临赣榆地区传教，现存《全金元词》留有其《赣榆县诸王村下元黄箓醮赠众》《满庭芳·赣榆县诸王庙下元黄箓醮罢，赠众》等三首诗。[①] 云山乡白果树村"圣泉庵。全真安然子、姚许常同门弟庄志全开山立"的题刻，证明金代全真教已传播到赣榆和云台山区。道教发展的坎坷历程与复杂经历都在本地域留下了深厚的历史足迹，为本地域增添了浓厚的宗教文化底蕴。宋元以来直至明末清初，道教在本地域的发展进入全盛时期，著名道士田蓑衣、丘处机等，都在此留下了修炼活动的遗迹。这期间先后建成的宫观神庙遍布古海州全境，蓬莱庵、碧霞宫、天后宫、三元宫、延福官、紫阳官等都是这一时期著名的道教遗存。

---

① 唐圭璋：《全金元词》，中华书局 1979 年版，第 438—441 页。

### 四、明清时期云台山三元宫与三元信仰的勃兴

明清时期君主专制的统治日渐加强，政府改变了以往统治者利用和推崇宗教信仰的文化政策，尤其是满清王朝对道教采取防范抑制的微妙政策，使得道教发展日趋式微。清人黄钧宰精辟地总结了清代释、道二教的情况："我朝于此二者，不废其教，亦不用其言，听其自生自息（于）天地之间。"① 当主流宗教文化失去统治者推崇与昔日风采的同时，与之相反的是地处山海偏隅，远离政治文化中心的海州地区在帝国政策于道教不利的情形下，在缓慢发展的基础上并与民间宗教多有联姻。以普通大众为主体的民间道教信仰呈现蓬勃之势，一时间香火连绵不绝。其中以云台山为主要根据地的三元信仰最具影响力。

"三元"一词最早见于道教经典《太平经》："长生大主……行年二七，而有金姿玉颜，弃俗离情，拥化救世，精感太素，受教三元，习以三洞"②。三元与道教有着不解的渊源。三元信仰源于五斗米道产生后所谓的"天、地、水"三官崇拜。北魏道士寇谦之将三官大帝的诞辰日定于三元日，即上元天官正月十五日生，中元地官七月十五日生，下元水官十月十五日生，故三官又与"三元"结合在一起。

唐朝以来，海州地区便有奉祀三官（三元）的传统。《帅颜保重建云台山三元宫碑记》曰："考之三元，生于海州，得道云台，且发迹于唐，重建于宋，敕赐于明。"明万历年间三元信仰逐渐成为云台山的正神，云台山由此发展为苏北鲁南地区三元信仰的活动中心。云台山三元宫在三元道教信仰中具有如此独特的地位，与其背后蕴含的深厚历史人文背景密切相关。

其一，本地域的古老传说助推了人们对三元与海州渊源联系的丰富想象。三元信仰中的水官既称扶桑大帝，又称洞阴大官或旸谷帝君，"而东王公又称木公、东王父、扶桑大帝、东华帝君。"③"旸谷"通"汤谷"，是古人认为的旭日东升之地，又是扶桑大帝的另一称呼。连云港地区濒临东海，上古为"旸谷""东海扶桑"的东夷之地。

其二，万历年间宗教界营造的舆论氛围与建设过程中的特殊经历增加了

---

① 小横香室主人：《清朝野史大观》第 5 册，上海书店 1981 年版，第 127—128 页。
② 王明：《太平经合校》，中华书局 1960 年版，第 2 页。
③ 卿希泰：《中国道教》第 3 册，知识出版社 1994 年版，第 60 页。

三元宫神秘的宗教色彩。道教经书《三官经》曾充分肯定云台山作为三官道教信仰之地中的重要地位："三元天尊即驾五色祥云，行九气清风，至都会府，云台山上。放大毫光，广大慧力。无边法显，济民救苦，福应万灵……"①。另据《东海志》记载：万历间，山阳谢淳入云台山为僧，因三元宫旧基，谋重新之，购木南京上河。贾问之，以实告，惊曰："昨有三秀才以资买木，尽判其木曰，明日谢淳来足价，今果然，其神为之乎?"遂将排木尽施，内有楩楠数十，贾亦不知也。乃由京口入庙湾海口，排忽崩，淳大戚而归。越数日，山麓徐渎场大浦内涌出楩楠无数，皆直流与排数合，悉镌"云台山"字。浦去山巅径最险，五尺之童能负大木，呼邪许，上下如飞，人以为神云。②

其三，上层社会雄厚的物质支持扩大了三元宫的地位与影响。据地方志书《云台山志》记载，在三元宫的兴建过程中，得到了上层社会的有力支持。谢淳毁家荡产给予了兴建三元宫的雄厚资金，并以工代赈，救治饥民。此外，明朝万历皇帝之母慈圣太后先后为三元宫颁赐《大藏经》《续藏经》、紫衣、佛像等法物，并派御史护送至此。三元宫上的藏经阁即为《大藏经》存放之所。《云台山志》有言：释德政，字无相，淮安山阳人，本姓谢，名淳。……德政素习儒，兼服贾。乃思尽弃其业，有出世之志。东游海上，登青峰顶，慨然叹曰："此岭可造三元宫，乃吾酬恩之所也。"遂归，遍诀宗党，毁其家，庀材于瓜、仪，时万木浮江，不日达于海峤。人以为神。德政鸠工营建，随度为僧。不三载，而巉岩荒岛化为洞天福地。慈圣太后赐紫衣及佛经法宝，齐鲁诸藩岁遣使存问焉。时万历十六七年，大饥，德政召集恶夫兴工代役，倍以金钱，活着无虑万亿人③。明天启四年（1624），朝廷再令重修三官庙，赐名"敕赐护国三元宫"三元宫之名始称于世。

云台山三元宫的香火自明万历至清道光年间最为旺盛。现存的正门横额"敕赐护国三元宫"为道光皇帝亲笔题写。

---

① 《三官宝经·太上三元赐福赦罪解厄消灾延生保命妙经》网络版，http://www.taoist.org.cn/jingdian/zhuyaojd/sanguanj.htm。

② 仲其臻等整理：《嘉庆海州直隶州志》卷31《拾遗录》，南京大学出版社1993年版，第1217—1218页。

③ 同上书，卷25《人物传·方技》，第1049-1050页。

御赐匾额

云台山三元信仰在上层社会的助推下达到了极盛，一度名列"海内四大灵山之一"①。因此，尽管今天全国各地有很多三官庙，但海州云台山作为较早的三元信仰传播区域，奠定了三元信仰的基础。

云台山作为境域内道教活动的中心场所，极具浓郁的道教仙境色彩。始自山下郁林观，途经南天门、关圣殿、老君堂、灵官殿、三元宫、团圆宫、玉皇宫、吕祖庵等道教宫观鳞次栉比，一路蜿蜒到山顶，与中顶的东磊延福观和斗姆阁、仙人洞等共同构成形成了体系完备的宗教建筑群。李洪甫先生曾对每年正月十五日云台山三元宫庙会的兴盛情形作过记载："来自淮安板闸、涟水一带的进香者占香客总数的一半以上，他们虔诚的乘船沿烧香河北上，直达云台山下"②。现在海州南城乡附近当年的烧香河依然存在，虽然前来跪拜的香客不及当年络绎不绝的盛况，但三元宫的"三官"作为赐福、赦罪、解厄之真人依然受到崇拜，三官信仰一直是本地域鲜明的文化个性之一。

三元宫不仅是著名的道教宫观，也是全国为数不多的佛道共存的寺观之一，是历史上佛教和道教的屡次更替、相融的典型例证。这里的建筑装饰遗留了诸多佛道的双重印记。例如：三元宫正门前有明代修建的石级，名为"五十三参"，是佛道共用的建筑形式，后因53级台阶过于陡峭，清道光年间改建为74级。此外，文献《游云台山记》中对本地域佛道交融的情形亦有相应记载："云台三元宫有碧玉圭一，白玉带二，佛衣二袭：一绣佛千计，一绣佛万计。皆明万历间宫中颁赐。"③虽然后来三元宫易名为海宁禅寺，改塑释

①　仲其臻等：《嘉庆海州直隶州志》（标点注释本）卷 29《寺观》，南京大学出版社 1993 年版，第 1048 页。

②　李洪甫：《云台山、吴承恩与〈西游记〉》，江苏省旅游局编印 1983 年版，第 19 页。

③　仲其臻等整理：《嘉庆海州直隶州志》卷 31《拾遗录》，南京大学出版社 1993 年版，第 1226 页。

迦牟尼佛，三元圣像被移至东配殿，但这里的古柏、千年银杏夫妻树、依山而上的层层殿阙以及几百年前的文献记述积淀了三元宫最重要且最具地域特色的"道教文化记忆"。

除上述的道教遗迹之外，郁林观、延福观亦极具特色。今天郁林观虽然不复存在，但据学者研究，应为唐代建筑。"据郁林观东岩壁摩崖石刻知道，应该在东海县郁林山麓。清代著名的金石学家吴玉搢在《金石存》中收录《东海县郁林观东岩壁纪》，并指明此刻是唐人所为。"① 此外，位于东磊的延福观作为典型的明代寺观建筑风格，其"敕赐护国延福观"的山门题额、清代两江总督陶澍游云台山时题于观中玉兰山房的"奇石似人花下立，仙人如鹤竹间来"的楹联以及当年道教徒修炼时遗留下的温泉池、银杏、格木、黄杨、紫薇等绵延数百年的南方古木都见证了这里当年道教文化的兴盛局面。

历史时期以云台山为中心的众多道教建筑曾营造出本地域浓郁的道教仙境。《嘉庆海州直隶州志》"寺观"条记述了连云港当时的寺、院、殿、庵、庙共 121 座，宫、观、祠、堂共 20 座②，进一步证明了当地民间道教信仰的普遍性。今天，虽然部分寺观已经不复存在，但是作为本地域重要的文化遗产，并借助几百年前的诗文记述已经积淀成了连云港地域最重要的"文化记忆"之一。

## 第二节　佛教初传与佛教文化遗存的重大影响

两汉之际佛教传入中国，业已成为学界普遍共识。连云港作为中国东部独特的滨海地域，佛教徒时常来此游山讲经，建庙立塔，塑像供奉，留下了众多珍贵的佛教遗迹。除东汉晚期典型的佛教石刻——孔望山摩崖造像外，本地域比较著名的佛寺有：孔望山龙兴寺（又称龙洞庵）、大村海清寺、宿城法起寺、海州南门园林寺、南城普照寺、板浦国清寺、大伊山佛陀寺等。③ 初传的佛教在本地域宗教文化思想的影响下进一步融合发展，形成了极具地域特色的佛教文化。

---

① 李传江：《边际文化影响下的海州叙事文学》，2014 年 8 月，第 53 页。
② 仲其臻等整理：《嘉庆海州直隶州志》卷 29，《寺观录》，第 1148–1183 页。
③ 张传藻、刘洪石：《独特的宗教文化》，载俞素娥、张良群主编《古今连云港》，中国文史出版社 1998 年版，第 12–14 页。

### 一、两汉之际孔望山摩崖造像的深厚内涵与文化价值

连云港地区佛教建筑遗存丰富多样，影响最大的为汉代孔望山摩崖石刻。整幅造像题材丰富，气势磅礴。长期以来，学术界对摩崖造像的时间、题材、内容以及艺术特征进行深入研究的步伐从未停歇。

（一）关于孔望山摩崖造像的研究综述

连云港地区佛教的传入以东汉时期孔望山摩崖造像为标志。在东西长15.6米、上下高约9.7米的孔望山南麓断崖之上，摩崖遗址依山就势雕琢而成。其中的百余尊大小不等、神态迥异的造像浮雕至今仍受学界的高度关注。

孔望山摩崖石刻实测图

来源：李传江：《边际文化影响下的海州叙事文学》，2014 年 8 月，第 86 页。

#### 1. 孔望山摩崖造像凿刻的时间

从 20 世纪 80 年代至今，学界一直未曾有统一的结论。而近年来当地学者李洪甫的研究成果，"孔望山佛教造像群的发现，充分说明我国的佛教艺术在东汉时期已经产生。"[①] 已得到业内大多学者的认可。依据这一观点，孔望山摩崖石刻的部分图像是东汉晚期作品，比敦煌莫高窟的出现还要早 200 多年。

---

①　李洪甫：《孔望山佛教造像的内容及其背景》，《法音》1981 年第五期，第 2 页。

2. 佛教传播的路径

对佛教传入中国的路径研究长期以来一直是学界热点议题。尤其是持东汉明帝永平十一年（68 年）洛阳建成白马寺为标志的自西域陆路传入说以及海路传入说①的双方学者都呈现了大量的研究成果，难以达到一致认同。而连云港地域孔望山汉代摩崖造像的发现为后者佛教海路传入说提供了有力的实物支撑。学界认为，孔望山汉代摩崖造像及同时代圆雕石象可以作为佛教经海路传入中国的有力证据。② 本地学者李传江也有类似的研究观点："海州佛教的传入并非是在张骞通西域之后由西部渐渐渗入，而是随着早期海上丝绸之路的日益拓展，西域佛教徒直接从海路进入，并在沿海地区传经授徒，而后逐渐向徐州等地区扩散。"③ 近年来的考古发掘以及地方学者对历史文献的潜心研究提高了人们对"佛教海路传入说"的认同。孔望山摩崖造像的发掘及对其进行的深入研究丰富和扩大了我国宗教文化的研究领域，体现了地域文化对中华文明的一大贡献。

3. 图像的题材

近年来，对孔望山摩崖石刻的研究，除了个别图像的归属仍存有分歧外，学术界基本认同这里是一处世俗道教与佛教共存的宗教石刻遗存。其"主体是身份一高一低的两尊汉装造像，其间夹杂大量的佛教题材造像和佛像"④。蔡全法等学者也持类似观点："孔望山造像是复杂的，既有道教的因素，也有佛教和世俗的内容，但大量的是以佛教造像为主。画像中道家的神仙与佛教内容同处，是汉末石刻受佛教影响的反映，亦表明佛教初入中国是依附道教而出现的，而且当时人们是把佛作为仙来对待的，把尚未修行成佛的各种佛徒也视为'仙人'"⑤。

学者们关于图像题材"佛道交融"的观点一方面依据初传佛教与土生土

① 吴廷璆、郑彭年：《佛教海上传入中国之研究》，《历史研究》1995 年第 2 期，第 20—39 页。

② 据文物部门调查发现，在孔望山圆雕石象的左前腿靠近象身的位置刻有雕造时间"永平四年（61）四月"。参见李洪波、顾红：《孔望山摩崖石刻雕造于公元 61 年》，《连云港日报》2005 年 9 月 23 日，A01 版。

③ 李传江：《边际文化影响下的海州叙事文学》，2014 年 8 月，第 77 页。

④ 中国国家博物馆田野考古研究中心等：《连云港孔望山》，北京：文物出版社 2010 年版，第 221—260 页。

⑤ 蔡全法：《孔望山佛教造像的时代及其相关问题》，《华夏考古》1995 年第 2 期。

长的道教相互交融的文化大环境进行推断，如《后汉书·襄楷传》所载："又闻宫中立黄老、浮屠之祠。"① 汤用彤也认为，在老子化胡说流行的东汉时期，"此故事之产生，自必在《太平经》与佛教已流行之区域也。……东汉佛陀之教与于吉之经，并行于东海齐楚地域，则兼习二者之襄公矩首述此说，固极自然之事也。"② 显然，佛即是仙，佛与黄老并祀作为汉朝宗教文化的重要特征是学者们推断孔望山摩崖图像题材的重要依据。另一方面，本地域作为苏北鲁南地区宗教活动的中心，作为道教发祥地，既是佛教初传中国时楚王英礼佛、笮融造作浮屠寺等重要事件的发生地，又是襄楷、葛洪的出生地的佛道交融的历史事实亦是学者们得出如上结论的重要依据。当然，无论学界对孔望山摩崖图像的题材持何种观点，都表明了作为我国东部沿海佛教传播的重要地区，连云港对中国佛教文化的传播与发展所作出的重要贡献。

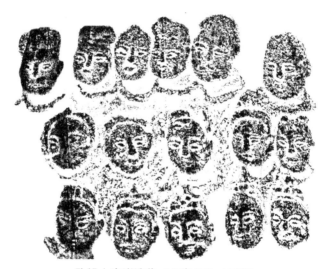

孔望山摩崖造像"涅槃图"（局部）

（来源：连云港市重点文物保护研究所编著：《石上墨韵——连云港石刻拓片精选》，上海古籍出版社 2013 年版，第 17 页。）

（二）孔望山佛教岩画的艺术特征

整幅岩画就内容而言，包含了以佛教为主以及道教、世俗等浑然一体的

---

① （宋）范晔：《后汉书·襄楷传》卷三十下，北京：中华书局 1965 年版，第 1082 页。

② 汤用彤：《〈汉代佛法之流布〉之"〈太平经〉与化胡说"》，《魏晋南北朝佛教史》，北京：中华书局 1983 年版，第 42 页。

丰富内容。其中最大的图像高 1.54 米，最小的仅 10 厘米。在属于佛教题材的造像之中，既包含正面而立的立佛、结跏趺坐的坐佛以及悠闲自在的卧佛等姿态不一、风格各异的佛陀形象，还包含了"舍身饲虎""涅槃变图""借花献佛"等经典佛教故事，体现了雕刻者的精湛技艺以及对佛教的深彻领悟。就艺术效果而言，蕴含深厚宗教题材的石刻充分展示了我国早期佛教岩画的艺术效果。"这种运用传统的画像石技法表现外来的佛教题材，正是孔望山摩崖造像作为我国早期佛教艺术的特点。"①

1. 在雕凿艺术手法上综合采用了汉代画像石中浅浮雕、高浮雕、凸面线刻等多种雕刻技艺

摩崖造像大多采用浅浮雕手法，而细节部分如面孔、手脚、衣褶等部分则采用与浅浮雕相结合的凸面线刻。如借花献佛的佛教故事就采用了此类雕刻手法，风格浑然朴崛，极富节奏与韵律感。涅槃图中的佛陀和舍身饲虎图中的虎头则采用高浮雕技法，鲜明突出的形象充满强烈的空间深度感和视觉冲击力。

2. 在造像构图方式上呈现"偶像型"与"情节式"的有机结合

"偶像型"构图方式不同于东周以来中国传统图像艺术中移步换景的"叙事型"主流表现手法，而是依靠图像位置和对比来突出视觉中心。② 如在整座造像群中有三尊造像形象最为高大，位置也最为显著，周围则布置众多坐佛、站佛、佛教故事以及供养人等众多造像。而局部上情节式的构图方法则把"涅槃图""舍身饲虎图"等佛教经典故事以及杂技、宴饮、讲经论道等生活场景融为一体，塑造了摩崖造像情节式构图的典范。如释迦牟尼"涅槃图"是情节式构图的巨制。造像雕刻在两块长 215 厘米、高 170 厘米的断崖和一块自然凸起的山石上。"涅槃图"的中心是一头顶有高肉髻、身着圆领衣的卧佛形象，围绕在其周围是众多的佛家弟子、信徒，图像抓住了佛陀涅槃过程中的一个瞬间，通过对佛陀涅槃时安宁的神态和弟子们悲痛神情的细致刻画很好的表现了主题。③ 李洪甫先生也曾对"涅槃图"给予了生动的描绘："这组在两块壁立的断崖上镌刻的近五十个人像群，

① 云友：《孔望山摩崖造像学术讨论侧记》，《史学月刊》1981 年 4 月，第 95 页。

② 甲宗杰：《关于孔望山道教摩崖造像的几个问题——〈连云港孔望山〉调查报告研读》，《唐山学院学报》2013 年 1 月，第 34—37 页。

③ 骆琳：《孔望山摩崖造像艺术风格及文化精神分析》，《艺术百家》2008 年 10 月，第 27—30 页。

不但人物众多，所处的位置也较突出。造刻者在断崖下一块肉红色的石头上用高浮雕的手法镌成已入涅槃的佛陀，只见他仰身而卧，头上作高肉髻。在佛陀身的左侧，刻有四十多个头像、半身像，头脸各异、冠式不一、神情惨楚。"①

3. 在意境表达上注重人物内在精神气质的刻画

孔望山摩崖造像具有丰富的宗教和世俗色彩，雕刻者针对不同主题采用不同风格的雕刻技法，由此产生了相应的美学意蕴。造像普遍采用汉代写实手法，无论是人物衣着还是生活用品的陈设都具有典型的汉代风格，生动逼真地再现了当时的人物风貌以及社会生活场景，具有典型的时代性。而造像中的人物造型则从整体上、局部上予以概括、夸张，显示了汉画造像"寓巧于拙、寓美于朴"的美学观念。"孔望山摩崖造像的很多题材都是当时社会流行或者常见的图像，并借鉴了汉画像石技法及其表现形式，在一些具有固定图像学意义的图像基础上进行改制，进而表达宗教造像艺术。从这一点上说，其还是很具有开创性意义的。"②

总体而言，孔望山摩崖造像作为一处规模较大的汉代佛教造像遗址，整幅摩崖造像依山势而就，与孔望山自然环境高度融合，仰望之余，既感受到宗教造像所赋予的凝重、神秘与敬畏之感，又感受到古汉时期灵动、张扬的生活之美，具有极强的艺术感与时代感。

**二、魏晋南北朝时期以龙洞庵为代表的孔望山宗教中心地位的确立**

魏晋至隋唐时期佛教一直在进行着普遍的民众化运动③，随着民俗佛教信仰开始普及，南北交汇的海州地域寺庙也逐渐增多。从大唐至宋元明清，历代统治阶级大多推崇佛教，以孔望山为中心的佛教信仰逐渐呈现兴盛局面，龙洞庵是其中最具代表性的宗教遗址。

魏晋南北朝时期，分裂中的南北方政权都积极扶持佛教，发展的佛教开始普及到社会各个阶层。地处南北交汇地带的海州地区的佛教文化因受南北双方的共同影响而呈现兴盛局面。作为自古以来本地域宗教活动的中心场所，孔望山的龙洞庵前曾出土 7 尊北朝石质佛造像，其中两尊镌有北齐二年和三

①　李洪甫：《孔望山佛教造像的内容及其背景》《法音》1981 年第五期，第 2 页。

②　（清）叶昌炽：《语石·卷二》，辽宁教育出版社 1998 年版，第 47 页。

③　王青：《魏晋南北朝时期的佛教信仰与神话》，中国社会科学出版社 2001 年版，第 4 页。

年铭文，另在孔望山摩崖造像前方发掘出大型建筑，极可能是寺院类的宗教建筑，其年代约在南北朝晚期至隋唐时期。① 此外，海州白虎山西麓也曾出土一具有北朝佛教造像风格的四面造像幢。考古发掘表明了北朝时期海州地域佛教信仰已具一定的影响。

海州地域的宗教中心场所是位于孔望山向阳山坡的龙洞庵。龙洞庵曾名龙兴寺，这里承载着本地域佛教活动的悠久历史，至今在龙洞上方岩石上留有的宋人篆刻的《游龙兴山寺题名》，"满损之游龙兴山寺"几字，篆书，笔法清挺②，以及《全唐诗》收录的"胸山压海口，永望开禅宫。元气远相合，太阳生其中。……幽意颇相惬，赏心殊未穷。花间午时梵，云外春山钟。谁念遽成别，自怜归所从。他时相忆处，惆怅西南峰③"的诗句依然流露出浓浓的禅道气息。

孔望山龙洞庵出土的东魏武定元年
佛教四面造像幢（来源：高伟）

### 三、唐宋以来海清寺与寺庙建筑群的出现

唐宋时期，相对独立的佛教宗派开始形成，并基本完成中国化的过程。此时，佛教与儒、道以及佛教内部本身的相互融合日渐加速。其中禅宗与净土宗的融合形成了禅净双修的思潮，使得佛教世俗化的倾向日趋明显，佛教为社会服务的功能日益突出。此外，由于此时海上交通的发展与便利，濒临海洋的连云港成为日、韩等国佛教徒来华求法的重要通道之一。具有优越地理位置的海

---

① 中国国家博物馆田野考古研究中心等：《连云港孔望山》，北京：文物出版社 2001 年版，第 173 页。

② 仲其臻等整理：《嘉庆海州直隶州志》卷 28《金石录》，南京大学出版社 1993 年版，第 1112 页。

③ 《全唐诗》第 149 卷，中华书局编辑部 1999 点校本，第 1545-1546 页。

州顺应了佛教世俗化思潮，佛教活动进一步兴盛，留下了许多重要的寺庙建筑群。其中现存的海清寺阿育王塔代表了本地域佛教兴盛的建筑典范。

现存的海清寺阿育王塔建于北宋天圣元年（1023），位于今云台山脚下的大村水库旁。塔高 40 余米，九级八面，是苏北地区现存最高和最古老的一座宝塔。学者们认为此塔和河北定县料敌塔时代相当，建筑形制相似，誉为"南北两大巨构"①。1974 年，在同济大学等相关单位建筑专家的全面考察与指导下，在对塔和寺的平面布置、内外形制结构进行详尽分析的基础上，相关部门开始了对海清寺塔的全面修复（如图）。2006 年，该塔被列为全国重点文物保护单位。

1974 年修复前的海清寺塔　　　　　　1974 年修复后的海清寺塔

来源：赵旭：《连云港海清寺阿育王塔建造年代探析》，《石窟寺研究》，2019 年 5 月。

为了对海清寺阿育王塔进行深层次的考察与研究，学者们长期以来一直进行着不懈的努力，他们对海清寺阿育王塔的实证性分析与研究的步伐从未停歇。近年来出现了令人信服的新的研究成果。如年轻学者对该塔修建时间、形制结构以及建筑材料等都作出了较为客观的判断，"该塔的修建经历了两次。第一次初建时期，是五代十国的南唐，这一时期建的是木塔；第二次重建时期，从宋天圣元年（1023）开始建造，这一时期建造的是砖塔。"② 笔者

① 武可荣：《海清寺塔》，南京：凤凰出版社 2015 年版，第 20 页。
② 赵旭：《连云港海清寺阿育王塔建造年代探析》，《石窟寺研究》，2019 年 5 月。

以为，此观点是基于大量实物和文献研究基础上的新观点，是对海清寺阿育王塔以往研究成果的一次新的进展与突破。

学界着眼于该塔创建时间的研究主要源于天圣元年的《海清寺塔柳峦记碣》① 的碑文，这是一则保留至今的关于该塔的最早碑文。内容为：窃以此塔镇在海城灵基山东南角、大唐第二之尊。争论与分歧源于碑文中"大唐第二之尊"中的"唐"。关于"大唐"，学界存在唐朝、后唐和南唐三种观点。笔者首先认为"这里的大唐是唐朝"的观点有待商榷。理由如下：

其一，纵观整个中国古代史，在大唐帝国的版图内，从帝都到民间，佛教兴盛的程度前所未有。在此情形下，深受国家行为影响而兴建的名刹古寺，具有基址规模大，寺内庭院多，场面气势恢宏的显著特点。如长安东南隅的大慈恩寺，有 1897 间建筑物，组成 10 余座院落；长安章敬寺，有 4130 间房屋，分为 48 座院落；成都大圣慈寺，有 8524 间建筑物，分 96 院②。而根据考古发掘，海清寺塔的规模离位居大唐帝国第二寺塔具有一定的距离。

其二，在今天花果山三元宫东面的一块天然崖石上的刻文表明海清寺塔始建于五代十国时的后梁至北宋年间。刻文曰：日晡至大村，夜宿于老君堂，堂祀老君，在青峰下十余里。其右有破寺，寺前有塔，起梁宋年间。此段刻文是明万历乙酉年（1585）时任海州判官唐伯元，在其所写的《游青峰记》③ 中的一段文字，明代人顾乾所刻。

其三，迄今为止，在有关唐代国家佛寺建筑的史书中亦未出现关于海清寺塔的记载。综合上述三方面的分析，显然，居"大唐第二之尊"的海清寺塔为唐朝所建④的观点有待进一步研究与商榷。

此外，关于碑文中的"大唐"是后唐抑或南唐的观点，其实根据"当时的海州地区不在后唐的管辖范围内"，而"五代十国时期，统治过海州地区的包括吴、南唐、后周"的历史事实即可作出"海清寺阿育王塔为南唐规模较

---

① 王华宝编：《嘉庆海州直隶州志》卷二八《金石》，第 466 页。此碑嵌在海清寺塔内回廊西壁，长约 2 尺，文 19 行。此碑今尚完好。

② 王贵祥：《隋唐时期佛教寺院与建筑概览》，《中国建筑史论汇刊·第捌辑》2013 年第 2 期，第 31 页。

③ 王华宝编：《嘉庆海州直隶州志》卷二八《金石》，第 481 页。目前保存完好，该崖刻标题，《嘉庆直隶海州志》中记为《游东海青峰顶记》与崖刻上不同，本文采用原崖刻上的标题。

④ 连云港市花果山风景区管理处编：《花果山志》，北京：中华书局 2005 年版，第 175 页。

大的佛教建筑"的推断。①

南唐作为五代十国时期较为强盛的南方政权，沿袭了大唐帝国推崇佛教的一系列措施，即使在五代乱世中佛教仍然获得了长足发展。海州地区虽然地处南唐北境，但南北通汇、海陆相拥的独特区位使得崇佛风气在此留下了深厚的印记。其时的海清寺阿育王塔具有较大影响。据建隆元年（960）《海清寺塔壁碑记》的记载，原碑文如下：

清信女弟子高平郡米氏，谨舍净财，添修海州东海灵基山阿育王真身舍利塔周回行廊一十二间毕。夫心归三宝，愿烈丹城，将虔奉于口严，冀全功于宝塔。十二山河内，盛世难逢，百年人世之期，灵基罕遇。千花台畔，使得姻缘，四果因中，令其共□以孙以子，无差继善之宗；以兴以亡，俾遂辑和之庆。其宝塔也，插云高观，瞻为不朽之年，其行廊也，蔽望下层，礼向无疆之代。足为良材合度，郢匠呈妍，敬之仰之，可大可久，将陈所自刊贞珉。时大宋建隆元年，岁次庚申，四月庚午朔，八日丁丑记。塔主左街持念大德，智幽部署修盖。寄福王，前石州军事判官王知正述，史巩书，匠人詹瑶镌。②

"插云高观，瞻为不朽之年，其行廊也，蔽望下层"的碑文生动描述了海清寺塔的高耸与规模。

以上所记述的是第一次南唐至北宋期间兴建的海清寺阿育王塔。按照学者赵旭的观点，今天所见的海清寺塔是宋天圣元年（1023）第二次故地重建。无论是历史文献还是留存的实物遗址都记载着海清寺阿育王塔较大的规模与气势。据《海清寺塔盛延德等记碣》③载：

"朐山县西山东保上林村施主盛延德与阖家眷属等，谨舍净财壹百贯文足，于东海县海青寺舍利塔上，同添修建……时皇宋天圣三年十一月十八日记"，"天圣二年正月内设供僧八百五十人，天圣三年设供僧九百人，天圣五

---

① 赵旭：《连云港海清寺阿育王塔建造年代探析》，《石窟寺研究》，2019 年 5 月。

② 该碑文载于连云港市花果山风景区管理处编：《花果山志》，北京：中华书局，2005 年版，第 247 页。另据《花果山志》，第 247 页：《海清寺塔壁碑记》，"辑自《连云一瞥》，此记碣楷书，原嵌海清寺壁上，后随寺庙废圮无存。"许绍蓬编撰：《连云一瞥》，无锡协成印务局 1936 年版。

③ 王华宝编：《嘉庆海州直隶州志》卷二八《金石》，《中国地方志集成·江苏府县志辑 64》，南京：江苏古籍出版社 1991 年版，第 467 页。此碑嵌在海清寺塔东壁，高尺余，宽二尺余，分刻两段，前段 7 行真书，后段 4 行行书。现完好。

年设供僧一百人，共计壹仟八百五十人。天圣五年四月记。"

　　"天圣二年正月内设供僧八百五十人，天圣三年设供僧九百人"的寺院规模说明了当时海州地域佛教的兴盛已达到相当高的程度。对此，《嘉庆海州直隶州志》卷二九《寺观》亦有记载：海青寺，在大村东北。《顾志》："峻宇修廊，万山环拱，门首浮屠九级，矗兀层霄，创于宋天圣元年。"① 另据明顾乾于"云台山三十六景"之"古塔穿云"中述海清寺塔："大村海清寺旁古塔高耸云间，远近瞻仰。"② 大量的文献记录着唐宋时期海清寺塔的规模与影响，生动形象地反映出此时海州地域宗教文化的浓郁与独特。

　　除海清寺塔外，连云港曾形成了多个佛教中心，如伊芦山六神台佛教造像多达 42 尊，为唐代境内一座重要石窟寺遗址，与南京栖霞山、徐州云龙山佛教造像同属一种艺术风格，是盛唐时期的佛教艺术遗迹。此外，原位于今宿城西侧保驾山水库中的法起寺，曾几度兴盛，有"淮海间第一丛林"之称。据清许乔林《海州文献录》"法起寺"条记载："一名法溪，为淮海间丛林，戒律清严，寺中多银杏、冬青、苍松、古槐、格木，大踰合抱，皆千年物也……"③。自唐宋以来，法起寺与两淮一带佛教交流始终密切，奉行曹洞宗，且世系明确，与淮安景会、觉津、诞登诸寺等一起对明末清初曹洞宗的中兴发挥了重要作用。④ 清末民初，中华佛教总会会长、著名高僧静波和尚曾担任法起寺最后一任方丈，传戒凡三次，又改建寺内藏经楼及大讲堂，一时间法起寺名声大振。

### 四、连云港宗教文化的时代特征和地域个性

　　文化是一个集"继承与融合""保全与创造"于一体的长期动态发展过程。因而，不同时代的思想文化在一定的地理空间范围内一旦相遇必然要历经一个相互影响、相互激荡的融合过程，从而衍生出符合本地域特征的新思想新文化。古海州远离政治经济中心，民间道教文化源远流长，初传的佛教在原有道教的影响与作用下，使得本地域宗教文化具有显明的时代性和地

---

① 王华宝编：《嘉庆海州直隶州志》卷二九《寺观》，第 492 页。
② 分别引自《云台新志》第二册卷 9《寺观》上，卷 8《胜迹》下，载中国方志丛书·华中地方第 157 号，据（清）许乔林纂辑，（清）道光十一年修，（清）光绪二十四年重刊本影印，成文出版社有限公司印行，第 485、413 页。
③ （清）许乔林：《海州文献录》，连云港市银联电脑印刷厂 1990 年版，第 72 页。
④ 淮安市地方志办公室编：《漕船志　王家营志　钵池山志》，方志出版社 2006 年版，第 366 页。

域性。

（一）佛道的竞相交汇与彼此融合

从战国时期的方仙道在本地域的兴盛到东汉时期的《太平清领书》在东海曲阳的出现，道教在古海州具有久远的渊源。作为一种异域文化，初来乍到的佛教与本土根深蒂固的民间道教必将走过一段融合与冲突的历史进程。学者汤一介认为："一种文化传到另外一种文化环境中，……外来文化首先往往要适应原有文化的某些要求，依附于原有文化，其中与原有文化相近的部分比较容易传播，然后不同的部分逐渐渗透到原有文化中起作用，而对原有文化发生影响。"[①]

两汉之交，初传中国的佛教上层教义教理未能得到上层知识分子的充分阐释并在大众中传播。但其中"神不灭""因果报应"佛教观念与本地域早已盛行的"不死"观和"积德"升仙等道教观念确有某种内在的契合，因而容易被接纳与吸收，使得二者的融合成为可能。如前所述的东汉时期孔望山摩崖造像，作为一处以佛教为主、道教与世俗并存的佛道交糅石刻题材即是有力的例证。另有迄今为止的云台山上三元宫（现更名为"海宁禅寺"）依然呈现佛道并融的显著特征。宫殿内不仅供奉老子、三元大仙等道教神像，释迦牟尼、观音菩萨等佛教神像也被供奉与朝拜。此外，连云港地区佛道相融的代表性建筑还包括：海州城中原为碧霞宫的碧霞寺、本是佛教的普照寺的南城城隍庙等等，这类建筑都具有佛道两教的双重风格。

考察本地域的佛教文化，其宣扬的阿弥陀佛、观音等人格化的神灵、业报轮回观念，以求消灾祈福、死后升天的信仰一直与早期民间道教的信仰神糅合在一起。本地域佛教传入初期依附于道教生存状态的明显特征就如同日本佛教史家所言"继承了后汉佛教传统"的"道教性佛教"[②]。

（二）"三教合一"的浓郁色彩

魏晋以来，佛教在与道教争夺宗教阵地统治地位的过程中，加速了中国化的历史进程。之后，道教与儒家以及佛教三者既相互斗争又相互融合，宋元之际全真派的出现即是道教内丹鼎派与佛教禅宗及儒家理学相结合的产物。佛教由当初的所谓"狄夷之法"到佛道相融再到三教的逐步相依，最终建立

---

① 汤一介：《佛教与中国文化》，宗教文化出版社1999年版，第2-4页。

② ［日］镰田茂雄：《简明中国佛教史》，郑彭年译，力生校，上海译文出版社1986年版，第33页。

了儒道释三教为核心的中华传统文化的重要支柱。

　　在两宋以来儒、道以及佛教思想的加速融合、佛教世俗化的倾向日益明显及为社会服务的功能日渐突出的文化背景下，海州地域宗教文化领域内逐渐形成了以三元宫为中心的三教合一的显著特色。

花果山三元宫全景图

　　三元宫作为本地域的重要宗教活动场所，一直是三教合一思想和实践的典范。长期以来，一方面三元宫中供奉的三元大帝居于主尊地位，另一方面宫内附属佛寺和宫观则皆由僧人主持和修持。数百年来帝国的推崇、民众对三元的膜拜使三元主尊的地位难以撼动，而三元宫作为云台山佛教香火旺盛的基本保证，也是得到官方保护和支持的必要条件。这种宫观与佛寺并列、僧人主持道观的独特现象长期以来相沿不改，相得益彰。后来道侣们大多退居东磊延福观，延福观大殿正中虽供奉三官，但背后的观音菩萨又赫然在列。又如，北云台山悟道庵的《了空碑》，既阐述"道"的意义，亦表明了悟道庵儒道释三教同修，三教合一的修持特点："大哉道乎！……可兼总三教，以析其源流，亦可标举大宗而阐其变化者也。"而其文后偈中的"非近非远，亦佛亦仙"语句也清晰地阐明佛道融合的显著特征。光绪十二年（1886）悟道庵重修，主持僧师峦干脆将悟道庵改名为三教寺。显然，昔日的佛教建筑被修建成了"三教合一"的典型场所。

　　连云港地域佛教寺庙发展变迁的历程体现了本地域鲜明的"三教合一"

的宗教文化特色。云台山作为东部海滨齐鲁地区影响最大的宗教活动场所，既是"佛道并糅"思想的代表，又是"三教合一"文化融合的典范。本市博物馆至今仍收藏着明代《三元忏赞》一书，该书原为三元宫旧藏，其中既非佛家经书，也与道家道藏不相关联而是自成体系的三元劝世教化的思想内容，显然是"三教合一"思想影响的产物。

　　长期以来，宗教文化在连云港地域文化中显现出极大的地域性和时代性，成为连云港地域文化中最具个性的文化类型。从考古学、历史学、文化学的角度考察，本地域的方仙道以及早期传入的印度佛教思想对连云港民间宗教文化产生了较大影响。尤其是作为外来文化的佛教，它的早期传入由于受当地早期民间道教的影响，上乘教义教理并没有得到广泛传播，与本土道教进行了一定程度的融合，并且为迎合当地人民的民俗信仰而不断被俗化，最终构成了本地域佛道并糅的文化特征。以孔望山汉代摩崖造像为代表的佛道并存以及以三元宫为代表的三教合一的宗教遗迹在学术界产生了较大影响。这种独特的文化底蕴对后世的民间信仰、民俗风情、多元建筑以及文学创作等都产生了深远影响。

## 第三节　多神崇拜与多元融合的民间信仰

　　连云港地域的宗教信仰历史悠远，多年来考古发掘的大量文化遗存揭示了其深厚的文化底蕴与浓郁的地域特色。其中的原始社会遗迹，表现出本地域原始先民的多种崇拜，而远古先民的最初崇拜对后世的民间信仰及宗教文化产生了广泛而深远的影响。

### 一、以将军崖为代表的上古遗存反映原始先民的多神崇拜

　　中国民间信仰具有悠久的历史和民族特色。自古以来，海州地区的特殊环境使得这里的民间信仰种类繁多、分布广泛、地域特色较为浓郁。历年来的大量考古发掘不仅证明了远古先民在这里生活繁衍的漫长足迹，而且也留下了他们对诸多神灵崇拜的历史印记。将军崖岩画、东磊太阳石以及灌云大伊山墓葬等著名的历史文化遗存是反映本地域原始先民神灵信仰的典型遗迹。

### （一）以鸟为图腾的灵物崇拜

　　上古时代的连云港地区属于东夷部落中的嵎（郁）夷。古文献称之为："东海之外大壑，少昊之国"，亦称"羲和之国"。东夷称"人方"。"人方"

即"人邦","邦"的意思是"城邦""邦国"。东夷伏羲氏族迁入东方后成为东夷人至高无上的君长,被称为"人皇"。"人皇九首":言人皇氏族共九个,包括:"九风""九英""九凤""九首人面鸟身"。《春秋苞命序》记载:"人皇九头出旸谷、分九河";《后汉书·东夷传》记载:"夷有九种,曰畎夷、于夷、方夷、黄夷、白夷、赤夷、玄夷、凤夷、阳夷。"① 二者皆称其时东夷部落联盟有九个胞族,本地域的郁(于)夷是其中之一。

鸟是东夷氏族部落太昊、少昊的图腾。《左传·昭公十七年》记载郯子朝鲁的一段话:"高祖少皋(昊)挚之立也,凤鸟适至,故纪于鸟,为鸟师而鸟名。"②《说文解字》曰:"凤,神鸟也";"凤之像也……燕颔鸡啄,五色备举,出于东方君子国。"③ 历史学家顾颉刚先生认为:"古代中国东方有个大氏族,名为鸟夷。他们以鸟为图腾,凡是鸟夷族或定居东方接受鸟夷文化的部族都说自己的始祖是从鸟卵里生出来的。"而将军崖岩画人面像也正是反映了新石器时代末期东夷族的形象,岩画第一组中正好刻画了九个人面像,应是九夷部落图腾的代表。其中有一个眉毛和眼睛的鸟头人身的画像,代表着"鸮"(一种夜行性鸟类),第二组岩画里也出现鸟头的形象,第三组人面像头上有羽饰和倒三角形的装饰。

除了将军崖岩画中的鸟头型图案之外,本地域二涧村、朝阳、大村、白鸽涧遗址中的鸟头型鼎足等,都与龙山文化遗址中出土的典型器物鸟头型鼎足上的纹饰有相似之处,表明是当时鸟图腾部落的遗迹。考古发掘为解析东夷族的社会生活,进一步佐证古文献中东夷部落以鸟为图腾的原始宗教信仰,提供了有力的支撑。

(二)大地神崇拜

1979 年 11 月海州桃花涧地区发现了我国迄今所见的最早的原始社会岩画——将军崖岩画。因其崖壁上曾刻有古代武将骑马持械的图像而得名,与孔望山摩崖石刻合称"海州二刻"。该岩画是反映东夷民族新石器时代早期的一组生产生活全景岩画。我国著名考古学家、中国社会科学院考古研究所苏秉琦先生认为,将军崖岩画"是一件非常重要的文物,是一项难得的重大发

---

① (南朝)范晔等:《后汉书》卷一一五《东夷传》,北京:汉语大词典出版社 2004 年版,第 1697 页。

② 李梦生:《左传译注》,上海:上海古籍出版社 1998 年版,第 1386 页。

③ (汉)许慎:《说文解字》,北京:九州出版社 2001 年版,第 212 页。

现，是我国最早的一部天书"。如今，将军崖岩画被列为全国重点文物保护单位。①

将军崖岩画遗址共分三组，位于今连云港市海州区锦屏山南麓长 22 米、宽 15 米的北、南、东三面一座隆起的山包上，山包由一块巨大的原生石以及排放在原生石上的三块不规则自然岩石组合而成，包括人面、农作物、鸟兽、星云等各种图案和符号的三组岩画分别围绕着这四块岩石有序展开。

第一组岩画位于山坡西侧，岩面呈斜坡状，南北长 4.2 米、东西宽 2.8 米，以人面、农作物及符号为主。然而，其中所有人面像无躯干，无四肢描绘，且均有一线条向下通连到似禾苗的图案上。对此组岩画的内涵学者们各抒己见。陶阳、牟中秀认为"连云港将军崖石刻岩画，底部是草，生出一根长茎，茎上是一朵花，在花朵中心花蕊部分是画有眉眼、鼻嘴的人面。……'花生人'的解释似乎更为合理。这幅画的花朵即是人面，但也有未成形的人面，有的只有眼睛和鼻子"②，这是一幅"谷灵崇拜图"：大地上生长着各种农作物，且各自都与人面图像之间用抽象的线条相连接，人面恰如农作物的果实，证明了人对农作物的依赖③；类似观点还包括：岩画是对"稷神""土地神"的崇拜以及关于农业天象和农牧业生产的记载。④ 对这类学者的观点有着较为合理的解释。因为，谷物作为原始农业的主要农作物，在我国长江中下游一带，至迟在六七千年前就已经开始为人类所栽培了。⑤ 而二涧村新石器时代遗址下层的红烧土中发现了稻壳，证明七千年前的这里是稻作农业的

---

① 　主要参看李洪甫：《将军崖岩画遗迹的初步探索》《连云港将军崖岩画遗迹调查》，同载于《文物》1981 年第 7 期；盖山林：《连云港将军崖岩画题材刍议》，《徐州师范大学学报》1983 年第 4 期；李洪甫：《江苏连云港将军崖石刻与原始农业》，《农业考古》1983 年第 1 期；萧兵：《将军崖岩画的民俗神话学研究》，《淮阴师范学院学报》1983 年第 3 期；李洪甫：《连云港将军崖岩画与女娲的古史传说》，《东南文化》1988 年第 2 期；翟学伟：《东方天书探析——将军崖岩画的文化人类学研究》，《东南文化》1993 年第 2 期；高伟：《将军崖岩画与女阴崇拜》，《东南文化》1998 年第 4 期；房迎三：《江苏连云港将军崖旧石器晚期遗址的考古发掘与收获》，《东南文化》2008 年第 1 期；汤惠生：《将军崖史前岩画遗址的断代及相关问题的讨论》，《东南文化》2008 年第 2 期。

② 　陶阳、牟中秀：《中国创世神话》，上海人民出版社 2006 年版，第 162 页。

③ 　陶阳、牟中秀：《中国创世神话》，上海人民出版社，2006 年版，第 208 页。

④ 　童永生：《连云港将军崖岩画中的原始农业文化解读与考证》，《南京农业大学学报》2011 年第 2 期，第 124-131 页。

⑤ 　陶阳、牟中秀：《中国创世神话》，上海人民出版 2006 年版，第 208 页。

起源地之一。① 稻谷生产作为从狩猎时代到农耕时代的重要标志，对原始先民的生产生活产生了巨大飞跃与变革。因此，代表了他们对待自然最初而又强烈的愿望的谷物，在他们心目中如同神灵一般予以崇拜与敬畏。

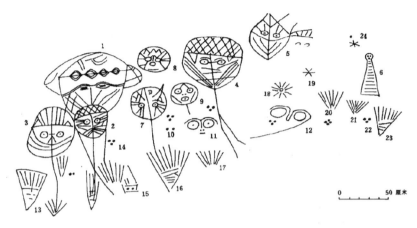

将军崖岩画人面纹（A 组）

本地学者李洪甫先生认为这一组人面图案是女娲引绳造人传说②；高伟认为：岩画反映了原始社会末期东夷族对土地、农业、生命的崇拜和依赖，体现了东夷人对人类生殖问题的最初思考，体现了人们对生命的关切和人类种群繁衍的关注。③ 高伟学者的观点亦有合理之处，因为学术界有关于"花卉代表女性生殖器"④ 的观点。

以上诸多阐释虽有一定程度的分歧，但"岩画反映古代先民对农作物及大地的崇拜"的观点已达成一致。其实，无论是农作物还是其他任何生命，先民们认为世间一切皆源于土地，他们把大地当作生命之根本。当看到农作物从土地中长出的时候，先民们意识到生命对土地的依赖，产生了"大地母神崇拜"，并加以祭祀。⑤

---

① 李洪甫、姚芝庆：《连云港市经济史料》，连云港经济联合开发公司、连云港市经济学会编印 1985 年版，第 22 页。

② 李洪甫：《连云港将军崖岩画与女娲的古史传说》，《东南文化》1988 年第 2 期。

③ 高伟：《将军崖岩画与女阴崇拜》，《东南文化》1998 年第 4 期，第 78—80+4 页。

④ ［奥］弗洛尹德：《精神分析引论》，高觉敷译，商务印书馆 1986 年版，第 119 页。

⑤ 李洪甫、刘洪石：《连云港山海奇观》，地质出版社 1986 年版，第 93—94 页。

### （三）天体崇拜

《尚书·尧典》中"羲仲祭日于旸谷"是我国较早的天体崇拜活动记载。将军崖岩画中的诸多星象图表明海州先民对天体的崇拜与信仰。

将军岩岩画的第二组画面以太阳、月亮、星云以及兽面纹为主。这是我国最早的石刻太阳星象图图案。比洛阳壁画墓里的星图早二千年。岩画中的天体崇拜图拓片作为史前时期的祀天遗迹，陈列在北京古观象台，岩画的形象图模型，更是代表古代中国在天文观测方面所取得的卓越成就，曾远赴比利时、韩国等国家展出。

这组岩画中表示天体的图像比较多，能够辨认出太阳、月亮、星星、云彩等图案。岩画依山坡自然形势，上下分布在一条 6.25 米的岩画带上，由同心圆、圆环和圆点组成了一幅星云图像，尤其是其中三个光芒四射的太阳最为醒目。学界认为：三个太阳图案的圆心排成直角三角形，是为了根据太阳的位置测出冬至、夏至的时间。[1]

将军崖岩画星象图（B 组）

岩画的第三组也刻画着人面像和天体图案。人面像头上有羽饰和三角形的装饰，周围有许多圆点、较短的线条和符号。[2] 何新先生经过实地考察后认为，

---

① 李洪甫、刘洪石：《连云港山海奇观》，地质出版社 1986 年版，第 92—93 页。

② 连云港市博物馆：《连云港将军崖岩画遗迹调查》，《文物》1981 年第 7 期，第 21—24 页。

将军崖岩画"题材多种多样,但完全围绕着一个主题——太阳与星宿的崇拜。在岩画中,许多图案都是对太阳与星的模写"①。盖山林亦有类似观点:"将军崖这列太阳神岩画,南北排作一列,看去颇如太阳从海面升起的样子,面部采用变态的人面形,是对太阳人格化的表示。在这列太阳神之间,有一个个圆形凹窝,这显然是一个个星座,表示太阳神高居于布满星座的太空之中"②,将军崖岩画也被称之为古人类观测日、月、星辰的天文观测灵台。③

另有学者从艺术角度进一步揭示岩画中天体崇拜的深刻内涵,认为将军崖岩画是与先民祭祀紧密关联的艺术创作,具有天体崇拜的神圣性。岩画所位于的褐色巨石正是反映了古人类对古老宇宙学说"天圆地方"的直觉上的把握。④ 岩画石面的西、西南和东南部,正中央所放着三块混合片麻岩巨石,这三块巨石,从其形状及与周围天体岩画的关系

将军崖岩画人面和天体图(C组)

看,显然表示支撑着天的天柱。三块巨石显然当作了祭坛,是人们顶礼膜拜的对象。⑤ 以上所有学者的论述中,一致认为这幅岩画描绘的是一幅远古先民的天体崇拜全景图。

有关本地域天体崇拜实物遗迹除将军崖岩画中的星象图外,在渔湾和东磊接壤的一座山头斜卧一块面向东方长约7.5米,宽2—4米的巨石。经过学者们推断,这块巨石应是太阳石,上面的圆圈图案代表太阳。太阳石的发现得到了

① 何新:《诸神的起源:中国远古神话与历史》,三联书店1986年版,第12页。

② 盖山林:《连云港将军崖岩画题材刍议》,《徐州师范学院学报》1983年第4期。

③ 周锦屏等:《古韵盛迹 文化连云港丛书·考古卷》,北京:中国文史出版社2005年版,第25页。

④ 周锦屏:《将军崖即羲仲祭日地之推定》,载连云港市哲学社会科学联合会、连云港市东夷文化研究中心:《东夷文化研究》,第208页。

⑤ 盖山林:《连云港将军崖岩画题材刍议》,《徐州师范学院学报》1983年8月,第119页。

国内学术界的重视，刘夫德、宋宝忠、李洪甫等都曾撰文论述过。① 虽然观点略有分歧，但都认为这是一幅太阳崇拜石刻图。当地学者李传江认为："除海州外，太阳图岩画主要发现在如甘肃、青海、内蒙古、新疆、云南、广西等内陆的边远山区。这就说明古代生活在山区的人们对朝升晚落的太阳能够带来温暖已经有了初步的认识，并把它形象化，摹刻在祭祀社的岩石上，早晚膜拜。"②

（四）灵魂崇拜

近年来，考古界陆续发掘了本地域二涧村遗址、大伊山等几处原始社会墓葬遗址，学界认为具有较高的研究价值，充分反映了本地域远古先民对灵魂的崇拜。其中保存最完整的大伊山遗址于 1996 年经国务院批准为国家重点文物保护单位。大伊山遗址位于今连云港市灌云县大伊山东麓，是迄今为止国内发现的时代最早的石棺墓遗址。从文化影响来说，"后世圣人易之以棺椁"的丧葬习俗，源于大伊山遗址的先民的创造。就人生而言，生死都是一件"大事"，连云港的东夷人面对生死所持有的态度和采取的措施，像基因一样融化在中国人的血液中，代代相因，延绵不绝。它所蕴含的思想文化精髓后被孔子所吸纳、整合，成为儒家最为核心的思想——孝。③

大伊山石棺葬发掘初期现场图

（来源：连云港市重点文物保护研究所）

---

① 可参看刘夫德：《"扶桑"考》，《社会科学战线》1985 年第 3 期；宋宝忠、王大有：《阿斯特克太阳石（历）及其文明》，《社会科学战线》1985 年第 3 期；李洪甫：《连云港地方史稿》，上海社会科学出版社 1990 年版，第 26 页。

② 李传江：《边际文化影响下的海州叙事文学》，中国社会科学出版社 2014 年 8 月版，第 17 页。

③ 周予同：《"孝"与"生殖器崇拜"》，《周予同经学史论著选集》，上海人民出版社 1983 年版，第 70—91 页。

　　大伊山遗址发现于 1981 年，墓地现存面积约 3000 平方米。石棺墓均以石板立筑成长方匣式棺，上盖石板，首尾相接，左右交错，成组排列，葬式头东脚西，方向一致，面部覆盖底部打孔的夹砂红陶钵。墓主为女性，是典型的氏族墓地。① 而二涧村遗址的 7 座墓穴为新石器时代早期，皆长方形土坑竖穴，其中 5 座墓主也都是用红陶钵覆盖头部。显然，几处墓葬皆有以红陶钵盖脸这一共同的葬俗特点，且这一特点在江苏南北地区一些同类型遗址中亦都有发现。对此，学者们认为"用红陶钵罩头，表明先民对头的特别重视和对天的崇拜。红陶钵盖头葬俗还反映了原始人对灵魂所在人体部位的认识和保护，而关于头向朝东葬俗，可能与死者生前的图腾信仰有关，当地是日图腾部落，太阳总是从东方升起，死者头向朝东有向太阳图腾顶礼膜拜之意"②。而以陶覆面主要是因为害怕用土掩盖的时候泥土落入耳、眼、鼻、嘴中，对亲人不尊重。③ 也有学者指出：红陶盖脸的葬俗与中原一带原始墓葬中的死者身上布放赤铁矿粉粒的葬俗相似，可能具有相同的含义，原始人"认为红色代表鲜血，是生命的来源和灵魂的寄生处"④。学者们的研究从不同角度反映了连云港远古先民对灵魂的崇拜和敬畏，离开肉体自由的灵魂可以飞向太阳升起的东方，保佑着生者的未来。

　　连云港地域原始先民的信仰除了鸟图腾崇拜、大地神崇拜、天体崇拜及灵魂崇拜外，还有石祖崇拜等灵物崇拜，如将军崖岩画东侧三块巨石，被著名的考古学家俞伟超先生认为这里曾经是一处"以石为社"的社。⑤ 历史遗存的不同反映了多元化的民间信仰，本地域的原始宗教文化对后世人们的信

---

　　① 连云港市博物馆：《江苏灌云大伊山新石器时代遗址第一次发掘报告》，《东南文化》1988 年第 2 期。

　　② 丁义珍：《江苏沿海原始墓地红陶钵盖头葬俗初探——兼谈头向东的仰身直肢葬的含义》，《东南文化》1988 年第 2 期。

　　③ 陈龙山曾引用丁义珍的观点，认为用陶钵覆盖面部是先民对天对祖先的崇拜，并且战国时期的冥目、汉代的玉面罩以至今天苏北民间死人面部遮蒙羞纸等都是陶钵盖面的延续。先民们怕直接用土盖死去亲人的面部，沾污了亲人的口、耳、目，是对亲人的不尊。至于陶钵底部打小洞纯属原始宗教的表现，即"灵魂出入观"。参见魏琪主编：《连云港特色文化》，苏州大学出版社 2006 年版，第 27—28 页。

　　④ 郭沫若主编：《中国史稿》，人民出版社 1976 年版，第 31 页。

　　⑤ 见俞伟超：《连云港将军崖岩画东夷社祀遗迹推定》，《先秦两汉考古论文集》，文物出版社 1986 年版，第 59 页。

仰以及地域文化的演变与发展都具有深远的影响。

a. 外部　　　　　　　　　　　　　　　　b. 内部

大伊山石棺葬墓号 M28 内底部带有小孔的红陶钵

（来源：连云港市重点文物保护研究所）

## 二、中古以来独特地域环境下的多元化民间信仰

地处南北要冲的区位以及特殊的地形地势为古海州地区众多宗教文化的融合提供了便利的条件。明隆庆《海州志》称古海州"东滨海道，西接徐邳，北控齐鲁，南蔽江淮"。清嘉庆《海州直隶州志》亦有"东滨渤海，西绾徐郯，北控齐鲁，南蔽江淮……州当南北纷争之际，为淮黄扼要之区"① 的记载。在各种自然和社会因素的影响下，历代以来，海州地区民间信仰种类众多、分布广泛、影响深远。其中既有对碧霞元君、东岳大帝、真武大帝、城隍等天地自然神以及关帝、天妃等人格神的信仰，也有对龙王、八蜡、刘猛将军等灾害神的崇拜。

（一）自然神信仰

自然神信仰即是把自然事物和自然现象视为神灵加以崇拜，这是起源于古代自然崇拜的一种最为古老而久远的信仰。古海州地区的自然神信仰主要包括风雨雷电神信仰、泰山信仰、真武信仰及城隍信仰等。

1. 风雨雷电神信仰

风雨雷电神信仰起源于原始社会时期。远古人类对世间万物怀有一种最初的原始宗教情愫，他们相信万物有灵，相信日月星辰、山川河海等一切自

---

① 唐仲冕修、汪梅鼎纂：《嘉庆海州直隶州志》，《中国地方志集成·江苏府县志辑》第 64 辑，凤凰出版社 2008 年版，第 176 页。

然现象背后一定存在着可以为他们祛除恐惧与灾难的神灵，对其心目中的天神充满着无尽的敬畏与崇拜。据《国语·楚语下》记载："命南正重司天以属神，命火正黎司地以属民，使复旧常，无相侵渎，是谓绝地天通。"这里的"南正"是指专管司天的职能，善于观察天象通晓巫术、专管天上"神事"的巫师之类的人物；"火正"意即带领人们烧荒垦地。"黎"是人的统称。"火正黎"就是监督、管理人们开荒垦地、田间劳作，专管地上"民事"的"民师"。"绝地天通"就是断绝天与地之间的沟通，神事和民事各有其司，不相侵渎。这种"分工"实际上是人神与天神的分工。因此，宗教信仰从最原始的时代开始，在人们头脑中逐渐形成的神大都为氏族全体成员共同所有，亦是他们精神生活的全部所在。

随着人们对自然现象认识能力的逐步提高以及内心深处对所谓神灵的心灵感应的不断变化，曾经的信仰对象以及崇拜之情的程度也会发生相应的变化，因而，从某种程度上讲，信仰亦是时代的产物。但长期以来在以农耕自然经济为主体的农业社会里，风调雨顺始终成为人们内心深处的强烈渴望，因此，对风雨雷电神灵的信仰贯穿了中国社会较为漫长的历史时期。由于降水直接影响到农业生产，所以与降水有关的天气或气候现象，如风、雨、雷、电、云等都直接受到崇拜。在民间社会，对雷公、风伯、雨师的信仰尤为兴盛，古海州及其所属各州县皆设有风云雷雨山川坛。隆庆《海州志》有关于海州风云雷雨山川坛的相关记载，"去治南门外四里许，洪武九年，知州田植创建，神门一座，神厨、神库、宰牲房各三间，涤牲池一口。"[①]《古今图书集成·淮安府祠庙考》也称海州风云雷雨山川坛在南门外一里，赣榆县在城南，沭阳县在治西南半里。[②]

2. 泰山神信仰

对山区先民而言，山神的信仰由来已久，人们对高耸莫测的高山充满着无尽的崇拜与敬畏。古海州面朝大海、背依高山，在科技尚未开发的远古时代，人们对波涛汹涌的大海望而生畏，而高山是阻隔滔天骇浪保护先民的天然屏障。具有海上"仙山"之称的云台山"连亘八十里，横峙海中，外障波

① 张峰纂修、陈复亨补辑：《隆庆海州志》，《天一阁藏明代方志选刊》第14卷，上海古籍书店1962年版，第30页。

② 陈梦雷辑、蒋廷锡编校：《古今图书集成》，第10464—10465页。

涛，内拱州域""春夏之间，草木葱翠；秋冬雪月，莹澈浮空"①。催生了先民"海进人退、海退人进"的生存策略——海进人则上山避祸，海退即可下山寻食，进退自如。长期以来家园得以恢复，生命得以保全，文化得以延展。

今连云港云台山古称郁州，或称峋（郁）夷，生活在这里的上古先民属于东夷的一个支族。学者们认为："东夷系统文化主要分布在山东及以邻境为中心的中国东部地区，这一地区在中国史前考古学文化区系中占有重要地位，被学界认为是'海岱文化区'。"② 也有学者认为东夷是指"山东和苏北徐海地区，地理上统称山东丘陵，是一个以泰沂山系为中心，包括周围小块平原和胶东丘陵的一个独立的地理单元"③。以上观点都特别强调了古海州与山东地域在文化上存在不可分割的内在渊源。

今天的泰山虽地属山东，但对同属山东丘陵的本地域远古山区先民而言，东岳泰山在其内心深处具有独到的情愫与地位，他们认为与泰山相关的神灵无处不在，对其充满着无尽的信仰和崇拜。本地域对东岳大帝和碧霞元君等相关的泰山神的崇奉历史悠远，明清时期尤为盛行。东岳大帝，又称泰山神、泰山君、五岳君，主掌世人生死、贵贱和官职，是万物之始成帝。碧霞元君，全称"天仙玉女泰山碧霞元君"，俗称泰山娘娘、泰山老奶奶等。碧霞元君是道教中的重要女神，能够"庇佑众生，灵应九州"，"统摄岳府神兵，照察人间善恶"。作为中国历史上影响最大的女神之一，道教认为，碧霞元君神通广大，不但能保佑农耕、经商、旅行、婚姻，还能治病救人，尤其能使妇女生子，儿童无恙。故民间信仰极为虔诚。

据记载：海州东岳庙在白虎山左。沭阳县东岳庙共有四处："一在治西北四十里阴平镇，一在治西北九十里，皆元时建。一在城南里许，明时建，一在治东北五里东流镇"。沭阳县境内祭祀碧霞元君的泰山行宫有两处："一在治南里许，一在治西里许。"④ 赣榆县东岳庙共有十一处，"一在城子村，一在垒墩村，一在来汪，一在龙王庙镇，一在六里庄，一在埠池村，一在高店村，一在土山村，一在冈上村，一在荻水口镇，一在洛要镇。"⑤ 民国《重修

① （明）张峰纂修、郑复亨补辑、张卫怀等标注：《隆庆海州志》卷之二《山川》，第19页。
② 高广仁、邵望平：《中华文明发源地之一——海岱文化区》，《史前研究》1984年第1期。
③ 严文明：《东夷文化的探索》，《文物》1984年第1期。
④ 陈梦雷辑、蒋廷锡编校：《古今图书集成》，第14464页。
⑤ 陈梦雷辑、蒋廷锡编校：《古今图书集成》，第14465页。

沭阳县志》记载沭阳县东岳庙包括五处："一在治西北九十里……明弘治十三年，沭阳县知县周盛、县丞唐铭、主簿杨铨、张安重修。一在治西北四十里阴平镇，元时建。一在城南里许，明时建。一在治东北五里东流镇，一在治西北百里塔山顶上，康熙四年、嘉庆十八年、咸丰八年重修。"东岳庙又称天齐庙，沭阳县境内的天齐庙有五处，"一在治南一里，一在治北二十里，贤官亭集东首，明时建。一在治北四十里桑墟镇，明正德六年，张谦胜建，天启六年张司直、乾隆三十一年张某、道光十八年张钟文、光绪五年张士元重修。一在治北三十五里华冲镇，明时建，同治间毁于捻（军），光绪六年荣毓亭重建。一在治北十五里汉坊镇孙家牌坊东，顺治间邑人孙毓秀建，道光三十年孙孚嘉、光绪二十年孙德馨重修。"沭阳县碧霞宫有三处，"一在治东四十里八堰庙镇，光绪十四年重修。一在治西南三十里枣子埠镇，嘉庆二十年李蕙建。一在治南四十里胡家集东首，康熙十二年周姓建，雍正六年周士干、道光二十年周昂等重修。"沭阳县泰山宫，"在治东南高家沟东街，明时郑舜谐建，雍正十三年，郑大成重修。"① 以上所述反映出本地域对泰山神灵的信仰与崇拜极为兴盛的局面。

此外，山是连云港古代先民赖以生存的根基。据考古发掘，山地或台地是他们最初活动的历史舞台。因此，灵石崇拜长期以来成为本地域重要的民间信仰之一。连云港地区灵石崇拜主要表现为泰山石敢当崇拜、"石干爸""石干妈"崇拜和石祖崇拜等。民间凡有家门冲着沟、河、路、坟乃至任何犯忌讳之物的，都有一块泰山石敢当相镇。海州西北丘陵地带，有的全庄家家户户宅前门后皆各竖立一块泰山石敢当。"石干爸""石干妈"是使用片石简单加工后镌刻各种夸张的人物形象，广泛分布于云台山区、赣榆、东海、灌云等地。将军崖岩画的西侧的石穴，以及遍布乡村的石祖，至今被当地人们持续崇拜着，堪称民间崇拜的活化石。

3. 城隍神信仰

城隍，又称城隍爷。作为地方守护神，对其的信仰与古代城市社会的发展存在着必然联系。祭祀城隍神的例规形成于南北朝，盛行于唐宋，宋代把祭祀城隍庙列为国家祀典，元代封其为佑圣王。明朝初年大封天下城隍庙神

① 戴仁修、钱崇威纂：《民国沭阳县志》，《中国地方志集成·江苏府县志辑》第57辑，凤凰出版社2008年版，第33—35页。

爵位，分为王、公、侯、伯四等，岁时祭祀。由于统治者的大力扶持，明代的城隍神信仰极为盛行，全国各州县地方都纷纷修建了城隍庙。明清时期海州及其所属各州县都有城隍庙的设置及分布。嘉庆《海州直隶州志》有相应记载。海州城隍庙"旧在东城，元季兵毁，洪武三年，知州陈德辅改建于西城普照寺废址。正德八年，同知李瀛重修。国朝屡加修葺，嘉庆十年复议重修"①。赣榆县城隍庙"在治西，万历中，知县樊兆程重建，国朝康熙十年，知县俞廷瑞，乾隆十七年，知县毕宿焆皆重修。"② 此外，南城城隍乃清初时从省府苏州请来，位列"威灵佑公"，为正二品，高于淮安府城隍神，因而数百年来香火旺盛，绵延至今。

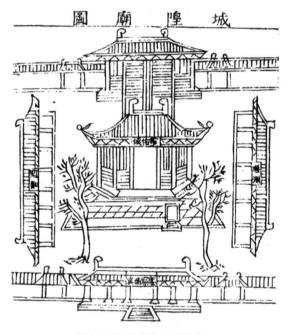

明代海州城隍庙图（局部）

（来源：张峰、郑复亨等修撰：《隆庆海州志》图，上海古籍书店 1962 年据宁波天一阁藏明隆庆刻本影印，第 22 页。）

---

① 唐仲冕修、汪梅鼎纂：《嘉庆海州直隶州志》，《中国地方志集成·江苏府县志辑》，凤凰出版社 2008 年版，第 333 页。

② 唐仲冕修、汪梅鼎纂：《嘉庆海州直隶州志》，第 335 页。

4. 三官大帝信仰

三官大帝的信仰渊源于中国古代先民对天、地、水的自然崇拜。三官大帝，即天官、地官、水官三帝的合称，亦称"三元大帝""三官帝君"。天官、地官、水官三帝治理天、地、水三界，考校神仙及凡人功过，司众生祸福，是道教神仙体系中出现较早、地位较高的三位神祇。传说天官赐福，地官赦罪，水官解厄。古代专门祭祀三官大帝的庙宇称为"三官庙""三官殿"或"三官堂"。每年正月十五日、七月十五日和十月十五日为天、地、水三官神诞之日，民众大多进庙烧香奉祀，以祈福消灾。明清时期海州境内三官大帝信仰极为盛行，祭祀三官大帝的庙宇不但数量众多，且遍布城镇和乡村。《古今图书集成·淮安府祠庙考》记载赣榆县境内三官庙共有五处："一在崇光寺西，一在西关，一在大石桥官庄，一在吴山东，一在临洪镇。"① 民国《重修沭阳县志》记载沭阳县境内三官庙共有九处："一在治西里许，一在治东七十里下埠桥，一在治东九十里高家沟，一在治西二十里新挑河镇。一在治西南四十里枣子埠镇，康熙五十八年建，道光十七年，徐登岳重修。一在治北四十里桑墟镇，康熙间刘承宗建，同治八年，刘瑞仪重修。一在治北十二里汉坊镇胡家庄，清初胡姓建，光绪九年，胡连建，（光绪）二十三年，胡昌焕重修。一在治西七十里，沈家窑，康熙三十八年，陈宗玉建，同治二年，陈步亮重修。一在治西北八十五里丁家集，光绪九年重修。"沭阳县三官殿："在治东南低村镇，康熙三十八年，吴玉书题。"②

（二）人格神信仰

人格神主要是指历史时期的那些原本是人，但在各种社会因素下升格为神的人格化神灵。这些历史人物由于生前功绩卓著，或品德高尚，在去世之后逐渐被官府和民间神化，从而由人转化为神。在海州地区众多人格神信仰中，以关帝、天妃和孝妇信仰最具有代表性。

1. 关帝信仰

关帝信仰是中国民间信仰中最具代表性和影响力的一种人格神信仰，与我国理学文化有着千丝万缕的联系。多年来学者们从不同侧面探讨着关帝信仰与中华传统文化的核心内容儒、道、释的密切关系。关羽信仰滥觞于封建

---

① 陈梦雷辑、蒋廷锡编校：《古今图书集成》，第 14465 页。

② 戴仁修、钱崇威纂：《民国沭阳县志》，第 33—35 页。

社会强盛的隋唐时期，隋文帝开皇九年（589）山西解州始建关帝庙，明清时期官方的推崇为关帝地位的变迁提供推波助澜的强大动力，关帝受到社会各阶层的普遍崇拜，超越儒、释、道三教各位神圣，成为民间和官方信仰的主神之一。明万历四十二年（1614）十月，神宗皇帝封关羽为"三界伏魔大神威远震天尊关圣帝君"。嘉靖、万历年间著名的荆州帝庙、关林帝庙、解州帝庙、当阳帝庙盛极一时。

清朝时期，在官方的强力倡导和推动下，关帝成为诸人神之首，与文圣孔子并驾齐驱，被称武圣。顺治元年（1644），封关羽为"忠义神武关圣大帝"。从乾隆初年至光绪五年（1879），关羽被冠以"忠义神武灵佑仁勇威显护国保民精诚绥靖翊赞宣德关圣大帝"长达二十六字的封号。清朝学者赵翼《陔余丛考》称誉："南极岭表，北极塞垣，凡儿童妇女，无有不震其威灵者，香火之盛，将与天地同不朽。"①

在全国关帝信仰的文化影响之下，海州地域的关帝人格神信仰亦较为兴盛。嘉庆《海州直隶州志》记载海州关圣庙："治西所门大街南，春秋祀典，旧用少牢，雍正六年，奉文加太牢及神前十豆一如文庙礼，又追封三代立崇圣祠。嘉庆二年，知州缪廷玢重修。"② 光绪《赣榆县志》记载赣榆县关帝庙："在治东，崇祯三年李枢建，雍正十二年，知县卫哲治、杨士昌、乔治、赵梦麟等重建。一在徐福村，一在朱汪镇，在青口、大沙河镇者各二。"③ 沭阳县关帝庙有五处："一在东关何家口，……乾隆五十六年，僧长润重修。一在治东南下寺镇耿园庄，光绪二十年，邑人耿兆玺重修。一在治南六十里钱家集，嘉庆十五年，邑人钱文灿建，道光二十年，钱培重修。一在治东南六十里东营废集北首，康熙三十二年，张泰严施田、僧法波募建，同治八年，陈登仕等重修。一在治西八十里黄甲庄，嘉庆十八年，徐维藩建，光绪八年，徐鼎芳重修。"④

---

① 赵翼：《陔余丛考》，商务印书馆 1957 年版，第 757 页。

② 唐仲冕修、汪梅鼎纂：《嘉庆海州直隶州志》，《中国地方志集成·江苏府县志辑》第 64 辑，凤凰出版社，2008 年版，第 332 页。

③ 王豫熙修、张謇纂：《光绪赣榆县志》，《中国地方志集成·江苏府县志辑》第 65 辑，凤凰出版社 2008 年版，第 554 页。

④ 戴仁修、钱崇威纂：《民国沭阳县志》，《中国地方志集成·江苏府县志辑》第 57 辑，凤凰出版社 2008 年版，第 33 页。

### 2. 天妃信仰

天妃，也称妈祖、天后、天后圣母，民间俗称海神娘娘，相传她不仅能保佑航海捕鱼之人的平安，而且还兼有送子娘娘的职司，由此成为深得我国沿海人民崇信的一位女性神灵。天妃，姓林，名默娘，出生于北宋初年的福建莆田湄洲岛，自幼聪明伶俐，急公好义，不让须眉。公元 987 年农历九月初九，因抢救海难而献身的天妃受到当地村民的建庙奉祀，妈祖庙从此在沿海地区诞生。宋宣和四年（1122 年），宋徽宗为妈祖庙颁旨赐额"顺济"，妈祖由地方性祭祀的神灵一跃成为全国性祭祀的神灵，由民间崇拜成为朝廷定制的官方崇拜，与传统龙王地位等同的海神地位从此确立。自宋徽宗之后，妈祖曾历宋元明清 30 多位皇帝的褒封，其规格之高，可享"宫玄之乐、太牢之祭、八侑之舞"。清朝时期曾颁诏各地"春秋谕祭"，并编入国家《祭典》。《古今图书集成·博物汇编·神异典》《续文献统考》《杭州府志》《莆田县志》等著作中都曾有关于其神迹传说、生平事迹以及历代皇帝敕封等情况的记载。

我国民间专门祭祀天妃的庙宇通常称为天妃庙或天后宫，最早见于文字记载的祭海活动始于《礼记·学记》。其中有云："三王之祭川也，皆先河而后海"。说明早在原始部落时期即有部落首领率众祭海的行为。中国历史上最高规格的帝王祭海行为发生在今天的连云港赣榆。《史记》记载："（始皇）二十八年，齐人徐市（福）上书，言海中有三神山，名曰蓬莱、方丈、瀛洲，仙人居之，与童男女求之。"文中的"请得斋戒"即是净身祭海。

濒临海洋的连云港，素有鱼盐之利，人们从"木浮于水"的道理中"刳木为舟，剡木为楫"，与大海结下了不解之缘。质朴的沿海先民为了获取生命的繁衍与延续，对神秘莫测、时常波涛滔天的大海充满着无尽的敬畏，并沿袭了一代代祭祀大海的传统习俗。其中对海神天妃的祭祀是本地域长期以来在南北交界、海陆交汇、山海相拥重要区位的影响下，在长期的多元文化融合、兼收并蓄的历程中，逐渐形成自己文化特色的重要体现。嘉庆《海州直隶州志》记载海州天后宫："在治西北皋民坊，万历二十八年重建，康熙十二年、六十年皆重修。雍正十一年，奉文有司致祭，春秋祠以太牢，行三跪九叩首礼。"[1] 赣榆县天后宫："在青口，有二，前宫船户建，后宫商贾建，较

---

① 唐仲冕修、汪梅鼎纂：《嘉庆海州直隶州志》，第 335 页。

宏敞。"① 此外，近代以来随着一批外来商客以及本地士绅对临洪口岸新浦的开发与经营，到 1892 年新浦作为本地域新兴商埠已初具规模。为了适应新浦商户、船民信仰需要，促进新浦商贸的持续发展，颇具影响的刘氏家族倡议创建新浦天后宫。历经十年，终于落成的天后宫使得人气更旺、生意更兴隆的新浦一时间成为海州地区的商贸中心。新浦天后宫创建者刘振殿在撰写《创建新浦天后宫记》时称：新浦之兴自天后宫始。对天妃海神的崇拜与信仰从官府到民间、自政界至商界都曾极度兴盛。

在连云港海祭文化中，除天妃信仰外，人们对龙王以及老爷的祭祀也较为虔诚。鉴于地域因素，这里的龙王是指东海龙王，即掌管东海的神灵，古代称禺虢。《山海经·大荒东经》记载："东海之渚中有神，人面鸟身，珥两黄蛇，践两黄蛇，名曰禺虢。皇帝生禺虢，禺虢生禺京，禺京处北海，禺虢处东海，是惟海神。""渚"意即海中的陆地，东海之渚即古郁州，即今天的连云港市云台山及周边地区。而郁州之地，古属东夷，本是一个亦称鸟夷、郁夷、羽夷，以鸟为图腾，头饰羽毛，以鸟名官的古老民族。人面鸟身的禺虢、禺京作为自己民族的首领，后来逐步演化为主宰海洋世界的神或海神，担当起保护自己部民的职责，理应受到人们的崇拜与祭祀。据 1925 年《赣榆县图》所载，仅赣榆一县即有龙王庙 7 座，与此同时分布在全县各领域的 16 座三官庙以及 7 座天齐庙也都以独特的方式供奉着龙王。对东海龙王的信仰几乎遍及赣榆全县各地。

关于海神老爷沿海各地区说法不一。本地域及北方渔民把鲸鱼、鲨鱼及大鲛鱼等海洋中的庞然大物称为老爷。由于其体形巨大、性情凶猛、桀骜不驯，极易给渔民造成灾难性后果。因此深得渔民的敬畏。《史记》曾有关于秦始皇三十七年（前 210）本地域老爷的文字记载："方士徐福等入海求神药，数岁不得，费多，恐遣，乃诈曰：蓬莱药可得，然常为大鲛鱼所苦，故不得至。愿请善射与俱，见则以连弩射之。始皇梦与海神战，如人状。问占梦博士，曰：水神不可见，以大鱼蛟龙为侯；今上祷祠备谨，而有此恶神，当除去，而善神可至。乃令入海者赍捕巨鱼具，而自以连弩候大鱼出，射之。自琅邪北至荣城山，弗见；至之罘，见巨鱼，射杀一鱼。遂并海西。"关于始皇帝派遣徐福出海寻求长生之药的前因后果学术界一直争论不休。但本地海域

---

① 王豫熙修、张謇纂：《光绪赣榆县志》，第 335 页。

曾有巨鱼及大鲛鱼的说法，这段记载给予了充分证明。

此外，今赣榆金山镇徐福庙徐福纪念馆内保存着一节巨鱼脊骨，直径近 2 米，20 世纪 80 年代在大港头附近水利工地出土。近年《连云港日报》《今日赣榆》等媒体常有关于渔民捕获重达几顿、十几吨大鲨鱼以及鲸鱼的报道。海头镇海头村原有一座娘娘庙，每当节日或渔船出海前，渔民必去烧香拜祭，祈求平安。渔民们对大鲨鱼、鲸鱼的特殊心理情怀反映在现实世界对老爷的崇拜和祭祀活动中的具体体现。

3. 孝妇信仰。

孝妇信仰源于久为流传的东海孝妇故事。元关汉卿以此素材创作的《窦娥冤》，使东海孝妇的故事家喻户晓，曾被译成 16 种文字远播世界。2014 年，汉代孝妇周青的故事因其独特的文化内涵与巨大的影响力被定为国家级非物质文化遗产。

《搜神记》中称孝妇名"周青"。之后，有关孝妇周青的相关记载经久不衰，明清时期最为兴盛。宋初《太平寰宇记》就有关于东海孝妇庙的记载及庙内的大量碑刻题记。1984 年海州地方文物工作者在朝阳乡孝妇祠遗址旁，发现了有关孝妇祠的九块残碑，其中有"汉东海孝妇祠"山门匾额，有明代嘉靖年间海州知州王同撰《哀孝妇》诗刻残碑①，诗文曰："哀哀东海窦孝妇，孝心事姑感姑哀。姑死心为哀孝妇，死讵知为孝妇灾。妇死心为痛姑死，姑妇两心青天知。累累葬草年年绿，空山月落鸟声悲"。②

北宋以来，官方祭祀东海孝妇的活动未曾中断，《太平寰宇记》有云：孝妇庙在东海县北三十三里，巨平村北。按《前汉书》："孝妇少寡，无子，养姑甚谨……"；于定国墓：定国，东海郯人也。③ 曾任海州地方官的沈括在《梦溪笔谈》记载：海州东海县……北又有"孝女冢"，庙貌甚盛，著在祀典。孝女亦东海人。今东海县汉赣榆，属琅琊，非古东海，孝妇东海人，亦附会也。④

地方文献有关孝妇的记载更加丰富多彩。顾乾《云台三十六景》中的

---

① 李洪甫、姚芝庆：《连云港市经济史料》，连云港经济联合开发公司、连云港市经济学会编印 1985 年版，第 140 页。

② （明）张峰纂修：《隆庆海州志》卷 10《词翰志》，载《天一阁明代方志选刊》第 14 册，1962 年 12 月上海古籍书店据宁波天一阁藏（明）隆庆刻本影印，第 53 页。

③ （宋）乐史：《太平寰宇记》，王文楚等点校，中华书局 2007 年版，第 464—466 页。

④ （宋）沈括：《梦溪笔谈》，上海书店出版社 2003 年版，第 26—27 页。

"荒祠春会"：《云台山志》载："孝妇祠，即汉东海孝妇也，祠在新县北二里，傍有二冢，相传孝妇死，祔于姑墓，土人为立祠于墓侧。海州每年春秋以少牢祭之。"① 民国《连云一瞥》则曰："……每年废历三月三日，香火甚盛。即明顾乾'荒祠春会'，为云台三十六景之一。"② 新县孝妇祠，三月三日居民竞为赛会，百戏杂陈，远近争赴，亦山中一乐事。③ 唐仲冕编纂《嘉庆海州直隶州志》：孝妇祠……然州境奉祠，历年久远，人皆呼为奶奶庙。秉彝之好，妇孺皆同，其俎豆当与山海并永矣。乾隆四十八年春，知州林光照因开浚涟河，祷晴一月，工竣，益奉新其祠。嘉庆八年秋，知州唐仲冕祷雨于祠，三日而雨，因题"孝德灵感"，以彰其灵。④ 除以上各有关孝妇的记载外，《说苑》《汉书》《搜神记》以及明代刘昭《汉东海孝妇窦氏祠记》、王同《重修英烈祠碑铭》、李贤等撰《明一统志》，清代顾祖禹的《读史方舆纪要》等几十种志书古籍中都留有记载。

根据历代的诸多记录得知，"本地域北宋时期即建有孝妇祠俗称奶奶庙或娘娘庙（于今云台山区朝阳乡），明朝重建，清重修。在漫长的历史时期，人们从未间断过对孝妇祠的祭祀。民国以来，海州祭祀孝妇的习俗更是蔚然成风、代代相传，并逐渐形成每年三月三一年一度的朝阳娘娘庙庙会。近年来，当地部门将朝阳乡境内的兴国寺遗址重建于孝妇祠的旧址前，形成了兴国寺和孝妇祠同建的格局。"⑤

孝妇信仰长期以来在海州民间信仰的漫长过程中能够经久不衰，有其深刻的自然、社会和文化原因。历史时期本地域由于特定的地理区位以及地形地貌，时常遭遇干旱等恶劣天气。"……后东海君来见葛陂君，因淫其夫人，于是长房劾系之三年，而东海大旱。长房至海上，见其人请雨，乃谓之曰：'东海君有罪，吾前系于葛陂，今方出之使作雨也。'于是雨立注⑥。"这段文字虽对其时东海大旱三年的原因解释过于离奇，但旱灾的事实应是真实的。

---

① 崔应阶重编、吴恒宣校订：《云台山志》卷2《寺观》，乾隆三十七年刻本，第165页。

② 许绍蘧：《连云一瞥》，无锡协成印务局1936年版，第25页。

③ 《云台新志》第二册卷8《胜迹》下，载中国方志丛书·华中地方第157号，据（清）许乔林纂辑，（清）道光十一年修，（清）光绪二十四年重刊本影印，成文出版社有限公司印行，第409页。

④ 仲其臻等整理：《嘉庆海州直隶州志》卷19《祠宇考》，南京大学出版社1993年版，第861页。

⑤ 李传江：《边际文化影响下的海州叙事文学》，中国社会科学出版社2014年版，第134页。

⑥ （南朝宋）范晔：《后汉书》，中华书局1965年版，第2744页。

西汉时期海州地域也曾受到全国范围内大旱的影响，而汉平帝时期尤盛，"元始二年（2年），郡国大旱，蝗，青州尤甚，民流亡"①。

因此，海州孝妇故事中贯穿始终的祈雨主题能够深入人心、经久不衰。因为就饱受饥寒交迫的民间百姓而言，风调雨顺的美好前景是他们最大的期盼与向往。"东海孝妇故事的早期主题并不是表现孝妇之'孝'，而是孝妇对人民祈雨之应验。海州地域人民对孝妇祠的祭祀直到清末还带有祈雨目的"②。海州孝妇的故事以及孝妇信仰在漫长的多灾多难的社会历史进程中保留着浓郁的地域特色、经久不息。有学者认为："故事的主题曾发生三次转变：《淮南子》重在表现灾异的发生；《说苑》、《汉书》强调祈雨功能；《搜神记》开始趋向誓言的应验，《孝子传》应验故事定型。后世的孝妇主题基本围绕应验来展开。但海州孝妇故事却保留了祈雨主题，突出'孝妇'的同时不忘'慈姑'形象，地方色彩浓厚，对研究海州民俗文化较有参考价值。"③

历代海州民间，除对关帝、天妃和孝妇信仰之外，境内还有众多祭祀各种人格神的祠堂和庙宇。著名而富有特色的如由吾道荣的由吾大夫庙、沭阳县境内有祭祀西楚霸王项羽的楚王庙、祭祀水神赵昱的清源真君庙和二郎庙、祭祀虞姬的虞姬庙等。赣榆境内有显惠王庙、王相公庙、白马将军庙、二郎庙、陈顾二公祠、贤侯遗爱祠等。

（三）灾害神信仰

中国在历史时期曾是自然灾害频发的国家，自然灾害尤其对普通民众生命财产造成极其严重的影响。海州地区地处黄河下游，尤其是黄河改道之后，曾出现过"大雨大灾、无雨旱灾"的悲惨景象。自然灾害在对民众生命财产造成严重危害的同时也对他们的精神生活产生了重要影响。其中的重要表现就是龙神、八蜡、刘猛将军等灾害神信仰的盛行。

1. 历史时期频繁的自然灾害

海州地域由于特殊的地理区位与地形地貌，历史时期灾害频繁。尤其是地处黄河下游，普通民众曾遭遇无尽的灾难。在中国诸多水系中，黄河以"善淤、

---

① （汉）班固：《汉书》，中华书局1962年版，第353页。西汉时期东海郡属徐州，但地缘上与青州接壤，旱灾应该也是较为严重的地区。

② 海州知州唐仲冕"祷雨于祠，三日而雨"，见仲其臻等整理：《嘉庆海州直隶州志》卷19《祠宇考》，南京大学出版社1993年版，第861页。

③ 李传江：《边际文化影响下的海州叙事文学》，中国社会科学出版社2014年版，第149页。

善决、善徙"著称,其下游河道的变迁尤为复杂,不仅次数频仍,流路紊乱,波及地域也极其广阔。学者们曾以河道主要流向为依据,提出:"宋代以前由渤海入海,金元以后数股汇淮入海,明嘉靖后期单股会淮入海及清咸丰五年以后北徙山东"四次大规模改道的观点。黄河的每一次改道,对经济的影响是不言而喻的。尤其是自 1128 年黄河夺淮入海到 1855 年黄河改由山东入渤海湾为止,长达七百年的黄河夺淮对苏北地方社会产生了巨大影响,特别是地处苏北边陲的连云港在这次改道北徙中;自然地貌、土壤构成、水流系统以及海岸变迁等方面发生的巨大变化对连云港经济产生了更为深远的影响。

宋朝以前的苏北自然地理条件较为优越,贯穿南北的大运河作为朝廷的生命河,流经其间,东西流向的淮河独流入海。曾有"走千走万不如淮河两岸"的美誉。然而,从 1194—1855 年黄河夺淮的近 700 年以及黄河北徙后的漫长岁月里,黄河带来的大量泥沙使得原本河道深浚的淮河在雨季来临时成为在苏北大地上四处漫溢的"地上河",河溢型水灾成为摧残农业生产的罪魁祸首。除水灾外,旱灾、蝗灾、风潮等各种灾害常常纷至沓来,多灾相连或多灾并发构成近代淮海地区自然灾害的突出特点。据记载:"光绪二年,江北各属被旱,海州、沭阳歉收甚广。""去岁黄水东注,海属泛滥成灾,灾民流离失所……迨黄水近将退落,奈所种二麦,原属寥寥,而近又遭飓风,致所种麦田,多被浮起,本年二麦收成,势已无望,生计行将绝境。"[1] 恶劣的自然环境往往造成更加恶劣的社会环境。天灾往往与人祸相互交织。"徐海各县,乃四省通衢。自民国以来,军阀混战,干戈遍野,烽火连天。民不能安于室,农不能安于业,流离失所。老弱转于沟壑,壮者挺而为匪,每值青纱帐起,土匪猖獗,农民因之毁家破产几不可以数计。"[2]

总之,自宋朝至清朝的咸丰年间黄河夺淮的近 700 年以及之后黄河北徙的漫长岁月里,苏北的自然环境彻底改变,经济亦逐渐衰落。苏北地处黄河故道,上游的泥沙在苏北的沉积使得原有土质大幅度改变,土地生产能力持续减弱。例如,蚕桑业曾是包括连云港在内的苏北农村经济的重要组成部分。但晚清时期本地区的黄河冲积土以及盐渍性黏质土却难以适种桑树。据记载,曾有有识之士引进优良品种,但成效甚微。"蚕茧甚大,色泽计有深浅八九

---

① 《海属麦收无望》,《农林新报》,第 13 卷,1936 年第 12 期。

② 胡希平:《徐海农村病态的经济观》,《农业周报》,第 3 卷,1934 年第 47 期。

色，致其丝质甚劣，粗硬而质不美也。"严酷的自然环境直接导致生产力的低下。在频繁灾害的沉重打击下，祈求神灵保护，渴望生活的保障成为人们内心深处最强烈的愿望。

2. 龙神信仰

龙是我国古代传说中的神兽，民间龙神信仰的历史十分悠久。人们认为龙能兴云布雨，影响晴雨旱涝，所以至晚从汉晋以来，民间就有祭祀龙神祈雨的风俗。从唐代开始，由于佛教和道教的兴盛，龙神的地位不断提高被尊奉为龙王，各地的江、河、湖、海、渊、潭、塘、井，凡是有水之处皆有龙王。唐代也曾设有龙祠祭龙求雨的复杂仪式。在古代农耕社会，求雨习俗较为普遍，灾害频繁的海州地域祭龙祈雨的遗迹较为集中而富有地域特证。

海州境内河海相连、山海相拥，龙神庙宇众多。其中，海州锦屏山马耳峰龙祠为历代州官祭祀龙神的场所，宋金明清历代求雨题刻遍布，延续时间畅达千年之久，最为著名。由于历史悠久，祈雨灵验，远近闻名，宋神宗时曾封庆祐侯，宋徽宗宣和三年封显济公，地位颇高，因此历代州官也非常重视。州官在大旱祈雨前须沐浴斋戒，并亲率众官僚披荆斩棘，亲往陡峻挺拔的马耳峰龙祠祭祀求雨，雨应后，又率众官僚赴龙祠隆重致谢，特殊情况不能亲往时也须在州衙设案奉贡致谢。不少知州在雨应后捐俸重修龙祠，以示虔诚和谢意。直到清代后，龙神庙才逐渐改在东门外古城山（孔望山）麓，民间龙王庙遍及城乡各地，规则、形式更加灵活多样，内容也十分丰富。

锦屏山龙祠摩崖石刻群宋代鲍粹题刻拓片

（来源：连云港市重点文物保护研究所编著：《石上墨韵——连云港石刻拓片精选》，上海古籍出版社 2013 年版，第 55 页。）

除上述题刻外，诸多文献资料也对此进行了详细记载。《古今图书集成·淮安府祠庙考》记载海州龙祠，"在伊庐山西畔，元至正元年创建，石罅有水科甚多，俗传有龙潜于内，旱祷辄应。明弘治十四年，知州侯镗岁增二祭，迄今不废。"沭阳县龙王庙，"在治西五里张家沟，沭水至此分流，庙临水口，每旱祷雨辄应。"海州海洋龙王庙："在垆沟，其神屡有灵异。明洪武四年，倭寇奄至，居民惊惧，请祷于神。及旦，寇乃大溃，追杀俘之。或问其故曰'见兵甲旗帜弥山而来，故遁之'，乃知神之佑也。"① 嘉庆《海州直隶州志》记载海州龙神庙，"在东门外三里古城山之麓，顺治三年，知州陈培基、同知李士麟重修。乾隆五十三年，知州李逢春、州判简贵发重修。正祠三间，东厅三间，大门一座，有司春秋致祠于此。"② 光绪《赣榆县志》记载赣榆县龙神庙，"在县署西，一在末山，一在毛墩，一在土山，一在龙王庙，一在范家口，一在朱稽村，在青口者二。"③

3. 驱蝗神信仰

自古以来，虫害是威胁农业生产的天敌之一，尤其在我国古代北方，蝗虫的危害最为惨烈。据说，八蜡神和刘猛将军是专司驱蝗的神灵，深得人们敬仰与崇拜。八蜡是中国古代社会祭祀与农业有关的八种神祇。分别指先啬（神农）、司啬（后稷）、农（农夫）、邮表畷（茅棚、地头、井）、猫虎、坊（堤）、水庸（城隍）、昆虫。由于虫害是农业极大的敌人，而蝗虫危害最烈，所以驱逐害虫，就演变成"八蜡"祭祀的重要内容，八蜡神也就演变成为专司驱蝗的神灵。刘猛将军是指南宋初年骁勇善战的抗金名将刘琦，在和金兀术的金兵交战中他屡立战功。然而他却遭到秦桧的迫害，被排挤到地方做官，就任期间适逢百年不遇的蝗灾，身先士卒的刘琦在带领地方百姓的灭蝗战斗中取得辉煌政绩。因而被朝廷敕封为"扬威侯暨天曹猛将之神"。民间也从此把它作为治理农田虫害的保护神，称之为"虫王刘猛将军"。在科技不发达的古代社会，把灾害的驱逐寄托于神灵是人们的普遍愿望。

中国古代经常遭遇蝗灾的地方必然崇拜刘猛将军并建有刘猛将军庙，今

① 陈梦雷辑、蒋廷锡编校：《古今图书集成》，中华书局 1986 年版，第 14464—14465 页。

② 唐仲冕修、汪梅鼎纂：《嘉庆海州直隶州志》，《中国地方志集成·江苏府县志辑》第 64 辑，凤凰出版社，2008 年版，第 335 页。

③ 王豫熙修、张謇纂：《光绪赣榆县志》，《中国地方志集成·江苏府县志辑》第 65 辑，凤凰出版社 2008 年版，第 554 页。

天许多科研工作者根据"哪里有刘猛将军庙就说明这里是蝗灾区"①的规律探寻并分析出中国古代蝗灾的分布区域。

　　古代海州常常是各种灾害纷至沓来的重灾区，除水灾、旱灾、风潮等多灾相连的各种灾害外，蝗虫的危害曾使普通民众遭遇灭顶之灾。1937年《中央日报》曾报道"灌云县蝗灾引起农民自杀与流亡"的消息。"该省灌云蝗灾严重，农民所植二麦均被食净尽，乡民因而自杀者已有冯开祺冯兴舫等多人，流亡者达百分之五十以上，其余也皆以乞食为生，尤以五官乡为重，故该众乡民姜柏仁等特具呈省县当局，请求准免赋税，并设法散放急帐。现闻省府已特电令该区行政督察专员讯派省保安队前往协助督捕，同时应准盐务管理局税警亦应该县府请求，帮同民夫捕捉云。"②蝗灾给百姓造成的巨大灾难一方面引起政府的极大关注，另一方面当种种驱蝗措施难以取得成效情形下，人们即以对驱蝗神寄予期望。

　　如前所述的八蜡是古代所祭祀八种与农业有关的神祇，其中驱蝗的蒲神尤为深得民间重视。古代海州八蜡庙，又称蒲神庙，建于明天启年间。"在南门外里许，旧止一茅屋，天启壬戌，蝗螭为灾，知州刘梦松祷于神，蝗不为害，因择南门外高敞处建祠宇三间，神门一座。顺治六年，知州陈培基重修，祀唐太宗于中，左为刘猛将军，右为姚崇。"③赣榆县蜡神庙"旧在城南里许，崇祯十一年，知县徐维翰迁于城南地藏庵左。国朝康熙十一年，知县俞廷瑞重建，塑八蜡神像，后改祀刘猛将军"④。

　　刘猛将军作为传说中治理农田虫害的保护神，也深得本地域人们的信仰。嘉庆《海州直隶州志》记载海州刘猛将军庙："在白虎山东偏碧霞宫旁，康熙六十年、六十一年屡有蝗，总督查弼纳饬各州县立庙塑像，春秋祭祀"。海州城建有刘猛将军庙，有司春秋祭祀。由于八蜡和刘猛将军都是驱蝗神，神职相同，故清代八蜡和刘猛将军呈现合祀、并祀的趋势。海州祭祀刘猛将军在刘猛将军庙，但祈祷却在蒲神庙，原因是"此庙僻陋，而蒲神庙特宏整，似宜更定以安神灵"⑤。

---

①　葛剑雄：《中国的地域文化》，《贵州文史丛刊》，2012年5月，第10页。

②　《虫情》，《中央日报》1937年第1卷第3期，第22页。

③　唐仲冕修、汪梅鼎纂：《嘉庆海州直隶州志》，第334页。

④　唐仲冕修、汪梅鼎纂：《嘉庆海州直隶州志》，第335页。

⑤　唐仲冕修、汪梅鼎纂：《嘉庆海州直隶州志》，第335页。

　　纵观长期以来海州地域的宗教及民间信仰，这里作为道教的发源地，较早即已形成地域特色的多神信仰。作为佛教较早传入的地区之一，当地民间文化不但没有排斥，而是在和佛教相互激荡的过程中以开放的态度对其进行改造与融合，并最终形成了多神教合一的民间信仰。宗教文化的上层教义教理虽然未能在此获得充分发展，但地方民众善于根据自身生产和生活的需求将精英阶层的精神层面与哲理思维这些文化中的抽象概念具体化与人格化，尤其注重对能够保佑平安、赐福降祉的神灵的崇拜及如何尊奉神祇的教谕来确保这些福祉的延续性，从而形成自己直接而质朴、世俗而现实的民间信仰。如地方文献《隆庆海州志》所言："士大夫喜谈禅，愚民因之，崇信释老，以求福利，为浮屠者又能精苦志，以图营建……。"[1] 又如明代海州判官林廷玉《修城隍庙记》所说："神于此地庙祀血食，吾民拂悒必呼，饮食必祭，水旱疾疫必祷，神之于民固必潜乎默相，永为覆庇者矣。"[2] 虔诚的信仰与众多民间祭祀活动不仅是人们强大的精神支柱，也加强了不同区域间的联系和交流，一定程度上满足了民众的经济和文化需求。民间宗教活动在促进商品经济发展的同时，也是加强社会整合和文化功能的重要方式。

---

　　① （明）张峰纂修：《隆庆海州志》卷 8《寺观》，载《天一阁明代方志选刊》第 14 册，1962年 12 月上海古籍书店据宁波天一阁藏（明）隆庆刻本影印，第 22 页。
　　② 唐仲冕修、汪梅鼎纂：《嘉庆海州直隶州志》，第 333—334 页。

# 第四章

# 交融共生的地域方言蕴含语言文化的深厚内涵

　　方言是与环境变迁、政局变动、政区沿革、人口流动、经济发展等直接相关的"文化变迁"的具体表象。学者们认为，在界定地方文化的过程中，有两个因素极为重要：一是方言，一是饮食。"一个地方的戏曲、曲艺、歌谣、谜语等文艺形式都是以方言作为工具才得以表达的。""方言研究实在是研究地方文化的一把钥匙"①。独具特色的地理环境使得连云港方言与江淮方言和北方方言具有天然的纽带关系。地处两大方言过渡地带的特殊环境，不同方言之间的渗透与融合，使得连云港方言分区呈现出南北交融的显著特点，特别是其中的词汇俗语更加丰富多彩且富有个性。

## 第一节　连云港方言的基本概况

　　独特的地理位置使得连云港方言处于江淮官话和中原官话的交融地带，具有中国南北方言"你中有我，我中有你"的共同特点。依据《江苏省志·方言志》对连云港方言的划分，"连云港市区、东海（县城和东部）、灌云和灌南属江淮官话区中的扬淮片；而赣榆县（今赣榆区）属北方方言。"② 连云港方言区总体而言是属于江淮方言主导的区域，只有赣榆一地接近北方方言，整个连云港地区不同程度地存在着江淮方言与北方官话交杂现象，但以江淮方言为主的整体格局未曾改变。例如，尖团合流是北方话的典型特征，但属

---

① 游汝杰、周振鹤：《方言与中国文化》，《复旦学报》1985 年第 3 期，第 232—237 页。
② 江苏省地方志编纂委员会：《江苏省志·方言志》，南京大学出版社 1998 年版，第 6 页。

于江淮官话的新浦和东海方言，也存在这一现象，而在赣榆方言中，古见系、精系声母字却仍能与细音相拼，这又有别于典型的北方话。① 此外，由于长期以来的历史人文因素影响，连云港方言中也保留着吴语的留存。

**一、方言的分区**

江苏省境跨吴方言、江淮官话和中原官话三个方言区，在汉语地区属于方言复杂的省份，"吴语、江淮官话泰如片、洪巢片、中原官话，从南到北分布，可以比较清楚地看出一条历史轨迹，江淮官话应是在官话影响下由吴语变成了官话，它明显地兼有官话和吴语的特点。在词语方面，江淮官话的主体虽然属于官话，但可以容易地从中找到主要见于吴语，其他方言少见的词语。"②

根据对连云港方言更为细致的考察。其中归属于中原官话的主要表现为郑曹片的青泉（青口、温泉）小片，而归属于江淮官话的则表现为洪巢片的海伊（海州、伊山）小片。其中的青泉小片包括赣榆县（今为赣榆区）和东海县的南辰、石梁河、黄川、浦南（西北部）、青湖、横沟、石榴、温泉、李埝林场、双店、山左口、桃林、石埠、洪庄、石湖等乡镇（场），其方言特征是没有入声，古入声清音字及次浊字今读阴平、全浊字今读阳平。海伊小片包括灌云县及新浦、海州、云台、连云四区和东海县的安峰、房山（南部）、平明（南部）、张湾、浦南（东南部）等乡镇，其方言特征是有入声，除少数入声字变成舒声外，入声自成一类。东海县的种畜场、曲阳、牛山乡、牛山镇、房山（北部）、平明（北部）、驼峰、白塔、港埠农场等乡镇（场）处于两类方言的过渡带，其方言特征是越往南的村庄入声字越多，越往北的村庄入声字越少。此外，青泉小片的方言与海伊小片的方言在语音方面差异较大，在词汇方面也有明显的不同，比如海州人能听懂赣榆话，但赣榆人要听懂海州话却不太容易。③

连云港方言的分类反映出其内部不同方言点之间既有一致性，又存在着明显的差异性。统一的行政效能往往对地域文化具有较大影响力。长期以来，由于同属一个行政区域，在共同的政治经济因素的影响下，连云港方言呈现出语言特征上的一致性，当然，这种一致性并不是整个语言系统的绝对一致。

① 王萍：《连云港方言语音研究》，《连云港职业技术学院学报》2008 年第 4 期。

② 中国社会科学院语言研究所、中国社会科学院民族学与人类学研究所、香港城市大学语言资讯科学研究中心：《中国语言地图集（汉语方言卷）》，商务印书馆 2012 年版，第 210—211 页。

③ 连云港市地方志编纂委员会编：《连云港市志·方言》，方志出版社 2000 年版，第 2579 页。

例如，以该地域的新浦方言、东海方言和赣榆方言为例，由于，新浦长期作为本区域的政治、经济和文化中心，新浦方言在整个行政区域内具有较大的渗透性与影响力。而赣榆和东海由于在漫长的行政沿革中以新浦为中心，因此，东海方言和赣榆方言因深受新浦方言的影响而与其存在语言特征上的一致性。学界研究表明，三者在声母系统的构成、来源和吻合程度上具有一致性，而韵母系统在数量、系统构成、韵母的音类和音值、声韵搭配等方面，也存在一定程度的相互对应。此外，东海和赣榆在地理上又处于江淮方言区和北方方言区的边缘交界地带，因此二者又与新浦方言存在较为明显的差异性。"以方言点的声母系统内部差异为例，虽然各个方言点的声母在音类上存在一定的对应，但是，各自都有一些特殊的声母，从而体现出不同的特点。新浦音系只有 18 个声母，系统最为简化，音位合并的程度最高。而东海和赣榆方言中均无此现象。"①

江苏方言分布图（中原官话区又分徐州片、赣榆片）

---

① 王萍：《连云港方言语音研究》，《连云港职业技术学院学报》2008 年第 4 期。

因此，由于特定地域环境的影响，一方面，作为南北汇聚之地，作为江淮官话与北方官话的交界地带，"音重浊而简直明晰"的江淮官话、"闻其声，率刚厉，少蝉缓，质直不文，得古强毅果敢之气，而民之好勇斗狠亦由是行焉"①的北方语系以及温情柔媚的"软语吴侬"都随着乡土文化的相伴而行在这里留下深深的文化印记。另一方面，在人类社会从未间断的文化交流过程中，文化自身所具有的强烈的排他性以及封闭性又使其在融合外来文化的同时保持自身的精神特质，这种"碰撞—渗透—冲突—再渗透"的长期的、曲折的文化融合过程决定了连云港方言的复杂性与特殊性。

## 二、丰富多彩的方言俗语

索绪尔说："一个民族的风俗习惯会在它的语言中有所反映，另一方面，在很大程度上，构成民族的也正是语言。"② 语言是体现地域文化特质因素中最为重要的内容，"语言的内容足以反映出某一时代社会生活的各方面。社会的现象，由经济生活到全部社会意识，都沉浸在语言里。"③ 长期以来，独特的山海环境以及南北交汇的地理区位孕育出反映地域特质的天文地理、农业生产、渔业活动、精神特质以及民风民俗等诸多层面的丰富多彩的方言俗语。

### （一）天文地理方面

自古以来，靠天吃饭的农业文明使得人们对地理气候充满着强烈的依赖感和敬畏感，形成了鲜活的方言俗语。如反映时令节气的"清明断雾，谷雨断霜。霜前冷，雪后寒。雪打正月节，二月雨不歇"以及反映气象的"云像羽毛，大雨滔滔。云向西，披蓑衣，云向东，一阵风。交九东北风，就有雨后跟。云台山搭桥，大雨像瓢浇。有云盘山腰，下雨在今朝"。黑月头——五月之夜晚、红花大太阳——晴天、滴雨星子——开始下雨了、毛乌辣子——毛毛小雨、鬼风——旋风"的方言俗语。这些包含成语、谚语、歇后语、隐语等类型多样的方言俗语普遍浸淫着当地方言色彩，乡土气息浓郁，生动活泼并富有浓郁的地域风情。

### （二）农事和渔业活动方面

历史时期连云港地区人们的生产活动既有传统农耕生产，也包括渔业生

---

① 刘庠：《徐州府志》，第 10 卷，第 12 页。

② 高名凯：《普通语言学教程》商务印书馆，1985 年版，第 43 页。

③ 罗常培：《语言与文化》，北京：语文出版社 1989 年版，第 88 页。

活。这一特殊的农耕渔业文明二者兼而有之的生产方式，大大丰富了连云港方言俗语的内涵。例如，"玩龙玩虎，不如玩二亩土"体现农耕社会的人们对土地的情怀；"十月三生雨，麦扎九条须。清明前后，种瓜种豆"反映农民对顺时耕种的自然规律的敬畏；"小满三天要锄田。腊月里种瓜——不是时候。三月阴勃勃，稀麦变厚麦。"说明人们对节气影响农作物生产的深厚认识。在连云港方言俗语中，有许多涉及海洋渔业生产生活的俗语，反映了当地渔业生产生活。如：虾风鲜又鲜，出在阴雨天。

（三）精神活动与特质方面

方言俗语不仅受到生产活动等外在方式的影响，也积淀着人们处世哲学、价值观念、人生态度、社会道德伦理的经验和智慧。连云港地域文化作为中华文化的重要组成部分，具有儒家哲学的深厚底蕴，体现出中华优秀传统文化的精神特质。例如："土邦土成墙，人帮人成人。一人一条心，穷断骨头筋"的相互帮扶的助人情怀；"不蒸馒头蒸口气。依人都是假，跌到自己爬。有身好手艺，见人头不低"的自强不息的拼搏精神等方言俗语，充分反映了连云港地区在漫长的社会发展过程中，人们对社会现实的深刻认识与理性思考，浸透着儒家文明的浓浓智慧与优秀传统。

（四）民俗风情方面

连云港地域的民风民俗充分体现了本地域的时代特性和区域个性。连云港方言俗语中包含着婚丧嫁娶、年节礼仪、祝福避讳等大量充满世俗情趣的民风民俗的俗语词汇。例如，给新建房屋的亲朋好友送礼庆贺时的"踩当门"的祝福；闹洞房时所用的"手掀门帘喜连连，喜爹喜奶在堂前，喜儿喜女成婚配，富贵荣华万万年！"俗语；"天上金鸡叫，地上凤凰啼，今是黄道日，正是上梁时"的建房上梁的喜话以及《送灶歌》中的"腊月二十三，灶老爷上天关。上天言好事，下界保平安。多带粮，少带草，多带两个光脸小"等方言俗语表达了人们祈求改变命运以及对平安幸福生活的美好追求。

## 第二节　方言俗语的渔盐文化色彩

秦始皇统一中国以后采取了大一统的统治措施，虽然统一了文字，但却无法统一方言。因为，方言作为一种语言符号，具有浓郁的地域特色，凝聚着独特的地域文化的内蕴。方言虽是语言的表层意义，但长期以来由表及里的外在语言形式与内在文化蕴涵形成了难以撼动的特殊结构。连云港地区东临大海，南蔽江淮，北倚齐鲁，以农耕文明为代表的江淮文化、中原文化以及以制盐、渔业为地域特色的海洋文化在这片土地上相互激荡与交融，最终形成了以盐业、渔业文化为特色，同时又蕴含农耕文化的复杂多样的文化特征。这种多元文化交界的特征非常罕见，表现在方言上，即是文化色彩的丰富性与文化内涵的独特性。

**一、海盐方言俗语的历史文化底蕴**

连云港古称海州，海州之名注定了这里的文化与海洋的不解之缘。在漫长的历史发展与社会变迁中，海州湾文化圈极具代表性。古海州湾地区，东临海滨，西掠徐州邳州，北控齐鲁，南蔽江淮，是一个典型的滨海地区。特殊的地域环境决定了这里的文明从海洋中诞生。海盐文化是海洋文化的最具代表性的符号。煮海为盐，是古代中国沿海地区利用海洋资源发展经济的重要生产方式，由此衍生的盐文化亦就成为其重要的文化符号。

（一）富有海盐特色的方言俗语

连云港地区有着悠远的盐业历史。周敬王六年（前514年），吴王阖闾就在海州、扬州、苏州以东地区经营海盐。曾有"煮盐于郁州岛"① 之说。后人考证汉代司马迁《史记》中记载的"东海……有海盐之饶"，桓宽《盐铁论》中提到的"朐䁂之盐"，"东海""朐䁂"就是古海州一带，当时海州属东海郡。② 唐代的海州，盐业生产已经初具规模，武则天时期，开凿了"官河"以利盐运。此河又称"运盐河""盐河"，从板浦西郊穿过，板浦也成了水陆盐运的枢纽。及至宋代，板浦场的海盐产销，位居淮北之冠，是苏北三大内河盐运码头之一，河流纵横，一派江南风光。淮北盐场生产、管理、运销的衙署设立于此，大量的徽商云集于此。③ 乾隆二十八年，淮安盐运分司改为海州盐运分司，移驻板浦，这里也就成了淮北原盐的重要集散地。④ 今天，"连云港市境内有江苏省盐业公司所属青口、台北、台南、徐圩、灌西等5个国民盐场，盐田总面积达50.91万亩，另有县乡盐场、部队盐场以及农垦五

① 王志岩：《淮盐古今》，北京：中国文史出版社2005年版，第21页。
② 姚祥麟、姚欢欢：《板浦春秋》，吉林文史出版社2012年版，第114页。
③ 彭云：《〈镜花缘〉·李汝珍与连云港板浦》，《淮海工学院学报》2003年第1期。
④ 张蕊青：《李汝珍与海州风物》，《苏州大学学报》2000年第3期。

图河盐场等盐田面积达 9.9 万亩。"① 这些盐场构成了我国四大海盐产区之一的淮北盐场（又称江苏盐场）的重要组成部分，所产的大籽盐统称"淮盐"，富有特色。

清末临洪场滩内晒盐和扫盐

（来源：耶鲁大学神学院图书馆）

几千年来，盐业经济孕育出的海盐文化对连云港地域文化的浸染，使其在方言俗语上形成了浓郁的海盐特色。例如，意指当地盛产海盐的"盐大头"一词至今仍盛行于本地域重要的产盐区。连云港方言中盐民们常常将意义相同的词语从不同的角度对其进行深刻而形象化的表述使其富有内涵并产生独特的艺术效果。如："撒花"和"种盐"都具有在盐田里撒上种盐，促进结晶的相同意义，但二者在表达效果上具有异曲同工之处。其中"种盐"着眼于工艺，而"撒花"则注重从整个动作的视觉形象上来表达。从不同的角度标记意义相同的词语，体现盐民丰富的生活经验以及盐文化的深厚内涵。

除词语外，方言中的俗语也富有盐业色彩。如：当地三月阳气上升，适合整滩晒盐的俗语"到了三月三，脱脚忙和滩"；盐民盼望着清明节后下雨，

---

① 江苏连云港地方志编纂委员会：《连云港市志（上册）》，方志出版社 2000 年版，第 655 页。

清洗盐滩的灰尘的俗语"雨打坟头田,今年产白盐"以及本地域普遍流传的歇后语:卤缸里掺水——捣蛋(倒淡);盐包掉到河里——白送;盐廪上冒气——咸(闲)气……等大量的方言俗语中普遍存在的"盐味"①,此外,由于旧时盐业生产受诸多因素的制约,为了祈求好的收成,盐民会通过虔诚的祈祷活动来表达内心的诉求与愿望。他们称能给盐业生产带来风调雨顺的神灵为"盐婆婆"。这一称呼至今仍在盐区民间广为流传。

(二)盐业发展的政治经济语境

政治经济与文化之间存在相互依存相互作用的联动关系。富有盐业色彩的方言俗语既是盐民生产和生活的真实反映,也是他们对于社会现实的深切感受与认识。历史时期在淮盐给国家带来巨额税收、为富商和达官带来奢华生活的同时,辛勤劳作的盐民们却在政府控制薄弱、灾害频发、匪患扰动的社会环境下,常年苦苦抗争在生死的边缘线上。其实,海州地域复杂的政治经济语境对以方言为代表的海盐文化产生了重要影响。

1. 边缘化的地理位置造成政治上弱势

自古以来江苏凭藉其得天独厚的自然和人文环境受到历代政府的重视,尤其是在各种大政方针政策推行和实施的关键时刻、当政治经济格局调整和转型的重要机遇来临时,江苏地方政府总能够不失时机地借助各种资源,为其自身的转型和发展注入鲜活的元素和持续的推动力。然而,历代政府却把更多的服务和资源集中在人文地利,得天独厚的江南或沿江地带,对贫病交困的苏北尤其是疾苦尤深、民风剽悍的徐海关注不够,甚至未能承担应尽的使命。根据地理区位,海州地域山海相拥、南北交汇。客观地讲,这样的地缘优势为多元文化在此的交融汇通提供了便捷。但与此同时,这里又处于江苏最东部沿海的边陲地带,长期以来这种边缘性的地理区域位置造成了本地域政治经济上的诸多弱势。

学者们曾对边缘做过这样的解释:"'边缘'从政治上看,是弱势的、无权的;从经济上看,是落后的、不发达的。"② 历史时期,地方政府长期把地处边陲的徐海(徐州、海州)一带尤其是海州地区视为化外之地,使其深陷

---

① 席建彬:《地方文化视域中的淮盐文化精神考察》,《连云港师范高等专科学校学报》2010年第2期。

② 方浩范:《对文化全球化与边缘文化的思考》,《长白学刊》2005年第4期。

政治边地的困境。据调查：三十年代的徐海农村使用机械力从事农业生产的几乎没有，像江南或淮扬一带运用风力以吸水灌溉亦几乎没有，至于用汽力电力更是绝无此事，人力和畜力是其主要劳力。国民政府曾把经济政策的重点放在交通设施的建设上，但在苏北方面大都是雷声大、雨点小。例如，1931年疏导沂河、改善中运河工程因缺款而停工，1934年开挖中山河工程有始无终。此外，在铁路建设方面，政府的推动力显而易见，但这条铁路所具有的军事战略意义远远超过沿线经济意义本身，因为从清末以来中国西南、中北、西北的铁路都是战争的结果而不是国家优先发展的意图。通车后的"连云港虽哄传国内，而政府一无设施，（都市计划）虽经一再呈请，此项计划不能实现，仅建设厅沈厅长视查一次，以后即闻无所闻"①。

内在的边地逻辑使政府对海州的地方发展一方面无所作为，一方面加以抑制，使海州"既要承受政府的榨取，又承受着政府服务的衰退"②。例如：有着"馈食遍六省，税课甲宇内"的淮北盐在国家财政收入中占据着重要地位，仅在1920—1924年就提供了8700多万的盐税，占全国盐税的五分之一强。③ 但是直至二十世纪三十年代的海州盐区仍然是一片没有任何现代设施的荒滩，地方盐民"终岁劳苦，供役于商，衣食所资，先贷后还，亦仅足免饥寒而已。其视人民生命几于牛马之不如"④。

一个有效的政府，是社会经济持续发展的重要前提，它能够对社会经济和个人活动起催化、促进和补充作用。政府介入地方社会的发展，通常受两方面因素的驱动，一是承担着发展地方社会经济的职能，二是当地方经济在运行过程中陷入困境时会产生对公共政策的强烈的现实需求，此时政府的职能即会显示出巨大力量。同中央政府相比，地方政府更接近基层社会，更了解基层的历史传统与现实情况，因而在促进地方经济社会发展中起到的作用就越发显得独特和重要。但远离政治经济中心造成的政治上的边地逻辑使得历史时期的海州地域身处边缘化的尴尬境地。

①　冯光烈：《连云港实习调查日记》萧铮主编：《民国二十年代中国大陆土地问题资料》，台湾成文出版社（台北），（美国）中文资料中心印行，1977年。

②　[美] 彭慕兰、马俊亚译：《腹地的构建：华北内地的国家，社会和经济 1853-1937》，社会科学文献出版社，2005年版，第26页。

③　冷家骥编：《中国盐业述要》，文岚簃印书局，1939年版，第7页。

④　张怡祖编：《张季子九录》，《政闻录》卷18，盐务类，文海出版社（台北），1965年，第20页。

2. 天灾匪乱的扰动造成经济上的落后

海州地区是我国东部南北地区的分水岭，在地理位置上处于黄河、淮河的下游区域，在气候类型上属于夏秋多雨的亚热带季风气候和温带大陆性气候的过渡地带。因此，在从宋朝以来的黄河夺淮到近代的黄河北徙后的漫长岁月中河溢型水灾以及夏秋季节的雨水型水灾一直是侵害苏北大地的主要灾害，而地处黄河故道的徐海地区往往受灾最为深重，特别是其中的海州地区又由于濒临海洋、地势低洼而常常遭受潮灾的毁灭性打击。苏北大地尤其是旧黄河沿线的徐海一带由于地理位置和气候类型的特殊性，一旦灾害来临往往持续时间长，而且是多灾相连或多灾并存，给人们带来无穷无尽的灾难。据铜山县五年灾害统计，"平均五年遭遇水旱风虫之害，在三年以上，其他如睢、砀、沛、邳、灌、赣等县亦几无年无之。"①

可以说，在旧中国落后的农业水利设施无法抵御频繁的自然灾害是一个普遍现象。而在"只知县府，不知省府和中央为何物"的海州地区，这种现象尤为严重，海属各县"水利废弛已久，淹没年有所闻"。海州地域的淮北盐场一直是国家重要的产盐基地，每年为政府提供巨额收入。一旦潮灾来临，往往盐滩废置，盐民流离失所。1939年的一次海啸曾使淮河两岸的百里盐滩沟平滩淤，尸横遍野。据日伪海州盐务局1939年9月29日呈财政部文中披露："陈港地区四面圩滩尽成泽国，庆日新盐场，盐圩无一余存，堆沟港沿途公路全被冲毁，坨地存盐淌化二万余担，民房倒塌8/10，燕尾港公济码头冲坏，堆存盐斤1300吨全部融化……"

1947年国家水利部为详细了解苏北地区入夏以来一次严重的水灾灾情，曾派专人专机鸟瞰苏北大地。"从一千英尺的高空，向下望去，只要眼界所及，那怕是极远极远的地方，也是汪洋一片……一直到徐州呈现在眼前的这一副惨像，始终不绝，到灌云看到连城里也是水。"②

恶劣的自然环境往往带来更加动荡不安的社会环境。"徐海各县，乃四省通衢。自民国以来，军阀混战，干戈遍野，烽火连天。民不能安于室，农不能安于业，流离失所。老弱转于沟壑，壮者挺而为匪，每值青纱帐起，土匪

---

① 胡希平：《徐海农村病态的经济观》，《农业周报》第3卷，1934年第47期。

② 传权：《空中鸟瞰苏北水灾，沭海一带一片汪洋》，《江苏通讯》第1卷，1947年第1期。

猖獗，则危害更深。"① 自然灾害以及匪患战乱不仅影响地方的经济发展与社会稳定，也对地域文化底蕴的形成产生了重要影响。

**二、渔业方言俗语的地域文化内涵**

丰富多彩的鱼类方言体现了历史时期连云港海域渔业资源的独特与丰富。但语言仅仅是文化的表象，透过连云港地域渔业方言的表象，可以挖掘其背后蕴含着的深层次的政治经济因素。这些固有的政治经济因素影响着渔业文化特质的形成与演变。

（一）丰富而独特的鱼类方言

连云港地处苏鲁两省交界，为南北要冲，是一座集军事、商业、渔业于一体的综合性优良港湾。所濒临的海州湾属于我国东部海洋高低盐水系、暖冷水团的交汇区域，这里是多种海洋鱼类产卵、索饵的良好场所。除淡水鱼类外，境内海洋鱼类更为丰富。"西连岛水势较深，大渔船可随时出入，设遇咫风骇浪，多可趋避于此，为江苏第一渔港。夏秋渔汛旺盛时，山东渔船悉以该处为根据地。……"②

相对于其他沿海地区，连云港渔业具有鲜明的地方特征，由此反映出鱼类名称极其丰富的方言俗语。连云港方言中有关鱼类的造词方式丰富多彩，有根据鱼类形体特点的，有着眼于整体形象特征的，有从鱼类颜色、大小等方面的突出特点来进行比喻造词。因此，同样一个鱼类名词的上位概念，常常会区分出不同类别的下位概念，如"黄鲇子"根据体型大小分为"大黄鲴鱼/大黄鲴子""小黄鲴鱼/小黄鲴子"等；再如"鲳鱼"可以根据体型、突出的外形特征等方面分为"牛皮鲳子""小金嘴子""碗口鲳（子）""金钱苗子""斑马鲳"等。此外，还可以根据一些鱼类生活的不同地理区域等方面进行分类，如将"鳗鱼"分为"海鳗鱼""鳗溜子""涂鳗""沙鳗子"。

（二）渔业发展的地方社会背景

作为农民中的一个特殊群体，在技术落后、盘剥丛生的旧时代，渔民的生活生存同样无法得到保障。由于地处边缘地带，他们常常陷入政治上"孤立无援"、经济上"食不果腹"的窘迫境地。历史时期海州地域渔村经济落后以及渔民生活的极度贫困有着深层次的历史原因。往往是自然灾害的袭击、

---

① 胡希平：《徐海农村病态的经济观》，《农业周报》第 3 卷，1934 年第 47 期。

② 李士豪著：《中国海洋渔业现状及其建设》，商务印书馆民国二十五年五月版，第 69 页。

原本落后的基础、专业人才的缺乏、渔行等渔业组织的盘剥、海盗与外敌的掳掠等多重错综复杂原因的相互交织与激荡下的必然结果。

1. 政府控制薄弱　渔业技术落后

连云港作为苏省的东北边陲地带，"俗悍民贫，夙称盗薮"，历代政府控制薄弱。关于连云港优越的自然环境以及丰富的渔业资源曾引起相关人士的高度关注。"本港对渔业上应备之条件，如渔港距离远近，水深底质，港面宽度，交通与运输，燃料等均尚完备，所缺乏及须研究改善者，乃渔港中应有之设备如何救济渔村之渔民，以及鱼类之产销之数量同鱼类储运之方法等；若政府方面能设法改良之救济之发展之，则举世瞩目之连云不难成一良好之商业兼渔业港矣。"[①] 政治上的孤立无援以及经济上的落后基础使得渔业工具和渔业技术难以得到改进，渔业经济的发展缺乏强有力的推动力。

民国初期东陇海铁路的通车和连云港作为国家重要码头的建设是本地发展的重要时机。但是在发展港口贸易、加强海滨城市建设的同时政府未能制定包括发展渔业的城市综合发展蓝图。曾有这样一段相关记载："自老窑筑港以来，该港定为商业港兼渔港，经政府积极经营，商业日渐繁盛，航路北通青岛，南达淞沪，铁路则横贯苏豫陕诸省，惟渔业仍如旧状，少有进展。查其出产鱼类有百余种，产额每类每年有千余担，渔民有四万余户，……如能将东南海滨富饶的水产，流入西北多山少水族的地带，弗特为本省开一富源，抑滨海之四万渔民生计殊堪利赖。"[②] 这段资料说明了政府对本地域渔业资源科学规划的缺失是渔业市场萧条与衰落的重要原因。

民国政府的不作为直接导致渔业生产技术的步履维艰，而其时在以上海为基地的东海海洋捕捞业已在德国蒸汽机拖网渔船——"福海"号，开创我国机轮拖网渔业作业推动我国海洋捕捞迈向近代化的情形下，而本地渔民却仍然停留在能力低下的旧式帆船时代。曾有学者对此感叹"若以新式渔轮捕鱼，则远胜上海，渔获量则大增，渔利也丰"[③]。渔民们为了拓展销路在孤立无援的境况下另谋出路。"本港附近渔获不下百余种，且均为珍贵物品，如黄花、鳞、刀、鲳鱼、梭子蟹、对虾、大乌贼……，惜本港对渔业上之设备，

① 高启新：《连云港渔业概况》，《江苏时事月刊》1937 年第八期，第 30 页。

② 同上，第 23 页。

③ 王刚著：《连云港在渔业上的地位》，《水产月刊》民国 23 年第九期。

尚付缺如，渔夫们无可奈何，只好把渔获物运往他处销售"。而在运往异地的遥远路途中，由于旧式渔船缓慢的航速以及保鲜技术的落后，渔民们往往血本无归。"此种渔船均系旧式，对保鲜方法仍付缺如，每次出港只带适量渔盐为护鲜实物，同时因技能不佳，制法知识不丰，是以渔获物多有腐败，或脱色败味，以致进港时无人过问，每见全船渔获物变为粪渍，不独无法赚钱，且需贴入渔盐……此确系渔业失败之一大原因。"①

关于连云港的渔业发展，曾有地方士绅参与规划："连云市区应包括：行政区、商业区、工业区、渔业区、学校区、住宅区及劳工住宅区七大区"，并"分期经营、以图发展"②。此规划强调城市发展应结合地方渔业资源丰富的自身优势，规划出渔业区域作为七大区域之一加以建设。但由于复杂的政治经济语境，这些规划几乎是一纸空文。而同时期的苏南渔业却因为较好的经济基础得到了国民政府的重视。1933年，政府计划在上海设立一所大规模鱼市场"举凡卸卖、仓库、冷藏、运输、气象报告与夫渔业借贷事宜莫不悉在计划之中"。这一计划是在"一为调剂供求平准市价，二为推广销路避免滞销，三为改进捕捞方法增加生产，四为改良交通工具便利运输并为救济渔村衰落减轻渔民负担起见"③的宗旨下制定的，并于第二年得到了落实。这一举措在平准渔获物市价、调剂市场供求、增加渔民收入、发展渔村经济等方面起到了巨大作用。有人称之为："近代苏南渔业经济发展的一个最大的亮点"。

当然，政府的不作为以及渔政废弛的现象在动荡不安的年代不仅是个别案例。抗战前渔牧司曾对我国沿海渔业的调查后得出如此结论"我国渔政废弛已久，为政者只知征税抽捐之权利，不负保护及提倡之责任，任其自然消长，此为我国渔业不发达之最大原因。加以鱼商鱼行垄断市价，外货倾销令其消费。渔村崩溃日甚一日"④。

2. 多种势力盘剥　供销市场失衡

近代苏北尤其是徐海一带恶劣的社会经济环境向来令人瞩目。政府的苛

①　高启新：《连云港渔业概况》，《江苏时事月刊》1937年第八期，第29页。
②　张哲明：《连云市的建设计划》，《东方杂志》，1935年4月，第32卷，第7号，第115页。
③　《上海鱼市场概况》，上海市档案馆档案，全宗号Q464，目录号1，案卷号1043。
④　《渔牧司调查江浙渔业计划》，《派员调查江浙沿海渔业实况》（1937年2月），中国第二历史档案馆藏档案，全宗号422（8），案卷号58。

捐杂税、黑恶势力的敲诈、奸商的盘剥、匪患祸乱的频繁侵袭等直接间接地侵害百姓。"窃查江北地方盗贼众多，而徐海一带为甚，以致闾阎频遭劫掠。且因盗而拒捕、杀人、掠抢妇女之案，亦复层见叠出。惩办非不加严，盖因地瘠民贫，谋生乏术，饥寒所迫，动则啸聚成群。"① 渔民作为农民阶层中的赤贫群体，更加难以逃脱如此恶劣的社会环境。民国时期"在江北每一县中是没有一天没有盗案，没有杀人案的，洗劫一个村庄或是掳了大批的人去勒赎，都不算什么一回事"②。"靠海吃海"、得"渔盐之利"的渔民常常遭受劫掠，生计维艰。

渔行原本是海产品的一个交易平台，但实际上成了剥削渔民的隐形机构。青口镇作为当时本地区较有名气的渔产品交易市场，有渔行 18 家、船行（业务范围和渔行大体相当）23 家。此外，地方设有"渔业公会"，会长张子桢、周益三。大型渔行有"余生太""万盛恒""张隆兴"等。其中以张隆兴渔行较大，每年经营量超过其他行号，在全县驰名。这些渔行主要散步在东西大鱼市街的两侧，每家渔行均须持三十元到县政府领取"红帖"方可允许开业。在渔民资金短缺的情况下，渔行垫资作为渔民的小量添置和上"官帐"用，这笔钱当时被称作"行纲"，它既是渔民的诱饵同时又是剥夺渔民的手段。因为凡是在哪所渔行领取"行纲"，装来的货或捕来的鱼，必须到该行行售，行主从中收取"行佣钱"。每年春秋两季借钱，到年底结账，"行佣率"按货的价格，收取买卖双方各"五分佣"。"行佣钱"的分配：买户的五分佣，行主留三分三，余下的一分七给坊店老板，酬谢拉客的功劳，并打下一次拉客来行购货的基础。卖户的五分佣，行主亦留下三分三，提出一分七给"船老大"。因为船老大是一船之主，与船板主平权，取来的货到哪行销售船老大有决定权。因此一场买卖的交易中渔行可得六分六的"行佣"。每到年底除按照 6‰ 的比例提取"抄积钱"交给"同行公会"，上交"商会"外，余额大都归渔行所有。因此渔行提供给渔民的所谓"行纲"似乎是解渔民的燃眉之急，实际是对渔民厚颜无耻的掠夺。

---

① Jonathan. K. Ocko, Bureaucratic Reform in pro-vincial China: Ting Jin-Chang in Restoration in Kiang-su, 1867-1870, Cambridge, Massachusetts and London, Harvard University Press, 1983, p.24. 转引自张雷《一城两市：近代海州城市格局变迁研究》《中国历史地理论丛》第 23 卷第 4 辑，第 42 页，2008 年 10 月。

② 吴寿彭：《逗留于农村经济时代的徐海各属（续）》，《东方杂志》，1931（7）：65。

渔行除通过扣除佣金、发放高利贷等手段控制渔民买卖的全过程外，还通过"短斤少两"的卑鄙手段来剥削渔民。"渔商在渔村开设渔行，行主雇伙计就地收买海货，收取买卖双方佣金，渔行使用十七两一斤、独系、四面花大秤，经营时全说行话，把十个数字变为十个字，即一流、二杀、三严、四幌、五摸、六搭、七条、八敲、九休、十支花，行主故意说高渔价，而实际在秤上打折扣，藉以盘剥。"[①] 渔获物被渔行牢牢控制。他们头上沉重的负担除渔行外，还有政府、商会等对其进行的定期不定期的敲诈勒索。

3. 外来势力入侵　渔业遭受灾难

民国时期对我国海洋渔业侵犯最为严重、给沿海渔民带来损失最为惨重的外来侵略势力当数日本，其范围深入到中国的黄海和东海海域，以旧式帆船为主的中国渔业一直受日本机械渔轮的压迫。他们在疯狂掠夺渔业资源的同时又向中国倾销渔业产品，严重扰乱中国的渔业市场，给中国渔业经济造成重大影响。

位于黄海之滨，"沿岸浅滩多属泥沙质，适于渔介类之栖息，故渔产亦极丰富"的连云港一直为日本所专注。自 1905 年开始在连云港沿岸调查渔业以来，日本对本地区渔业资源的掠夺几乎没有停止过。之后，随着东陇海铁路的通车以及连云港港口的建成，1933 年至 1937 年，日本对连云港码头、沿海海域甚至陇海铁路沿线区域进行了详细调查。中日战争爆发后，日本对沿海渔业的捕捞更是恣无忌惮。对此中国政府曾作出相关努力，但未能取得实质性效果，致使日渔轮"以进步的技术，任意侵渔，损害我渔民的作业；并且贬价倾销，致国产鱼货的销路，更受打击"。

日本对中国海洋渔业的侵略主要通过组织严密的渔业机构进行海洋捕捞作业和向中国市场倾销水产品。当时设在连云港一带的渔业组织共有四所。

①日华兴业株式会社水产课，总机构设于青岛奉天路八十号，从民国卅一年九月（1942 年 9 月）开始在连云港建立基地，办公地点在连云港启业路一号，营业范围是我国黄渤海一带的渔捞作业。该会社有三艘柴油发动机渔轮和十艘八匹马力的小型改良木船。此外民国二十九年十月一日在海州设立的冷藏制冰厂也属于该会社的一部分，该厂设于海州军公路十一号，共有冷藏室八间，制冰室一间，有制冰槽六十四个，冷藏能力高达三百吨。

---

① 政协东海县文史委员会：《东海民俗志》2009 年 12 月，第 15 页。

②海州水产组合，该组合在连云、墟沟、青口镇及西墅等处均设有办事处，其中海州事务所及市场约占地一亩二分，墟沟则大部分为宿舍仓库及干制盐藏加工厂，占地约八分，连云码头内设有木造平房事务所一栋。青口、西墅办事处管辖范围北至山东省境以南南至射阳河口的广大区域，表面是在改良发展并供给低廉的水产物，实际上是对渔民剥削掠夺的统制机构。

③帝国水产统制株式会社，该会社设于连云市墟沟镇火车站前方，经营渔产冷藏业务，紧靠渔市场和陇海铁路车站，地理位置较为优越。

④田中水产，日本人田中金四郎于民国二十九年设于东连岛，资本为三万五千元伪联银券。先是由私人从事该地水产业之研究，后来逐渐经营渔捞业、水产加工业，是日本人设在该地区的四所渔业机构中最早和设施最为先进的一所。该会社渔捞法属于定置纲流纲，延继钩等帆船渔业，共有大、中、小型定置纲几十付，捕捞成绩为四所渔业机构之最。

以上四所渔业机构为抗战结束前日本设于连云港的侵渔机构。有这样几点值得关注：①时间长。这些机构从建立直到战后才纷纷由中方接管。②组织严密。如日华兴业株式会社水产课于青岛设常务理事、水产课长、水产课次长，又于连云下设渔捞系、集买系、现场系、庶务合计系四个部门。从常务理事到下设的系主任对水产的捕捞、运销、冷藏、加工进行全面监管、层层布控，其严密性无异于侵华军事机构。③点面结合，范围广泛。从山东省境到射阳河口的广大区域都受制于日人，渔业机构布设于青口、东西连岛、墟沟、海州海头、连云港口等沿海重镇以及环境优美的港湾地区，便于对渔业市场的控制和操纵。因此，日本对中国渔业的侵略从调查到相关渔业机构的建立是有预谋有组织进行的，也是促使中国渔业遭受重大灾难、渔民遭受重大损失的重要原因。

每年的夏历三月至五月是当地捕鱼最旺季节，墟沟、青口、东西连岛、高公岛等各处的渔船必须按照规定将渔获物运至海州水产组合市场卖售，并由该行代收咸鱼百分之五，鲜鱼百分之八的税收，由各渔行为经纪人，每人预交保证金两千元。该组合配给渔户食粮、渔盐、渔具、修船用料，并贷与现金，前提是不得将渔获物销往他处，其剥削方式类似于中国的封建把头和高利贷者对渔民的敲诈勒索。下面以海州水产组合的几组数据为例来说明日本对中国渔业经济的破坏程度以及给中国渔民带来的深重灾难。"海州水产组合内除设有鱼类叫卖市场，使各项鱼类之交易均需由该市场内叫卖外，并设有仓库及干制盐藏等加工设备，为一有计划有组织之统制机构。该组合完全为一搜括剥削之机构，三十四年收入三二、九九二、九五九、七四伪元，而付予日军之慰劳金竟占一五、八九〇、一四九、七二伪元，约占总收入之半数。该组合复美其名拨给渔业物资，但三十四年预计配给渔业物资之购入金仅为七四、四四七、八〇〇伪元，而收入配给物资之手续费竟达一七、九〇一、七三三、三四伪元，渔人愚昧无知，为剥削於不知不觉中，尚以为係日人之德政。"① 日本对中国渔业的掠夺由此可见一斑。

此外战争对渔业也造成较大破坏。当时《水产月刊》登载了这样一段文字："余於民国二十五年，视察江浙沿海渔业，为时六月，遍历各渔业根据地转瞬十年於兹矣，此次胜利还都后，复赴沿海一带视察，所经大半非复旧观，且目击各项实况，深感抗战以来，沿海区域，首蒙日敌侵扰，渔民流离失所，哀鸿遍野，回首以往，能不悚然，而沿海渔船渔轮损失之数尤惨，渔轮几乎全部损失，帆船损失至少在三分之一以上……"②。抗战胜利后，曾有相关人士提出恢复本地渔业的措施，但由于内战乌云密布，"市政尚未整顿就绪，渔业未能有效开发，水利未兴、农业未增，地方财政困难，致各项建设未能继续推展。"③

总体而言，由于政府干预不到位、统一渔市场未能形成、渔行的垄断以及相互之间的恶性竞争，连云港地域的渔业未能因为丰富的渔业资源而得到有效发展，"本港之渔获为小规模之张罗圆纲及舢板所捕之物品……倘遇暴风天气，行中无货，则内地渔价能涨数倍，但逢渔盛时期，供过所需，市价惨落至亏折鱼贩血本者，亦复有之。"④

在渔价剧烈变动以及渔市场产销失衡的情形下，渔民往往难逃生活的厄运。例如，"给橹板泼泼水，难糊一张嘴"的方言俗语即充分体现了渔民在渔业技术落后海洋能力征服薄弱情形下的一种特殊心理。又如，在方言俗语中，渔民们至今仍将体型较大的鲸鱼或海豚等统称为"大老爷"，主要是因为渔民见到这些大型鱼类的时候，怀有极度恐惧的心理，担心这些鱼类给自己带来

① 饶用泌：《连云港一带之渔业》，《水产月刊》（副刊）1946 年第一卷第二期，第 36 页。
② 饶用泌：《连云港一带之渔业》，《水产月刊》（副刊）1946 年第一卷第二期，第 38 页。
③ 连云港市档案局、档案馆：《民国时期海属县市建置区划沿革暨档案文献选编》，《连云港的重要建设》1996.3，第 382 页。
④ 高启新：《连云港渔业概况》，《江苏时事月刊》，1937 年第八期，第 30 页。

某些危险或者不吉祥，往往会避开，即使见到一般也都加以祷告，期望能够使自己避开危险，因此，这些鱼类在造词上显示出带有敬畏之情的称呼——"大老爷"，这与渔民因为要出海作业，希望平安顺利远离危险的心理密切关联。

在渔业文化的积淀过程中，尽管造词方式以及方言俗语丰富多彩，但无论以何种方式衍生而成，复杂的政治经济背景对渔业方言俗语的形成、对渔业文化的特质产生了深远影响。

## 第三节    方言俗语的南北交融性特征

从地理位置上来说，连云港处于自然环境的南北过渡地带，在文化、饮食等方面兼具南北特点；从方言分区来看，连云港方言隶属于江淮官话的洪巢片，作为江淮官话的一个点，连云港方言必然在具有江淮官话的一些共性特点的基础上，又会带有一些南方方言的特点。此外，因为连云港还处于江淮官话与中原官话的分界线上，位置处于江淮官话的东北角，受到中原官话的影响，还会表现出一些中原官话的特点。因此，连云港方言受自身地理位置、方言归属、政区沿革、人口迁移、经济文化等方面因素影响，在语音、词汇等方面表现出融合南北等多地方言的交融性特点。

### 一、语音语调上兼具江淮语系与中原官话

从江淮官话的主要语音特点来看，存在独立的入声调类是江淮官话区最为突出的特点，"作为北方的官话方言与南方的吴徽语的过渡区域方言，江淮官话本身的特征也具有过渡性，没有那些对内一致、对外排他的特点。入声调的存在相对于其他官话而言是其特点，相对于相邻的这些南方方言而言又是共同点"①。连云港方言中的入声整体上带有江淮官话的这种过渡性特点，即入声自成独立调类、不分阴阳，入声字的韵母表现为收喉塞尾，入声调高而短促。但是，连云港方言中的入声还表现出了一些受中原官话等影响的其他过渡性特点，即存在部分舒化的现象，"根据实地调查，在统计的590个古入声字中，连云港方言中仍然保留入声的有336个，其余254个全部舒化，

---

① 钱曾怡：《汉语官话方言研究》，齐鲁书社2010年11月版，第291页。

舒化后主要归入阳平调"①。这说明连云港方言入声在邻近中原官话的影响下，不断发展演变。

### 二、词语词素上融合中原官话与吴语方言

相对于方言语音系统，方言词汇系统会表现出更加纷繁复杂的特点。连云港方言词汇与相关地区的远近亲疏关系，一定程度上也表现出了连云港方言的过渡性特点。

（一）具有北方中原官话特征的词语和词素

连云港方言词汇受中原官话的影响，具体表现为受与之接壤的东海、赣榆、徐州等地的影响，有相当数量的词语明显表现出与上述区域更高的一致性。如：长虫（蛇）。连云港方言中，表示蛇有"长虫"的说法，在江苏省内范围，除了江淮官话区内部受中原官话影响较大的泗洪以外，主要都集中于中原官话区的东海、赣榆、徐州等地。从全国范围来看，冀鲁官话区、胶辽官话区、中原官话区相应地区也都有"长虫"的说法，其他地区不多见。可见，"长虫"这个词应该更多地受到相邻中原官话区影响，明显带有中原官话或者北方官话的特征。又如，连云港方言中"坟地"还可以说"林地"，这个称呼在江苏省内主要见于中原官话区的赣榆、东海和徐州；吴语区苏州及江淮官话区扬州等地一般用单音节的"坟"更普遍。《汉语方言大词典》中记录，"林地"作为坟地的意义，主要分布在中原官话区内几个地区，如山东枣庄、济宁、徐州、赣榆等。因此，这个词语的使用明显是受中原官话的影响。此外，连云港方言中的地蛋、太阴、香大姐、扁嘴、晌午等诸多词汇都带有北方官话色彩。

（二）体现南方吴语特征的词语和词素

连云港方言所属的江淮官话区位于江苏省内中原官话区与吴语区的过渡地带，既具有江淮官话的特点又具有吴语的诸多色彩。加之连云港与吴语区的苏州等地因为历史上人口流动等因素，存在非常密切的联系。因此，连云港方言词汇受吴语的影响也比较大，体现在词汇方面，主要表现为很多带有南方吴语特色的词与词素在连云港方言词汇中的保留和使用。如：连云港方言中"来事"除了具有普通话一致的表示"处事"的意义外，还有表示"好、行、能干"的意义，《汉语方言大词典》中表示：此词的"好、行、能

---

①　姜莉：《连云港方言词汇研究》，山东大学博士学位论文，2018年5月，第418页。

干"的意义只在吴方言区的上海、苏州、丹阳、常州、无锡、杭州、嘉兴等地使用，又作"来三"。可见，连云港方言中"来事"表示的"好、行、能干"的意义明显是受吴方言的影响。

此外，还有一些见于《明清吴语词典》中的，连云港方言与吴方言共用的一些词语，去除普通话中也有使用的外，还存在一些经核查主要见于吴语区，其他地区不见的词语，而在连云港方言中却具有较高的使用频率。如：该派，表示应该、应当。《泪珠缘》第七十八回："其实照琼弟和魁弟这样年纪，既不出去做官，做点儿生意也是该派。"连云港方言中也使用这个意义，"这活就该派我干啊，真是欺负人。"又如：阴间秀才，表示外表内向阴沉实质很厉害的人。《三笑》三十一回："老文，看你勿出，阴间秀才文绉绉，说话倒来得利害朵。"连云港方言中也使用，如"那人就是个阴间秀才，你注意防着他点"。此外，汤汤水水、上水头、懒塌塌等都是带有鲜明吴语色彩的词语，在连云港方言中具有较高的使用频率，这从一定程度上印证连云港方言与吴语有着密切的联系。

连云港方言因为处于过渡地带，除了北方官话的词汇、吴方言词汇在本地域的交错使用外，还有一些分别带有南北方不同特色的词语，在连云港方言内呈现出并存使用的现象。如：长鱼、黄鳝、血鳝，在江苏省内三个方言代表点之间呈现出错综复杂的交叉关系，而连云港方言中却并存使用，在使用频率上，"长鱼"使用更多，"黄鳝"次之，"血鳝"使用相对少一些，表现出受不同地区影响造成的不同说法混杂在本方言词汇中使用的现象。此外，还包括牙狗、儿狗、窜星、贼星、黄芽菜、大白菜等各自代表南北地域词汇却在连云港一带演变发展、交融共生。这种南北交融与过渡性特征构成了连云港方言丰富多彩的重要原因。

由于特殊的自然地理、风土人情、文化观念，连云港方言在造词理据、心理等方面都表现出与普通话的不同，创造出多个表义细腻丰富，形象化色彩浓厚的方言特色词语以及内容丰富、艺术色彩浓郁的方言俗语。长期以来渔盐文化的深刻影响造就了地域方言中渔盐色彩的丰富内涵，显示了本地方言强烈的地域性。又由于位居江淮官话与中原官话的交汇区域，连云港方言既具有江淮官话的特点，同时又受到中原官话的影响，与吴方言也存在着密切的联系。这种多样性、交融性、包容性与过渡性的诸多特征，决定了连云港方言的丰富内涵和独特个性。

# 第五章
# 异彩纷呈的民俗风情揭示地域环境特殊的变迁历程

民俗风情是一定地域的人们在特定自然环境和社会环境中的生产、居住、饮食、娱乐、礼仪、禁忌等各种社会经济生活的反映，在一定程度上体现了该地域范围内的历史传统、心理情感、道德准则、宗教观念等诸多方面。因此，民风民俗属于社会文化生活的范畴。长期以来，以淮海戏、五大宫调为代表的民间艺术，以板浦菜系为代表的胸海风味以及不同时代呈现的不同民风民俗不仅蕴含着连云港地域文化的独特特质，也揭示了这里自然环境以及社会人文环境的复杂性与特殊性。

## 第一节　历史演变中的民风民俗

就内涵而言，民风民俗属于社会生活的范畴。社会生活活动，因阶层、地域、传统而异，也受到共同遵循的礼仪传统、道德规范的约束，既呈现出丰富多彩、色彩缤纷的繁盛景象，又显示出昭穆有序。民风在社会生活中起着"凝聚剂"与"激活剂"的重要"活化酶"功能作用。① 因此，民风民俗既受社会生活的巨大影响，同时也深深改变着人们的社会生活。连云港地域的民风民俗在不同的历史时期呈现不同的局面，除自然因素的影响，社会环境亦不同程度地改变着人们的心理情感、道德准则等诸多方面。在灾害频发、兵荒马乱的近代，本地域民风民俗较之古代出现了较为突出的转变，这种转变与其所处的复杂的社会环境密切相关。

---

① 庄华峰等：《中国社会生活史》，中国科技大学出版社，2014 年 2 月版，第 353 页。

### 一、特殊地域环境影响下的古代社会风尚

就人类文明的起源而言，农业文明具有开创性与里程碑意义。在连云港农业文明漫长的演变历程中，"海进人退、海退人进"的地理环境与生存策略造就了本地域远古农业文明的起源与发展，但各个历史时期的契机和内容不尽相同。秦汉时代的连云港所属的齐鲁大地自然环境较为优越，之后，尤其是宋金交战之际的黄河夺淮在改变苏北自然环境的情形下，经济的日渐衰落使得秦汉时期"俗好儒"，"大国之风"的民风有所改变。

（一）秦汉时代齐鲁之风与越楚文化浸染下的民风民俗

长期以来，古海州先民在特定的地理环境下开创了具有自身特质的生活习俗和文化个性。在风云变幻的春秋战国时代，南北交汇的区位特点使得本地区先后在行政区划上归属于齐、鲁、吴、越、楚等国并与其结下了深厚的历史渊源。外来文化作为融合本土文化的一支重要力量，以周礼乐为代表的齐鲁之风以及南方的越楚风尚在与本土文化交融的历史进程中烙下了深深的印记。

有鉴于本地域曾与北邻的齐、鲁以及南方的吴越、楚等国的历史渊源，史学巨著《史记·货殖列传》中关于齐鲁和越楚等地民风民俗的精辟论及，一定程度上反映了古海州民风民俗的历史印记。"齐带山海，膏壤千里，宜桑麻，人民多文彩布帛鱼盐。临菑亦海岱之间一都会也。其俗宽缓阔达，而足智，好议论，地重，难动摇，怯于众斗，勇于持刺，故多劫人者，大国之风也。……邹、鲁滨洙、泗，犹有周公遗风，俗好儒，备於礼，故其民龊龊。颇有桑麻之业，无林泽之饶，地小人众，俭啬，畏罪远邪。"《史记》中有关齐鲁"其俗宽缓阔达""足智，好议论""大国之风""有周公遗风，俗好儒"以及"其民龊龊"的描述当是地处齐鲁大地的古海州所具有的深受儒家影响的"齐鲁之风"。《史记》又言："彭城以东，东海、吴、广陵，此东楚也。其俗类徐、僮。朐、缯以北，俗则齐。""其俗剽轻，易发怒，地薄，寡於积聚。"这段记载源于本地域在行政区划上曾归属越楚，深受楚文化影响而形成的民风民俗。综合而言，从"大国之风""其民龊龊"到"剽轻，易发怒"，一定程度上反映了秦汉时代海州地域的民风民俗由于行政属地的不同而有所变化，但深受齐鲁与越楚文化的影响，秦汉时代的连云港地域展现了其时良好的社会风尚。

（二）黄河夺淮带来的环境恶化与民风的改变

在历史长河的滚滚潮流中，特定地域的民风民俗是不断传承、转变或融

合的一个动态过程，而在这动态的转变过程中关乎经济的自然条件扮演着重要角色，独特的地理环境在与农业生产、经济发展、社会风尚相互交织、相互激荡的动态过程中发挥了重要作用。

本地域境内锦屏山西南部（今新坝镇）曾是古沭水的入海口，古沭河流经区域"引控众流，积以称川"。著名的古泗水、古沂水与之或注或汇，并与山东泰沂以南水系相互交织，长期以来，良好的水系循环滋养着海州地域的先民，影响着他们的生产生活与文化习俗。直至隋朝，海州地域所在的苏北依然是运河贯穿南北、漕运发达，淮河由西向东、独流入海。优越的自然条件留下了关于这片土地"走千走万不如淮河两岸"的美誉。

自古以来中国的名山大川都被赋予了神秘的政治色彩。其时，所谓天子祭祀"五岳与四渎"的天下，其中的四渎是指中国古代四条独流入海的大河（江、河、淮、济），到1855年止四渎中有三渎（江、河、淮）经江苏入海，由此，历代江苏大地被赋予了特殊的政治意义。尤其是大运河被作为漕粮的必经之地后，江苏在历代王朝中举足轻重的地位进一步确立。然而，在光鲜的政治光环背后江苏不同地区在各种势力的博弈和纷争中，在各种利益的权衡和归并中注定要承载着不同的政治命运。

学界认为，海州地域自然环境的逐渐破坏最早可以追溯自唐朝。"自唐以来，江南的水利工程绝大多数是民生工程，以服务于农业生产和百姓生活为主，而淮北的水利工程，尤其是巨型工程，基本上是政治工程，客观上以造水害为主，对生态的破坏极为剧烈。"① 从1125年至1855年700年来的黄河夺淮更是改变了本地区的命运，历代政府在对待贫瘠的淮北和富庶的江南的态度上是迥然不同的。尤其是明中期后，中央政府在淮北的大多数水利工程都属于"保运护漕"的政治工程，与改善淮北的农业基础设施毫不相关。这些巨型工程不断给淮北带来毁灭性的灾难，肆虐的黄水时常在苏北大地上四处横流。在古代漫长的保运护漕政治任务中，包括海州在内的淮北地区付出了沉重代价。据记载，明代海州"上承东省来源，下游逼临海浦。每春夏之交，载植甫毕，横流随至。渺弥一片，不见阡陌"②。严酷的自然灾害直接带来经济的萧条，明代的海州已是"榛莽极目，茅茨无烟，即民所止聚而为名

---

① 马俊亚：《区域社会发展与社会冲突研究》，南京大学出版社2014年2月版，第14页。

② （清）贺长龄：《皇朝经世文编》，卷111，《工政》之《海州请筑圩岸疏》。

镇者，亦仅仅数家耳。前涉沮洳之途数十里，渺若湖陂，询之则皆可菽可粟之区，洼下而为水所侵淫者也"①。

日渐恶劣的自然环境直接导致生产力低下以及社会的衰败。对此，明海州知州的奏稿中留有大量关于海州社会衰败的描述："概州原额一百一十六里，节年灾累，仅存三十余里，原额人户一万二千七百余户，节年逃亡，仅存三千五百余户。原额官民田地一万一千四百六十顷有零，节年逃亡荒芜，成熟仅存一千五百余顷。"《奏稿》全篇对荒凉的社会状况作了具体描述。"累罹大饥大疫，逃亡将尽"，"数年颗粒不收"，"百姓流移"，"一户常有数差，一丁常有数役，苦累逃亡"，"富者益累渐贫，贫者莫可支持"，"民居倾圮，田地荒芜，市井萧条，乡村寥落"，"鬻产倾家，市儿卖女，叫天踊地"，"今一甲只存一二丁，一里只存三五户"。有些地方竟出现"全里全甲通无人户"，"今惟存州名，十分狼狈"②的凄惨景象。

"仓廪实而知礼节，衣食足而知荣辱"。社会经济的衰败使得人们的心理需求与准则发生了较大改变。明代以来，海州地域较之昔日"大国之风""其民龊龊"的民风已然有所变化。张峰纂修、郑复亨补辑的《隆庆海州志》卷之二《山川》对此有较为详细的阐述：士宦家居，不乘舆张盖，"惜名节，保身家"，儿女婚嫁"全不责财礼之往来"，"朴而不文，实而不诈，安分而不奔兢，颇有古风"；民众"勇悍而不畏强御，纤俭而不事奢华"；为"保身家而不务刁讼，至于阴伺官府之短长者，则绝无矣"；因地虽广但瘠薄，海产鱼盐，民多逐末，造成田野不辟，谷米不丰；安土重迁，不习工艺，少有人出境从事商贾，本土贸易多为外乡之人，故百姓多贫；市无贩妇，郊无游女，夫人不习女红，多轻生；病不医药，多信神弄鬼……。

及至清朝，海州地域经济衰败的境况未曾得到改变，基本沿袭明朝时期的遗风遗俗。对此记载最为详明的当是陈宣的《海州志》。

（海州）地瘠水卤，山无草木之润。然壤连洙、泗，民修礼法，俗尚朴实，力农桑，务鱼盐之利。乡无兼并之横，士多节义之称。明代士笃诗书，农勤稼穑，衣冠文物之盛，政教风俗之美，驷驷乎有仁厚之风焉。耕多卤莽，粪弃于野，民多种而薄收。俗务鱼盐，或舍本逐末。故境无富户，里多饥民。

---

① （明）郑复亨：《刻海州志跋语》，《隆庆海州志》卷首。
② （明）张峰纂修、郑复亨补辑、张卫怀等标注：《隆庆海州志》卷之三《户赋》，第38—40页。

丧葬不按《家礼》，明时，出殡之家具鼓吹，丰酒食以待吊客。吊仪及薄，故丧葬所费不资，家贫有数丧不举者。天启甲子，学正倪效先令有丧之家，亲友分执其事，礼尚往来，俗为之变，至今营葬以时，无停柩。病不医药，多事祈祷，云台、朐山产药品虽多，然不知取以治疾。州之风俗，前人称士朴民淳，今朴者群然横议矣，淳者竟为刁讼矣，深可慨叹。要在贤司牧有以化之，庶几风俗还淳乎。①

特定的地域文化源于其所置身的特定历史条件和自然因素。黄河夺淮以来，包括海州在内的淮北地区频繁遭遇深重的自然灾害，社会生产力低下、经济衰败的淮北地区在缺乏政府"关爱"的情形下，社会动荡的潜在因素逐渐增加。以上明清时期的资料清晰地反映出，海州地域由于自然环境的改变导致"民多种而薄收"的经济状况使得民风民俗发生了较大改变。"俗好儒，备於礼"的秦汉民风到此时已经出现了"朴者群然横议矣，淳者竟为刁讼深可慨叹"的较大改变。

地理环境作为农业生产重要的背景因素，奠定了整个社会环境系统动态发展的基石，是影响人类文明的重要因素。因为一旦自然环境恶化将带来生态危机，进而催生经济危机，而经济危机往往又是社会危机的直接缘由。所以，生态危机、经济危机以及社会危机三者的相互联动及相互激荡曾一度成为传统中国社会的不治之症。

**二、近代以来错综复杂的社会人文环境**

近代以来的海州地域，逐渐形成了固步自封尚武剽悍的民风。作为我国东部平原的一个异质，海州地域在历史时期频繁遭遇自然灾害的袭击。在中国社会急剧转型的近代时期，尤其是 20 世纪初期，这里更是遭遇了以农业为首的衰败，经济的衰败是民风转变的重要缘由。而经济衰败的背后又有着复杂的自然和社会生态因素。

（一）从治河到导淮，历届政府的政治倾向和损贫倾向是本地域的政治生态环境

近代以来中央政府内外交困，整合与组织社会资源的能力日趋减弱。"旧的传统的社会体制已经遭到破坏，而比较成熟的积累起了相当财富具有应付灾变能力的新的社会体制还未建立"。1855 年黄河北徙以后，淮北治水问题已

---

① 仲其臻等整理：《嘉庆直隶海州志》，《舆地考第一·风俗》，第 459—460 页。

不再是中央政府层面的核心问题，而是变成了地方性事务。贫困交加的淮北地区再次成为各方力量角逐的牺牲品。不在少数的地方官员多次提出使黄河再度南归，而把六塘南、北两河及已涸的硕项湖作为黄河新的入海通道"推其命意，亦以北岸之枯瘠，远逊南岸之膏腴，国家财富之权衡，当计其全，不能以小不忍而窒大局也"①。后来的官员也都因为淮北的海沭地区比淮南地区贫瘠提出类似黄河南归的改道方案。

清末民初，导淮日渐成为淮北治水的主要内容。然而，淮河入海口问题一直悬而未决。"导淮一事，不难乎工程，亦不难乎筹款，而惟归定下游入海之途为最难。"② 在有关淮河入海的各种嘈杂声中"主张把灌河口作为入海口，以海清铁路（现在的陇海铁路）作淮河的北堤"仍然是大部分官员的设想。淮河下游的入海口之争，相当程度上是地区性利益之争，极大地影响了治淮决策的科学性和时效性。民国前期，导淮事务终因筹款问题而每况愈下，此时当江南已是"灌溉之利甲天下"时，而淮北却因水道系统缺失"大雨之年必有洪灾，而小雨之年则乏水灌溉"。尤其是运河以东"纵横数百里，完全为汶、泗、沂、沭浸淫糜烂之区域"。像治河、导淮这样的巨型工程，划定行洪区域因势利导实属情理之事，关键是政府官员们在划定行洪区时所表现出的人道主义缺失的做法体现出了赤裸裸的政治意识和损贫意识，结果造成贫瘠的地方更加贫瘠。为此，出生于海州的水利专家曾诘问"淮北苦水久矣。沂沭之祸，十年九灾……淮北面积较下河为大，有所牺牲而不忍于淮南，何独忍于淮北？"③ 在国民政府水利部组织的一次关于苏北水灾专机鸟瞰的调查中有这样的记载"过了徐州，飞机在微山湖旁边绕了七分钟，湖的东西两岸，也就是接近沛县邳县的境界，灾情的严重比起适才所见真不知道利害到那里去了，在这一带，今年的麦、豆、和高粱是颗粒无收……我想他们在这束手无策呼天不应的时候，也只有慢慢啃着老粮，等到有一天什么都吃光了，那就只有听任命运来摆布了"④。

一个有效的政府，是经济发展过程中重要的社会环境因素，它能够对社会经济和个人活动起催化、促进和补充作用。今天的徐海地区历史时期曾是

---

① 武同举辑纂：《再续行水金鉴（淮河卷）》，武汉：湖北人民出版社 2004 年版第 499 页。
② 宋希尚：《说淮》，南京：京华印书馆 1929 年 3 月版，第 21 页。
③ 武同举：《导淮入江入海刍议》，《两轩剩语》，1927 年印本，第 5 页。
④ 传权：《空中鸟瞰苏北水灾，沭海一带一片汪洋》，《江苏通讯》1947 年第 1 卷，第 1 期，第 7 页。

自然生态和生存环境优越于江南的富饶之地，流经其间的黄、淮、运三大河流为本地区积淀了牢固的经济基础和厚重的文化底蕴。但在宋以来的黄河夺淮的灾害面前，历届政府未能以民生为重，他们在治河、导淮问题上所表现出来的政治意识、损贫意识以及长期以来推行的重南轻北的不平衡政策形成了徐海地区农业发展最为不利的社会环境。

（二）从地权到税收，极不公正的行政体制是本地域的社会生态环境

纵观整个苏北近代史，虽然不断发生着传统农业文明和近代工业文明的撞击，但封建官僚地主土地占有和兼并的情形相对于苏南极其严重。以近代海州地区为例，1934年江苏省土地局的一份《连云港埠区域地价变迁及地权分配概况调查报告书》中涉及的连云十乡地权分配情形，足以证明该地区封建地权关系的严重性。以十乡中的风云乡为例"全乡总户数五〇〇户，其中地主五户，占地一五二〇〇亩；富农八户，占地三四〇亩；中农二五户，占地三六〇亩，贫农二五五户，占地一二五亩"[1]。

如果再根据全乡各类村户占地总亩数一六〇二五进行百分比的进一步核算，该乡地主1%户，竟占地94.8%亩；富农1.6%户，占地2.1%亩；中农5%户，占地2.2%亩；贫农51%户，则仅占地0.78%；其他无地农民，则占总户数41.4%户。可见，该地区地权集中的惊人程度达到何等地步。在近代中国这样一个靠天吃饭的农耕社会里，落后的生产方式和耕作技术决定了在贫困线上挣扎的农民只有靠获得一定量的土地才能求得生存。"在北方，并食料及各种费用计算，平均需用4亩农田之生产，可养一人。以一家五口计算，即北方每家必须农田20亩，才可维持一家的最低生活。"由此推算近代徐海农民占有土地的状况根本无法维持最低生活。

近代淮海地权的高度集中，农民占有土地的严重不足，制约了百姓的收成和生活水平，每当灾难临头人们往往束手无策、流离失所，天灾背后的人祸给近代徐海社会造成了极大伤痛。而高度集中的土地往往来源于高度集中的权力，当地那些雄富一方的富豪无不是因为具有某种行政、军事头衔或得到某种行政、军事权力的支持，利用超经济的强制手段掠夺财富。曾担任过海州镇守使的白宝山，利用权力聚敛横财，在墟沟吕段山附近置地约10顷，

---

① 江苏省土地局：《连云港埠区域地价变迁及地权分配概况调查报告书》，中国历史第二档案馆藏，1934年11月25日。

在灌云置田 20 顷，在新浦南马跳占地多顷，并占有上百亩果园。"抵墟沟镇后，最堪注目者为山上之巨厦，汽车路可直达巨厦之前……询之知为白宝山氏之别业。白氏治军数十年，充海州护军使者尤久。据云，新浦镇市即为白宝山氏所经营，其间房屋地产，半属白氏。"① 近代淮海，农业人口占绝对优势，"直到 1949 年前资产阶级在政治上还没有成为一个阶级，行政、军事及其他权力支配着一切，几无年不灾的淮北社会，行政权力起着无与伦比的支配作用。"②

行政权力的支配不仅体现在地权的高度集中，还体现在名目繁多的高额税收上。"税随官加，民因地累，含痛无纪，为民首害"的极不公正的社会生态环境使人深感"官之害甚于水"。当然，田赋病民是旧中国的普遍事实，但近代徐海的特殊性尤为明显。以 1934 年该地区的一组附加税数据为例（见下表），各县捐税按其性质包括：国税、省税、县附税、地方或县附税、特种税和陋规税，其中地方或县附税包括教育亩捐等名目繁多的税收竟多达 27 种，特种税包括农民银行基金（孙传芳时二分亩捐）等达 12 种之多。而同时期的江南地区虽然，"正税要高于苏北地区，但江南的田赋附加税不超过正税的二三倍。苏北尽管正税要低于江南，但附加税普遍超过正税的 8 倍，有些地区甚至二十五六倍。"③

| 序号 | 县别 | 省府正税（千元） | 省府附税（千元） | 超过倍数 |
|---|---|---|---|---|
| 1 | 宿迁 | 五.七 | 二七.八 | 四倍弱 |
| 2 | 沭阳 | 九.二 | 五四.五 | 五倍弱 |
| 3 | 萧县 | 一〇.八 | 六六.四 | 五倍以上 |
| 4 | 铜山 | 一六.四 | 二四.三 | 五倍半以上 |
| 5 | 邳县 | 六.二 | 四〇.四 | 五倍半以上 |
| 6 | 砀山 | 三.四 | 二六.九 | 七倍 |
| 7 | 赣榆 | 四.五 | 三六.四 | 七倍以上 |

---

① 顾济之：《旅行徐海随笔》，《旅行杂志》1934 年第 8 卷第 11 号。
② 马俊亚：《区域社会发展与社会冲突研究》，南京大学出版社 2014 年 2 月版，第 385 页。
③ 马俊亚：《区域社会发展与社会冲突研究》，南京大学出版社 2014 年 2 月版，第 359 页。

续表

| 序号 | 县别 | 省府正税（千元） | 省府附税（千元） | 超过倍数 |
|------|------|------------------|------------------|----------|
| 8 | 睢宁 | 三.八 | 三二.四 | 七倍以上 |
| 9 | 丰县 | 四.七 | 四五.七 | 八倍以上 |
| 10 | 东海 | 一.四 | 一三.九 | 八倍以上 |
| 11 | 沛县 | 四.七 | 四五.八 | 九倍弱 |
| 12 | 灌云 | 二.〇 | 四二.九 | 二十倍以上 |

资料来源：胡希平：《徐海农村病态的经济观》，《农业周报》1934 年第 3 卷第 47 期。

极不公正的政治体制和社会生态带来极其严重的两极分化是经济发展的巨大障碍。"就苏省而论，江北一带，地瘠民贫，农村之衰落，更为不堪。一进农村，则鸡形鸡面肌黄肤瘦，其褴褛之景况，与都市相衡，真有人间地狱之别矣！"包括海州在内的农村凄惨景象进一步表明经济影响下社会衰败的程度之深。

（三）从灾害到匪患，频繁侵扰的天灾人祸是本地域的自然和人文环境

近代以来，天灾的袭击使得包括海州在内的淮海农村经济凋敝、百姓流离失所。就农作物种植方法而言，往往可以通过改良，增加产量。但关于水旱、风潮、蝗虫等恶劣的自然环境在当时的生产条件下往往望洋兴叹。"江北各县，贫病交迫，尤以徐海各县疾苦最深。"徐海一带大都位于黄河故道，飞沙往往绵延数十里，调节天然雨量的能力十分薄弱，一遇山洪暴发，泛滥四出。东段海属一带大量荒滩是蝗虫的滋生场所，每逢夏秋之交，常常酿成巨害。因此，在灾害频繁的扰动下脆弱的小农极易铤而走险，天灾导致的深刻贫困引起了匪患、战乱等人祸造成的社会动荡，近代海州的民风发生了较大变化。因为"俗悍民贫，夙称盗薮。外来帮匪亦时出没其间"[1]，而以土匪著称。"故一遇水旱天灾，扶老携幼，就食江南，尽室以行，名曰逃荒。悍桀之徒，腰藏匕首，肩荷快铳，纠众劫掠，盖习以为常矣。土匪之多，弊正在此"[2]。此外，海州地域作为淮北盐业的重要基地，民间的私盐贩运从某种程度上也助长了土匪活动，"江北私枭以仪征为最，淮北私枭以海州为最。海州

---

[1]　（清）端方：《端忠敏公奏稿》卷 8《剿办海州匪徒酌保员弁折》。

[2]　金其照主编：《江苏实业视察报告书》，1919 年，第 241-244 页。

毗连清河、桃源、宿迁、沭阳等处。民风本称强悍，又有山东、安徽匪徒窝屯护送，是以较仪征为尤甚"①。土匪活动常常深入乡村，"他们到高粱已熟的时候便拿起农具，做一个种田的人；遇有机会，弃了农具，还做那强盗生活。这正是聚则为匪，散则为农"②。这种土匪现象在资源稀缺的淮北成为人们的一种生存策略。③

人祸的袭击使得本已衰败不堪的民间社会雪上加霜。民国以来，军阀混战，兵祸四起、干戈遍野、烽火连天。处于四省通衢的徐海一带溃兵游勇，啸聚山林，洗莊劫寨。为寻求保护，无论农民还是地主都需支付一项特殊的开支，这笔支出由于数目可观而被时人称之为"特种消费"。土匪猖獗的淮海各县，农村经济生活仍以部落式的"土圩子"为单位。"土圩子"有的叫寨，有的叫庄，寨有寨主，庄有庄主。人们为了寻求保护，往往倾其所有供寨主或庄主建筑炮楼，购买枪械。"当你在徐海一带旅行的时候，可以看到沟渠不多，在一大片平原之上，分明点缀些错落有致的农村，而在每一个农村之中总会有拔地特起俯视一切的泥草或砖石所造成的炮楼，而且无问农忙或农隙的时候，总会有不着军服的群众或个人像逻巡或步哨似地荷着或执着钢枪，日夜防范。"④ 淮海农村的这种炮楼和钢枪即所谓的"特种消费"，农民每年除去必要的消费和正副税及一切杂捐而外，还要负担这笔与衣食住行毫不相干的特种消费，淮海农村经济的这种特殊的致命的伤痛所引起的直接后果就是土地荒芜，民穷财尽以及民风的败坏。

**三、固步自封尚武剽悍的近代民风的形成**

环境，具有深刻的内涵和外延。从生态学上讲，主要指外在自然环境，而从社会环境科学层面上说，则是指人类生存环境，但无论从何而言，自然系统和社会系统都将对人类文化、人类行为产生莫大的影响。因此，自然、社会等诸多环境的影响在人们思想深处沉淀并形成的对事物发展认识上的思维定势在漫长的社会发展过程中便产生了传统观念和民风民俗。

长期以来，在统治基础薄弱引起的社会动荡不安、交通闭塞形成的保守

---

① 《朱批奏折》财政类盐务项，嘉庆二十五年六月二十二日。

② 朱仲琴：《海属社会面面观》，《新青年》，1921 年第 8 卷第 5 号。

③ Elizabeth J. Perry, Rebels and Revolutionaries in North China, 1845–1945, Stanford：Stanford：University Press, 1980, p.148.（另见刘平译著，2007 年）

④ 夏鼎文：《徐海农村中的特种消费问题》，《江苏评论》第 1 卷第 2 期，1934 年。

观念以及灾害频发导致的消极怠慢心态等特殊地方社会人文环境的影响下，本地域形成了文事衰落、固步自封、尚武剽悍等民风民俗，这种社会风气对社会经济的发展带来了极大的消极影响。"徐海农民衣食住三者都不清洁，至于公众卫生，太不讲究，坑厕随意设置，垃圾随地倾弃，以致蝇蛆到处发现，秽气触处可闻，是以每值盛夏，故常有时疫流行。尤有可恶者，农民多迷信鬼神，设遇疾病，宁愿求神问卜，不愿延医诊治，因之死亡颇众。"①

在身家性命面前宁愿跪拜天神的徐海农民在对自然灾害的认识上更是把一切归于天命。"一般人民，皆信蝗为天敌，其生其灭，系诸天意，人故无如之何者，此种迷信不除，对于治蝗，颇为阻碍。"②

保守观念以及消极怠慢的社会心态不仅反映在徐海农民生活中的慵懒和无知，也反映在生产过程中对新技术和新方法的排斥和抵触。"我徐海农民，对于农事产物之培植，仍泥守古法，不求改良，设有授以新技术者，反而多生疑忌，不愿采效"。消极保守固步自封的生活态度大大降低了农业的生产效率和生产机能，而每当灾难降临时，他们自救的勇气与能力更是荡然无存。"该省灌云蝗灾严重，农民所植二麦均被食净尽，乡民因而自杀者已有冯开祺等多人，流亡者达百分之五十左右，其余也皆以乞食为生，尤以五官乡为重。"③

近代以来，徐海地区的文事渐趋衰落，难以产生与江南地区类似的知识分子士绅阶层，而这一阶层在官府与民众的亲和力上起着重要的桥梁作用。士绅群体的薄弱，底层民众的思维和心理无法得到及时的正确疏导，因此，诸多依靠士绅来动员的公共事业也就无法正常进行。"查该县工商二业皆仰给于农产各物，而近来十年久歉，虽限于天时地利，而人力有未尽之处……查该县西南乡青伊湖东口等镇，几年患水灾，考其原因，由于通海之蔷薇河年久淤塞，故每逢伏汛，上游沂沭诸水，建瓴而下，河身中饱，无所容纳，以致泛滥横流。间有有识之士，建议疏瀹。而无知愚民，囿于近功，不知远利，或以经济困难为虑，或以农时荒误为词，以致屡议屡辍，始终未能实行。"④

---

① 胡希平：《徐海农村病态的经济观》，《农业周报》1934年，第3卷，第47期。

② 杨惟义：《海州的灭蝗运动》《江苏昆虫局海州第三治蝗分局治蝗报告》，《科学》1930年第十三卷第三期。

③ 《苏灌云蝗灾：农民自杀与流亡》，《虫情》1937年，第1卷，第3期，第5页。

④ 江苏省长公署第四科：《江苏省实业视察报告书》，商务印书馆1919年版。

水利的长期失修使得本已脆弱的小农在灾害的频繁扰动下极易铤而走险。"该县农民素称懒惰，平时于播种以后，不加耕锄，听其自然生长……而狡悍者释锄买剑，结邪为非，土匪之多，正坐此毙。"文事衰落、尚武盛行的社会环境往往是社会动荡不安的诱发因素，给社会生产带来极为不利的消极影响。

实际而言，一定地域的民风体现了社会的特点和时代的风貌。近代时期，像连云港这样的统治基础薄弱的"三不管"地区，社会动荡不安，尚武之风日盛一日是时代与社会环境的深刻反映。

纵观近代以来本地域的自然因素与社会环境，自从全黄夺淮、水利变迁以来，本地域农业生产首先遭遇巨大伤害，灾荒频发，经济衰败。事实而言，灾和荒存在一定的辩证关系。灾的发生是自然因素，但灾的结果——荒却与人为有关，即人们通常所谓的天灾人祸。历代政府保河护漕的"政治大局"意识及损贫意识对包括海州在内的淮北农业发展产生了一定程度的消极影响，而高度集中的地权、繁苛的捐税使得农村的衰败倾向日趋严重。

"渡江令人雄毅，入湖令人深静"[1]。在恶劣的自然环境以及社会环境的双重打击下，人们的心理、情感、观念固然会受到较大的负面影响，固步自封以及尚武剽悍的民风进一步成为困扰地方发展的社会人文环境。"秦汉时代文化极盛之徐海，其衰落竟至于斯极，此非天命之造成，斯亦人事未尽耳。"[2] 在社会发展过程中，自然灾害人类难以制约，但应该进一步营造有利于发展的社会环境。"风俗者，地方治乱所从出也。"因此，加强民间和政府的合力，降低灾害的恶劣影响是社会和谐，人民安康的重要基础。

## 第二节　传统社会风尚的戏曲与曲艺

娱乐活动类似于其他社会活动，起源于人们的生产劳动和社会实践，具有自发性、群众性、多样性和文化性等诸多特点，是展示各个历史时期社会精神风貌的重要窗口。近代学者林语堂云："倘不知道人民日常的娱乐方法，便不能认识一个民族。好像对于个人。吾们倘非知道他怎样消遣闲暇的方法，

---

①　王培棠：《民国江苏省乡土志》，商务印书馆 1938 年版，第 369 页。

②　蓝渭滨：《江苏徐海之农业与农民生活》，《农村经济》第 1 卷，第 9 期，1934 年，第 10 页。

吾们便不算熟悉了这个人。"①

　　连云港地方社会自古以来的娱乐丰富而独特，新石器时代的将军崖遗址即已反映了先民们歌舞娱乐的生动场面。

　　长期以来，海州地域的民间戏曲、曲艺作为民间娱乐活动，因其贴近生活、内涵丰富而具有较为旺盛的生命力，至今本地区仍有一些具有鲜明地方特色的戏曲、曲艺被民间艺人口口相传。经过近些年的发掘与研究，目前海州地区共有十二类曲种入选各级非遗项目名录，戏曲类包括淮海戏、童子戏、吕剧、京剧和柳琴戏，曲艺类则有海州五大宫调、工鼓锣、苏北大鼓、玩麒麟、渔鼓、肘鼓子和苏北柳琴。其中，戏曲类的淮海戏、曲艺类的海州五大宫调作为国家级非物质文化遗产在我国戏曲史上具有独特而深远的影响。

## 一、戏曲、曲艺的发展概况与历史地位

　　海州自古巫风盛行。戏曲、曲艺作为海州地域重要的文化内容之一，在漫长的历史长河中有着悠远的传承与发展。孔望山将军崖岩画存有许多巫的形象和"皇舞祭天""执干戚舞"的舞蹈场面，被戏剧家认为是头戴面具"以歌为职，以乐神人"的巫觋，是中国最早传统戏的起源。② 春秋时鲁定公十年（前500年）春，孔子相鲁会齐侯于夹山（今赣榆境内），就有"忧倡侏儒为戏于前"的大规模歌舞表演。本地域的两汉遗存中，朐阳出土的歌舞人物漆器、花果山高顶西汉墓出土的木雕舞俑、赣榆金山出土的汉画像石"乐人谱"、桃花涧出土的汉代傩舞中方相氏面头像的"铺首衔环"的汉画像石等都印证了汉代时期该地域戏曲的兴盛。唐代，受宫廷乐舞影响，由祀神歌舞而发展的民间"傩戏"及"抬四老爷"等赋舞为戏曲赋予了新的内涵。元代，当地戏曲已成为民间社会娱乐生活的一种重要形式。关汉卿取材海州"东海孝妇"传说、创作的名著《感天动地窦娥冤》家喻户晓。明《隆庆海州志》记载："居丧不按家礼……多妆绢亭，广搬彩戏，以相夸诩"。可见，当时戏曲深深融入人们的家庭和社会生活。清乾隆后，因盐业兴盛，盐商汇集，海州地区戏曲活动呈蓬勃之势。清钱泳《履园丛话》载有："桑园演戏，以高宗南巡时为最盛，而两淮盐务中尤为绝出。"③

---

　　① 林语堂：《吾国与吾民》，陕西师范大学出版社2002年版，第309页。

　　② 吴加庆：《文化连云港干部读本》，中国文史出版社2005年版，第257页。

　　③ 吴加庆：《文化连云港干部读本》，中国文史出版社2005年版，第258—260页。

　　历史时期海州戏曲界人文荟萃，人才辈出，涌现了一批杰出的戏曲理论家和表演艺术家。其中，出生于板浦的凌廷堪（1757—1809），既是清代乾嘉学派著名学者，也是我国杰出的音律学家和戏曲理论家，因其"天资敏慧，词曲一套，无师自通"，曾应邀参加乾隆帝钦定的戏曲艺术改革工程，他的《燕乐考源》《论曲绝句》等著作均为我国民族音乐史和戏曲史上的宝贵财富。梁启超赞其"力洗浮艳，如其学风"。

　　刘淑曾（1841—1915），字清韵，号古香，中国近代文学史上卓越的杂剧传奇作家，精通书法、绘画，擅长诗歌，尤工制曲，出版《小蓬莱仙馆曲稿》《小蓬莱仙馆诗钞》等24种著名作品，是晚清史上颇有成就的女才子。清代著名文学家俞樾赞其，"不以涂泽为工，而以自然为美"①；我国著名学者谭正璧在《中国女性学史》中，称其剧作是"女性曲戏史上最光荣的一页"。

　　板浦艺术家吴继兰，曾学艺于京剧"江南第一旦"冯子和，后又拜师名伶李琴仙，成为上海著名的梅派演员。1931年在"天一影片公司"拍摄的有声戏曲片《四郎探母》中饰演杨四郎夫人，轰动全国。著名百代公司为其灌制了《庆顶珠》《坐宫》《御碑亭》三剧唱片。②

　　**二、淮海戏的发展及其文化内涵**

　　海州戏曲奠定了我国戏曲的基础。西汉角抵戏《东海黄公》被戏剧理论家公认为中国戏剧界的开山鼻祖。《西京赋》曾记载，《东海黄公》取材于古海州黄公御虎传说。明代《隆庆海州志》、清代《嘉庆海州直隶州志》以及民国初年许绍蘧主编出版的《连云一瞥》都载道："东海黄公善为幻术，制蛇御虎，常佩赤金刀。"此内容与东晋《西京杂记》如出一辙。③安徽戏曲大家完艺舟先生称：安徽主要戏曲剧种之一的泗州戏源于苏北海州；山东理论权威纪根垠先生考证说，青岛地区的戏曲茂腔由海州方面传来的"冒肘鼓调"而形成；山东的柳琴戏，也叫"拉魂腔"，源出于海州、灌云、沭阳一带，流行于苏北淮阴地区、连云港市及徐州、盐城地区的部分城乡和皖东北一带。④海州地域戏曲中淮海戏最为典型，流行于江苏淮阴、宿迁、徐州、连云港等苏北大片区域，建国后扩大至山东、无锡、苏州及上海等地。1954年9月由

---

① 俞樾：《小蓬莱仙馆传奇十种·序》，上海藻文石印社刊光绪二十六年（1900）年版。
② 吴加庆：《文化连云港干部读本》，中国文史出版社2005年版，第261-264页。
③ 吴加庆：《文化连云港干部读本》，中国文史出版社2005年版，第265页。
④ 万叶等编：《中国戏曲剧种大辞典》，上海辞书出版社2005年版，第130页。

江苏省文化局正式定名为"淮海戏"，2008 年 6 月入选国家级非物质文化遗产名录。

淮海戏主要以黄淮之间海州地区的人物形象和语言作为舞台造型和舞台语言的基础，将其民间小调、渔民号子和农民打嘞嘞等加以艺术上的综合提高，作为唱腔曲调，具有鲜明的地方色彩。淮海戏通常是演出人数为五六人左右的规模不大的一个戏班，伴有刀枪、马条、小纸扇、围裙、手帕和戏胡子等为数不多的道具。因而，行动方便，演出灵活。因其主要伴奏乐器为板三弦，原始唱腔尾腔往往翻高八度，又称"三刮调""拉魂腔"[1]。

1943 年底，苏北抗日民主政府将其冠名为"淮海小戏"。关于其唱腔起源，最为公认的有两种观点，一种认为是由本地历史最为悠久的童子戏转化而来，另一种认为是由海州地区的邱、葛、杨（一说张）三人改编当地盛行的［太平歌］和［猎户腔］两种民歌为［怡心调］和［拉魂腔］后，又分别在淮北、山东、海州吸收了当地民歌和语言特色，遂形成泗州戏、柳琴戏和淮海戏。关于淮海戏发展演变，朱秋华先生将其归纳为：从"打门头词"到"下场子"、演出班社形成和兴盛、革命战争年代的发展和建国之后的繁荣四个阶段。[2] 四个阶段的音乐声腔，都蕴含着鲜明的艺术特色和时代内涵。

（一）萌芽与起始阶段。此阶段约为清乾隆十五年（1750）前后。此时一些民间艺人为生活所迫，单人使用一把三弦，挨门逐户演唱一些拉魂腔和地方小调。出现了"打门头词"演唱形式，即三五艺人手持三弦、锣鼓，至庄户门前演唱《劝嫁》《访友》等改编自民间传说的段子。后发展为两人说唱，增添一副简板，一弹一唱。清道光十年（1830）前后，艺人始建班社赶赴"青苗会""烧香会"组班演出，因尚无舞台，圈地铺席，俗称"下场子"。作为淮海戏的初始阶段，由于成员少，艺人亦无明确的角色划分，常有"七忙八不忙，九人下厨房"之说。

（二）形成与发展阶段。自清光绪六年（1880）后，随着淮海戏演出班组数量的大增，以及与徽剧、京剧的交融契合，淮海戏艺人或拜京剧艺人为师，或与京剧艺人搭班演出，淮海戏演唱和表演艺术的水平大大提高。戏班

---

① 刘增国、朱秋华等编：《连云港戏曲志》，中国戏剧出版社 1994 年版，第 55 页。

② 刘增国、朱秋华等编：《连云港戏曲志》，中国戏剧出版社 1994 年版，第 56 页。

社不断增多，行当日渐齐全，人才济济，加之吸收京剧、徽剧的特长，大大丰富了表演艺术，使淮海戏走向了成熟。① 清光绪二十六年（1900）后，淮海戏艺人新创［嗨嗨调］、［七字唱］以及"一挂鞭"（小滚板）唱法。尤其是艺人们开创的［起腔］唱法，即在唱腔的最后一字突然翻高八度，使声腔响遏行云，具有扣人心弦的艺术魅力。淮海戏的这一标志性声腔唱腔被称之为［拉魂腔］，其声腔体系的雏形由此奠定。其时仅在东海县、灌云县一带，演出班社多达百数，许多班社衍传数代，从艺者多达千人。

（三）丰富与转型阶段。1940 年前后，在淮海地区抗日民主政府领导下，淮海戏被赋予了爱国情怀和时代价值。成立"艺人救国会"，开办的艺人训练班，既提升艺人水平，又破旧立新，成为淮海戏艺术发展的重要转型时期。在此期间，淮海戏男女声腔的基本调和辅助调基本确立。女腔基本调［好风光］节奏明快，音区适中，旋律流畅，易学易唱，这一唱调来源于 1944 年现代戏［大后方］的"走过一里好风光"唱段。［好风光］还采用"死腔活唱"的方法，借助各种板式节奏的变化，使得淮海戏的声腔独具一格。女腔的辅助曲调有［二泛子］、［诉堂调］、［八句子］等。男腔的基本调是依据现代戏《拾头》中"东方发白星儿稀"唱段编腔而成的［东方调］，男腔曲调还包括［金风调］、［龙门调］等辅助曲调。至此淮海戏的声腔体系逐渐趋于完整而富有特色。

（四）成熟与壮大阶段。新中国成立后，淮海戏声腔艺术体系日臻成熟。1950 年后，江苏省淮海剧团以及灌云县淮海剧团、东海县淮海剧团、淮北盐场淮海剧团、连云港市淮海剧团和戏校、艺校、培训班等地方性专业演出团体相继成立。专业剧团的组建，在挖掘传统、深入生活并充分借鉴其他戏曲形式的基础上，使得淮海戏音乐声腔素材不断开拓创新。同时，群众性戏曲活动也空前活跃，一批业余淮海剧团体活跃在城镇乡村。这些团体、艺人创作的《海花》《银滩血泪》《杏花烟雨》《樊梨花》等大量现代戏、新编历史剧以及整理改编的传统戏都具有普遍的美学意义和文艺色彩。

淮海戏是一种舞台语言贴近实际、反映生活、关注民生的平民化艺术形式，其传统剧目历来有"三十二大本，六十四单出"之说，可以归纳为"两骂、两关、三朵花、七大、七小、十一记"，如《骂鸡》《北平关》《大葵花》

---

① 王志国、周宁主编：《连云港文化概观》，新疆人民出版社 1998 年版，第 214 页。

《大金镯》《小隔帘》《金钗记》等。① 此外还有《吴汉杀妻》《皮秀英四告》《秦香莲》等。② 淮海戏表演角色划分清楚，主要包括生旦净丑。各个角色又有较细的分类，各自又有自己独特的表现手法和表演特色。同其他剧种一样，淮海戏讲究表演艺术，讲究一引、二白、三哭、四笑，然后唱、念、做、打。③ 淮海戏名人很多，杨云发、朱桂洲、霍维田、刘长珍、陶干廷等都是建国前本地域赫赫有名的艺人。其中，朱桂洲艺名"小花褂"，每逢"小花褂"摆戏台，总会出现万人空巷的盛况。④ 20 世纪 70 年代江苏省淮海戏研究会所收集了《三拜堂》《樊梨花点兵》《扇坟记》《大书馆》以及小戏《催租》《骂鸡》等 100 多个影响较大的剧目，这些剧目题材广泛，流传甚广，富于浓郁的乡土气息，不仅反映苏北人民的生活情趣，也折射出他们在特殊环境、特定时代下的性格特征和理想追求。

**三、五大宫调的独特个性及艺术价值**

依据近年来的发掘与研究，除淮海戏外，海州地方曲艺种类还包括五大宫调、苏北大鼓、工鼓锣、肘鼓子、苏北柳琴、玩麒麟等多种地方曲调。其中的海州五大宫调于 2006 年 5 月入选首批国家级非物质文化遗产名录。同年 12 月承担联合国教科文组织研究项目"世界音乐城"的专家们前往海州考察，他们深深表示：海州五大宫调的"曲牌非常珍贵！"

（一）五大宫调形成与发展的历史轨迹

海州五大宫调又称"海州五大调"或"海州宫调牌子曲"，源于明代两淮一带的"时尚小令"，在结合当地江淮方言的基础上广泛吸收了海州地区的小曲杂调而逐步形成，是江苏明清俗曲的重要组成部分。据明代沈德符《万历野获编》"时尚小会"所载，"元人小令，行于燕赵，后浸淫日盛……嘉隆间，乃兴〔闹五更〕、〔寄生草〕、〔哭皇天〕、〔干荷叶〕、〔粉红莲〕之属，自两淮至江南……人人习之，亦人人喜听之，以至刊布成帙，举世传诵，沁人心腑。其谱不知从何而来，真可骇叹！"民歌时调在明代最为时尚，也是明人最引以自豪的民间艺术。"我明诗让唐，词让宋，曲让元，庶几《吴歌》、

① 王志国、周宁主编：《连云港文化概观》，新疆人民出版社 1998 年版，第 215 页。
② 徐同来主编：《台南盐场志》，江苏省连云港市新华印刷厂印刷，1993 年 10 月出版发行，第 462 页。
③ 王志国、周宁主编：《连云港文化概观》，新疆人民出版社 1998 年版，第 215 页。
④ 王志国、周宁主编：《连云港文化概观》，新疆人民出版社 1998 年版，第 216 页。

《挂枝儿》、《罗江怨》、《打枣杆》、《银纹丝》之类，为我明一绝耳！"在明代民歌时调盛行的社会氛围和艺术环境下，海州五大宫调得力于独特的地理位置以及兴旺的盐业等诸多经济社会发展因素。

海州地区地处苏鲁交界地带，是江淮方言和北方方言交汇的特殊区域。从自然和人文环境看，都是南北方言的过渡地区，这里民歌体裁丰富，内容广泛，保留了大量明清以来的南北杂曲曲牌。

明清时期，两淮盐业兴旺，海州成为苏北重要的水陆码头和淮盐集散地，舟船水运是淮盐集散的主要运输方式，盐商富贾们在押运盐船的过程中，往往在船上蓄有歌姬以唱曲娱乐，排解慢慢旅途的枯燥寂寞。久而久之，盐商富贾们便参与其中，自娱自乐。"自两淮以至江南"，经艺人们加工而成并广泛流传的各种南北俗曲在此流传生根，呈现出既融会贯通又诸调并存的局面。海州的板浦镇是五大宫调流入的一个重要门户。板浦自唐代建镇后，官（盐）河的开挖、盐河与淮安运河的相连、南北通衢的交通枢纽地位的确立，盐产量大增。据《宋史》卷 182 "食货志"记载："海州，板浦、惠泽、洛要三场岁鬻盐四十七万七千余石"，盐产量为淮北之冠的板浦吸引了众多盐商大贾，追求奢华的盐商不仅留心词曲，上口演唱，而且随船蓄有声伎，这些随运盐河流传至此的俗曲与地方语言和民歌相互交融，逐渐形成了独具一格的海州五大宫调。

海州五大宫调的形成和发展，也深受当地一些文人学者的影响。清乾嘉年间，以板浦为中心的作家群体，对海州五大宫调的发展和流传起过积极作用。他们同当地名士、作家等常在一起切磋吟唱，推动了海州五大宫调民间的广泛流传。而这些地方名士多为依附于盐业经济的知识分子阶层，和许多盐吏、垣商（盐商）交往密切，盐商以会唱五大宫调为时尚，而文人学士，开学馆，当教授，收徒弟，他们在技艺上相互交流，推动了海州五大宫调在官民中间的广泛流传。① 如清代乾嘉年间，以板浦为中心形成的作家群体，对海州五大宫调的发展和流传，起着不可低估的作用。

另据张其锦编《凌廷堪先生年谱》记载：清代乾嘉学派的著名学者、音律学家凌廷堪（1755—1809），祖籍安徽歙县，祖父去世后，父凌文焰即迁居海州板浦镇，投靠外祖父许世贞谋生。凌廷堪"天资敏慧，早岁，词曲一套，

---

① 张传藻：《淮盐文化与海州五大宫调》，《海州文史资料》第 7 辑，第 107 页。

无师自通"，所著的《燕乐考源》《梅边吹笛谱》《南北曲说》《声不可配律说》等论著，是我国民族音乐的重要遗产。著名小说家《镜花缘》作者李汝珍（1763—1830）在板浦生活了二十余年，《镜花缘》的许多章节中都有反映板浦一带民间艺术习俗的精彩描述。他们和当地的文人学者许乔林（1775—1836）、许桂林（1778—1821），诗人许乔侨、乔绍传，传奇作家程枚等一起，或切磋吟唱，或论学对弈，在他们的《音乐臆说》《李氏音鉴》《七嬉》《扇子戏诗》《音学考源》等诸多著作中，都反映出其在声律学上的深厚造诣以及与民间俗乐的深情厚意。

（二）五大宫调的分类及其艺术价值

海州五大宫调是用曲牌体演唱的一种说唱艺术，以"软平""叠落""鹂调""南调""波扬"五支曲牌为基本，素装坐唱，无表演，少说白。盛传于海州一带，是江苏明清俗曲的重要一脉，古"诸宫调"宝贵遗存。①

海州五大宫调按曲牌内容来区分，可分为大调和小调两类。大调除［软平］、［叠落］、［鹂调］、［南调］和［波扬］五个主要曲牌外，还有［满江红］和［码头调］。大调的特点是曲调委婉细腻，有一唱三叹之感。演唱时少则两三人，多则十几人，通常是一人演唱，众人伴奏，需烘托气氛时，众人也和唱一两句唱词。其伴奏的乐器有二胡、琵琶、月琴、三弦、箫、檀板、碟琴等。演唱的曲目有《天台有路人难到》"软平"、《银台报喜玉烛生花》"叠落"、《青山隐隐》"鹂调"、《从南飞来一群雁》"南调"、《一轮明月当空照》"波扬"以及《望江楼》"码头调"、《二十四秋》"满江红"、《俏人儿我的心肝》"集曲十八魁"等。②

唱词分为两类：一类为封建社会士大夫阶层感叹时光如逝、仕途艰辛而郁郁不得志的情绪；另一类则反映了新婚的妻子在家盼望外出丈夫归来的殷切心里。内容典雅华丽，明显出自文人之笔。如［软平］，有专家认为是明代曲牌［劈破玉］的变体。③目前流传的"天台有路人难到"反映了封建社会文人感叹知音难遇的失落情绪，是海州五大宫调中唯一遗存的一首［软平］。［叠落］是明代流传曲牌之一，在海州五大宫调中唱词词格最为严谨。［鹂

---

①　周勋初主编：《中国地域文化通览·江苏卷》，中华书局 2013 年版，第 474 页。

②　周勋初主编：《中国地域文化通览·江苏卷》，中华书局 2013 年版，第 475 页。

③　韦人：《扬州清曲》，扬州广陵书社 2006 年版，第 1747 页。

调］为明代流传的曲牌［黄鹂调］。"鹂"者，指其曲调旋律优美，宛转如黄
鹂歌唱。［鹂调］只遗存一首"青山隐隐"。［南调］即明代流传的曲牌［寄
生草］，旋律高亢流畅，在海州五大宫调中流传最多。［波扬］来源于明代流
传曲牌［山坡羊］。旋律呈上、下交替进行，乐句在反复中不断扬起上升，如
大海波浪起伏，［波扬］遗传了一首"一轮明月当空照"。［满江红］，是海州
五大宫调中的另一首大调，也是唱词最多的一首大调。［满江红］的用途很
广，一是单独演唱，除用于抒情外，还能简洁演唱一些婉转动人的优美故事。
另外，"在多种曲牌连缀演唱长篇曲目时，多用［满江红］的部分乐句作开头
或结尾。"①

海州五大宫调演出
来源：连云港市非物质文化遗产保护中心

　　除了大调之外，海州五大宫调中还有近一百首小调。小调和大调的风格
截然相反，它节奏明快，字多腔少，长于叙事。经常使用的小调有［剪靛

---

　　① 朱蕾、朱秋华：《浅析海州五大宫调的结构形态和艺术特色》，《南京理工大学学报（社会科学版）》2010 年第 4 期，第 84—89 页。

花]、[银纽丝]、[罗江怨]、[跌断桥]、[小京调]、[刮地风] 等60余首。小调和大调一样，既可单独演唱，也可和大调连缀，组成套曲，演唱各种故事。套曲中还有一种集曲，用曲牌的一段、一句或半句联缀而成，腔调转换自如，唱词连贯如一。集曲有很高的研究价值，如已故艺人徐希来演唱的集曲"俏人儿我的心肝"，用18首曲牌的部分腔句连缀而成，称"九腔十八调"。该曲目唱词64句，其中最长的[满江红] 19句，最短的[波扬尾] 只有半句，全曲用5首大调和13首小调相连，堪称中国民间音乐的绝唱。

海州五大宫调体系里，宫调系统为单支曲牌，其节奏缓慢变化少，行腔字少腔多，唱词典雅华丽，曲调委婉细腻，适宜抒情；由两个以上曲调组成的曲牌连缀体为套曲系统，适宜演唱各种人物故事。融汇了扬州清曲甚至昆曲的某些曲调，五声音阶是其音乐主题，音乐风格上兼容南北特征，但总体上倾向于江南，形成南北兼容又独具一格的风貌。① 海州五大宫调是以自娱自乐的"曲堂"方式代代相传的，后来也出现了职业的艺人和曲堂，盐文化的重要组成部分，有待于进一步发掘研究。海州五大宫调有南北两个流派，南派以板浦为中心，北派以赣榆为中心。南派演唱风格委婉细腻，北派演唱颇具北方的粗犷。②

## 第三节　以盐都板浦为代表的饮食风尚

地理优势决定文化走向，就地取材是饮食文化中最为重要的地理特点。长期以来，濒临海洋、位居南北要冲的地理优势使得连云港地域拥有了鱼盐之利、舟楫之便的丰富海洋资源。连云港地域自古以来与海洋相依相伴，其中的饮食文化更是与海洋结下了不解之缘。《宋史·食货志》载有"海州之利，以盐茶为大端"；《太平寰宇记》载有海州土特产"凌、绢、海味、盐、楚布、紫菜"。长期以来，以渔盐为大宗的渔盐业的发展不仅在国家财政税收以及推动地方社会经济发展的过程中发挥着重要作用，也为本地域独特的饮食文化的形成奠定了基础。

### 一、独特地域环境孕育下的胸海风味

中国是一个饮食文化极其深厚的国度，自古即有"四大菜系""八大菜

---

① 周勋初主编：《中国地域文化通览·江苏卷》，中华书局2013年版，第474页。

② 王志国、周宁主编：《连云港文化概观》，新疆人民出版社1998年版，第220页。

系"以及"十大菜系"之说。但无论何种菜系之说，声名远扬的鲁菜及淮扬菜必居其中。而独特的地理位置使得连云港贴近这两大菜系，位居其中。明清以来，盐业的兴盛，徽菜随着徽商远道而来。鲁菜、淮扬菜、徽菜结合本地区的资源特色相互交流，彼此融合，形成了本地域独具一格的全新菜系"胸海菜"。

胸海风味的特色，综合概括为："味擅三省，名重两淮。料兼海山，根植万家"。"味擅三省"，指的是内含有与当地毗邻的诸家菜系的特色与长处。它保持了鲁菜的鲜咸有味，而减低了它的粗犷原始；保持了淮扬菜的平和淡雅，而削弱了它的市井气息；保持了徽菜的精细火工，并在新菜种的创新上着力更多。"名重两淮"即两淮的盐商菜与胸海菜的高度融合。胸海菜与淮盐的生产与销售密不可分，"两淮盐，天下咸"[1]，传统社会时期政府的收入，基本上以盐税和田赋为主，盐税的重点在两淮，即淮河入海口的南北两侧，明清时期约占全国盐税的一半，因此它是"损益盈虚，动关国计"。特别是道光年间陶澍推行盐政改革，一时之间盐商云集海州，这便为胸海菜的进一步发展奠定了基础。商旅辐辏、彻夜笙歌，饮食业自然十分发达。众多盐商家中大多雇请了一批技艺精湛的厨师，板浦菜和盐商菜实现了高度融合。

"料兼海山"是胸海菜的一个主要特色。海属地区位于海州湾畔，地理位置约为东经 119.27 度，北纬 34.44 度，海流适量，鱼类之栖息与来游者，种类丰富，每年三月至五月间是鱼类出产的鼎盛时期。曾有记载："本港附近渔获不下百余种，且均为珍贵物品，如黄花、鳞、刀、鲳鱼、梭子蟹、对虾、大乌贼……"[2]。此外，境内的云台山方圆三百里，野草闲花，多是养生的妙药或入膳的美食。"根植万家"即包容了众多来自民间的菜肴和主食。胸海风味虽然博采淮扬、鲁、徽三大菜系之长，但其依然深深扎根海州这片地域，独具一格。据统计，1948 年，新浦有酒菜馆 26 家，其中经营本地菜的 8 家，鲁菜的 10 家，淮扬菜的 4 家，河南菜的 3 家，还有 1 家西餐馆。海州有酒菜馆 10 余家，均以地方菜为主。连云有菜馆 6 家，这些菜馆经营特色明显、菜肴风味独特，家家都有自己的招牌菜。如三星饭店的爆乌花，六合春的芝麻里脊、油爆双脆，是鲁菜的上品；而九华楼的酥鱼、炒头脯又属正宗的板浦

---

[1] 张乃格、张倩如：《江苏古代人文史纲》，江苏人民出版社 2013 年版，第 720 页。

[2] 高启新：《连云港渔业概况》，《江苏时事月刊》1937 年第八期，第 29 页。

菜，味芳楼的软兜长鱼、肴肉、大煮干丝等是地道的淮扬菜。①

胸海菜重品质、善调味。《黄帝内经》云：“东方之域，天地之所始生也，鱼盐之地，海滨傍水，其民食鱼而嗜咸。”“嗜咸”，从本质上讲，就是对食材本味及“百味之将”——盐的原始追求，体现对调味品的深刻理解和巧妙运用。海属百姓强调“五味调和百味鲜”，民间的口味嗜好直接影响到菜系风格的形成。

东海名郡，盐梅最著。“若作和羹，惟尔盐梅”，羹是食物调味之源，而盐、梅两味之“和”，又是制羹调味之始。盐、梅是最原始的调味料，后来醋的出现逐步代替梅的酸味功能，其“百味之将”，“食之总管”的作用，始终没有动摇。袁枚在《随园食单》中认为，“镇江醋颜色虽佳，味不甚酸，失醋之本味矣。以板浦醋居第一，浦口醋次之”；糖，海属地区有“熬老糖”的技艺。1675 年板浦场盐课司大使殷自明推出新型专用“老糖”②。两淮盐、板浦醋、专用老糖奠定了胸海菜品千姿百态的调味基础。

**二、板浦镇的盐业发展与地方饮食**

板浦盐业的发展、商贸的繁华吸引着富商大贾、文人墨客的慕名而来。“四方豪商大贾，鳞集麋至”。他们在板浦施展儒商才华，经营盐业。这些淮北盐业的中坚人物和盐商巨头，在海州地方经济命脉中处于举足轻重的地位，板浦的经济地位与文化内涵尤其是饮食文化的内涵亦由此而提升。

（一）板浦镇的地理环境与行政区划

板浦镇位于东经 119°13′～119°26′，北纬 34°29′～34°32′，隶属于今天连云港市海州区。自然气候上处于中纬度暖温带南缘，属湿润季风型气候区，具有四季分明、光照充足、气候温和、雨量适中、无霜期较长的特点。镇区总面积 80.64 平方千米；2016 年总人口 67359 人，2018 年镇域常住人口近 9 万人，可耕地面积 4917 公顷。镇域地形地貌基本上属海陆交互作用而沉积的滨海平原，地势自西北向东南微呈倾斜状。土壤属盐土类，为轻盐灰底黄黏土和脱盐灰底黄黏土，土体 30—60 厘米以下即为黑土层，适宜稻、麦、豆类、棉花等农作物生长。

板浦镇历史悠远。有据可考镇史达 2000 余年。西汉初年名“北蒲”，三国时代，隶属东海国胸县的板浦，因西近胸山，东临海边，域中又有两条通

---

① 高文清主编：《连云港饮食文化》，中国文史出版社 2012 年版，第 396 页。

② 高文清主编：《连云港饮食文化》，中国文史出版社 2012 年版，第 399 页。

海小河和众多水塘沼泽，所以又名为"胸浦"。隋末唐初建镇时正式定名"板浦"。唐代伊始，板浦即是淮北主要产盐区之一。自宋至清末，板浦市井繁华，商贾辐辏。因其"盐池汇宝""岁产百万金钱""淮北盐都"和"小上海"之誉称而成为古海州地区的一个政治、经济、文化重镇。清代漕运总督管干贞有《板浦》诗赞咏："昔闻营版筑，远浦接蓬莱。山月随潮入，秋帆逐水开。地今临海断，人自涉淮来。信宿犹知处，渔矶绣绿苔。"诗中不但描绘了板浦"临海断""接蓬莱"的独特地理环境，也包含了"板铺"的悠久历史与人文情怀。民国元年（1912）海灌分治后，板浦为灌云县县治所在。解放初期，县城南迁，板浦仍为区建制。1956年4月改为灌云县属镇建制。2009年板浦镇划归连云港市海州区。

（二）板浦镇悠远的盐业历史

板浦的发展得力于盐业的兴起。秦代，板浦西郊即有先民居住生存繁衍，"靠海吃海"，多以渔盐为生，开始"煮海熬波"生产食盐。据1992年东海尹湾汉墓出土的简牍考证：西汉时期，朝廷已向东海郡的伊芦、北蒲、郁州三处产盐区派驻盐官，负责管理盐政及盐斤收购、上解、拨付等事宜。其中的伊芦盐区即今灌云县伊芦山附近，郁州盐区在今云台山麓一带，北蒲盐区即为今板浦所在地。另据《海州文献录·水利录》记载："西汉初年民田与灶池盐廪错处，其间毗连苇荡……土洼而水洳，宜蒲芦，兼葭芦荻遍野"。

及至大唐，板浦盐业生产已初具规模。武则天垂拱四年（688），开凿"官河"以利盐运，故称"运盐河"，后又名"盐河"。盐河，南起淮阴京杭大运河入口处，北至新浦盐河桥，全长152公里。[①] 盐河从板浦西郊穿过，"盐课所经，官舫估（贾）舶，帆樯相望"，板浦已然成为水陆盐运的枢纽中心。宋真宗天禧元年（1017），板浦盐区扩建成"板浦场"，辖有西临、西三、新坛、东临四疃。其时，板浦场的海盐产销已"居淮北之冠"。南宋绍熙五年（1194），黄河夺淮入海，由于泥沙骤增，滩涂日扩，淮北盐灶不断向东拓展，板浦场得以扩建壮大。

元惠宗至正六年（1346），黄河再次夺淮，在淮南盐产逐渐减少的情形下，板浦场再度发展扩建，"运盐使司"开始建立。到至正二十八年

---

① 连云港市交通局交通史编写办公室编：《连云港市交通史》，南京大学出版社1989年版，第34页。

（1368），在淮北的板浦、莞渎、徐渎和临洪四场中，板浦场居于首位。洪武二十五年（1392），板浦镇因盐业的兴盛始建"盐课司大使衙门"。明成化三年（1467），板浦海盐生产工艺上历经了意义重大的技术革新，"炼海"煎熬的传统煮盐法被小型砖池（亦称晒格）滩晒方法取代，后又逐步过渡成以八卦式盐池（俗称"八卦滩"）为代表的泥池滩制盐，此方法通过"引潮蓄水""落底积卤"，利用太阳辐射能量让海水自然蒸发结晶成盐，一方面大大提高了灶丁的劳动效率，另一方面滩晒法生产的色白、粒大的大颗盐从此取代了过去熬卤煮盐法粉末状小籽盐。从此，淮盐独享"海盐之冠"的美誉而驰名天下。《明史·食货志》曾言："淮南之盐煎，淮北之盐晒。"《嘉靖盐法志》则记载曰："淮北之盐晒于地，其形颗。"主持此次技术革新的盐业督办丁永被誉为板浦盐业生产发展史上的第一座"里程碑"。由此，板浦的盐业生产获得了重要的发展契机。据《嘉靖盐法志》载："板浦场东北滨海，南带祝项河，西控涟河，广九十里，袤三十里"。另外，张峰在《隆庆海州志》曾言："余尝登高以望板浦、徐渎、临兴三场，海堰晒池，累累如罫"。盐河中"商船无虑千艘，昼夜连络行不绝，其利可谓博矣"。

清康熙十七年（1678），板浦盐场因归并了被撤销的徐渎盐场原于公、北献、大义三疃而得以扩展。此时的板浦盐场东至中云，西至朐山，南至祝项河，北至云台山，计有官私盐滩 330 份，垣商 331 家。康熙二十四年（1685），板浦和新坝设立口岸海关监督，板浦作为港口海关，是当时苏北三大盐运内港码头之一。康熙末年，虽关隘撤除，但从板浦洪花堰通盐河"北连卞家浦，南达于淮泗，仍为灶盐运场之道"。

乾隆二十四年（1759），原驻淮安的盐运分司入板浦，古镇新建盐政署衙。乾隆二十八年（1763），原"淮安盐运分司衙门"改为"海州盐运分司衙门"，下辖板浦、中正、临兴三场，分司衙门仍驻板浦。此时，板浦盐业呈现兴盛局面。据清《江南通志》记载：嘉庆九年（1804）时，"板浦场有盐池七疃，旧额设本、客池四千九百六十五面，额产盐八万七千三百三十七并引半；租课灶课折价及纳荡租额征银五千五百二十二两六钱四分一厘。临兴场有盐池九疃，旧额设本、客池一千九百九十九面半，额产盐四万三千九百八十九并引，租课额征银一千八百十一两九钱二分六厘。中正场有盐池四疃，旧额设本、客池二千四百八十九面，额产盐二万四千二百七十二并引，租课额征银三千四百三十六两六钱六厘"（注：清制每 400 斤盐为一大引，200 斤为一小引，两单引合并称并引）。

道光初年，淮盐因盐商垄断，呈现"商疲课绌"的局面。时任两江总督的陶澍奉旨兼管两淮盐政，抓紧"整顿盐纲"，经深入调研，他在两淮诸多盐场中首选板浦场作为盐政改革的试点场。在魏源、谢元淮等全力协助下，陶澍大刀阔斧地实施盐政改革，推行"票盐法"，"扫除积弊用良法，改去纲盐行票盐"，取得显著"嘉绩"，乃至"国课充足，民生乐利，而且兴复水利，培植学校，稗宜宏多，舆论允洽"。魏源曾赞颂此改革是"利国，利民，利商，利灶，为数百年前所未有"。陶澍由此被誉为板浦盐业生产发展史上的第二座"里程碑"。

陶澍盐政改革后，板浦场的盐业生产和运销经营进一步跨越发展。当时，板浦场"下辖八十一个小盐场，有盐滩五千份。"淮北海州分司运判童濂在板浦设督销局，管理票盐的放销事宜。板浦场产盐行销苏、豫、皖四十一个州县，成了"岁产百万金钱"的苏北经济重镇。此时，淮盐经济的中心亦由扬州转移到板浦，"淮北盐都"由此而来。明清时期的板浦因"盐池汇宝，四方通衢，盐商富贾云集，文人墨客汇聚，市井繁荣兴旺，民俗民风淳朴"而一度兴盛。"南扬州、北板浦"的谚语充分说明盐商给板浦带来的繁华可与运河名城扬州相媲美。

纵观板浦盐业的悠久历史，得力于盐业和水上运输的发展，历史时期的板浦一度成为淮盐的重要集散地。1930年被誉为民国政府盐务系统"四大金刚"之一的缪秋杰在板浦主持两淮盐政五年，板浦的地位日益凸显。1931年2月，两淮盐运使公署从扬州移迁板浦，缪秋杰升任两淮盐运使，下辖板浦、中正、临兴（青口）、济南四场。他相继采取了严办走私、建坨筑路、以轮船铁路取代木船漕运、改善通讯设施、改革装卸制度等一系列有力措施。1935年，缪秋杰在板浦开通了10门磁式交换机，架设了场区电话线路，线路走向北至新浦17.5公里，南至阜宁101.3公里。缪秋杰主管淮北盐政期间，功绩卓著，促使淮北盐业生产的再度振兴，由此也带动了板浦地方经济和金融、服务等行业的发展。缪秋杰被誉为板浦盐业生产发展史上的第三座"里程碑"。

（三）食在板浦

《清盐法志》曾言："盐商夙号殷富，而两淮尤甲天下。"盐商们凭借雄厚的经济实力"建华宅，筑园亭，雇家庖，精肴馔，蓄优伶，逛青楼，声色犬马，花天酒地，斗富逞强，一筵千金，以相矜炫已耳"。垣商富贾们的精求美食，附庸风雅，喜好声色，促进了板浦饮食文化的传承、创新和发展。其中的徽商、晋商以及京、冀、豫、宁、扬等地区的文人富商带来先进经营理念的同时，还带来了南北各地的饮食风尚、烹饪技术以及文化习俗，促使南北饮食文化在此交融与发展。其时，民间有谚语曰："穿海州，吃板浦，南城土财主。"板浦菜中的山珍海味、美馔佳肴，"食不厌精，烩不厌细"。用鱼脑做成的叫"长生羹"，用鱼籽制成的叫"珍珠串"，鸡舌炒对虾名曰"凤凰过海"，将黄豆芽的中瓣掏空，填入三鲜馅，美其名曰"龙须八宝珍珠蛋"……。板浦菜兴旺时，一座千户小镇，酒店多达 30 余家，比较有影响的有"四海春""杨国春""小禾""小乐意""华洋""万香居""蜀国菜馆""杨福记饭店"等，家家生意兴旺。为了迎合客人喜新厌旧、标新立异的心理，"顿顿变花样，天天换菜谱，月月赶时髦"。

板浦菜的考究在文学名著《镜花缘》中描述十分细腻。讲到板浦人会吃，"想着法儿，变着样儿，只在饮食上用功"，一个"用功"二字，从积极方面理解："吃板浦"的成因以及板浦菜的成名有其深厚的历史背景和社会基础。至于那些食必膏粱，"惟以价贵为尊"的"口福消费"，势必也能促进板浦菜烹饪技术的提升。李汝珍对这种"煮黄金""煨白银""一肴可抵十肴之费"的"燕窝席"，重笔描述就具有适用性和可操作性。此风所及，板浦人海鲜上市，就是当了裤子也要先尝头水的消费心理，可见一斑。①

此外，板浦名流富商宴客档次之高堪比宫廷、胜似官府。清人吴炽昌《客窗闲话》卷三中的《淮商宴客记》真实地反映了盐商家宴的情况及菜肴的考究："筵上安榴、福荔、交梨、火枣、苹婆果、哈密瓜之属，半非时物。……馔则客各一器，常供之雪燕、冰参以外，……珍错毕陈"②。今天，虽然"煮黄金""煨白银"诸如此类的佳肴业已不复存在，但是"食在板浦"仍是海州地域重要的非物质文化遗产，并借助几百年来的诗文记述积淀成了本地域最重要的"文化记忆"之一。

---

① 朱仲琴：《海属社会面面观》，《新青年》第八卷第五号，《社会调查》，第 6 页。
② 高文清主编：《连云港饮食文化》，中国文史出版社 2012 年版，第 401 页。

# 第六章
# 多元并举的建筑文化显现强烈的地域特征和时代意义

　　建筑文化是人类生产生活及其建筑载体与自然环境长期互动的产物，具有鲜明的民族和地域特征。自古以来，连云港山海相拥的地形特征，商业、军事、政治与文化交融汇通之地的区位优势，为其独特的建筑文化的生成奠定了自然基础。依山而建、砖石并用的建筑风格体现了显明的地域特色。近代以来得力于近代交通的优先发展，连云港经历了更具独特的发展历程和更加重要的历史机遇。本地域建筑在承继传统建筑文化的基础上被赋予了新的时代内涵。作为城市的印记与载体，建筑以其凝固的结构与无声的语言反映了这一历程。

## 第一节　因山围城的石砌传统民居

　　因地制宜，就地取材是建筑文化最为重要的特点。连云港地域多山多石的地域特征，为依山围城的石砌建筑提供了天然条件。本地域的南城（凤凰城）镇、海州城、连云古镇、灌云板浦镇等著名古镇保留了诸多石砌建筑民居。其中的南城（凤凰城）镇保存最为完好。

### 一、南城镇（凤凰城）的起源与演变

　　南城又名"凤凰城"。背依今云台山西南端，地处与市区相距约 5 公里的东南方向，总面积 4.8 平方公里。因曾与其东北面的墟沟营寨南北相望而得名南城，与墟沟相同，曾是海防重镇。历史时期南城和与之相连的云台山一道孤悬海中，与孔望山隔海相望，城畔左右相互对峙的凤凰东山和凤凰西山与其相依相伴。直至清初康熙年间，南城才渐与大陆相连。在战火频发的战争年代，易守难攻的地理优势使其拥有了较高的战略地位。

据《汉书·昭帝纪》记载："三年，冬十月，凤凰集东海，遣使者祠其处，山之得名"。无论如何，凤集东海是一件震动京都的大事，昭帝不仅遣使在凤凰山上修建了祭风祠，还于始元七年将自己的年号改为"始凤元年"，其子汉宣帝亦建年号为"五凤"。之后，《云台山志》《嘉庆海州志》《东海古迹》等史料文献都有关于凤凰山如凤展翼的记载与称道。南城最早建造时间始于魏晋南北朝时期的刘宋泰始二年（466年），今云台山地区乔置青、冀二州，青州刺史刘善明修筑，古城雏形用石头垒砌而成。之后，一度作为齐郡、北海郡、东海县治所的南城，随着政治、经济、文化及军事中心地位的提升，城内便拥有城垣城门以及衙署、府邸、店铺以及宗教等多种传统建筑。唐贞观十三年，魏征巡视东海要塞，登凤凰城，执笔题书"宁海门"三字，勒石立于南门之上匾额，此石现存于市博物馆。咸丰十一年，海州牧黄金韵所题"古凤凰城"石刻至今仍镶嵌在南城门的门额之上。此外，城内现存的南城东大街古街道及传统民居，进一步佐证了本地区明清以来建筑文化的深厚内涵以及独特的地域特征。

**二、南城镇（凤凰城）东大街石砌建筑的独特风格**

南城镇（古凤凰城）东大街及沿街石砌建筑是目前保存较为完好的我国明清古建筑的代表之一。城内的主要干道——东大街，从南至北约1500米，整条街道皆用石板铺设。大街中央使用顺向的石板铺出路脊，俗称"龙脊"，路脊两侧各用横向石板铺出路心。沿街民居大多为面阔三间、进深六部架的硬山顶平房，规模较大的有江氏、侯氏、郭氏等三四幢围成一院的，甚至两三进院落等规模更大的传统建筑。这些传统建筑作为本地域明清建筑的代表，蕴含着地域的独特风格。

（一）多石少砖的用料风格

南城东大街从城墙到房舍，从街道到庭院，均使用当地石料建成，墙壁全石至顶，只在门、檐、脊、顶等局部使用青砖、青瓦和砖雕作为装饰。这是传统民居建筑顺应地理和气候条件作出的选择。就地势而言，连云港地处鲁南山地向南延伸所形成的低山丘陵与江淮平原的接合部，从东向西分别为云台山、马陵山和铜山三列山地，高度在数十米至数百米之间，地形切割破碎。山地多石，所以该地区就地取材，以石筑墙。此外，连云港沿海地区东临黄海，四季多风，夏秋多雨，石材自重较大有利于抗风且防水耐久，其境内众多的摩崖石刻和采石场遗迹表明其居民很早就懂得利用本地丰富的石材建造房屋以抗风挡雨，形成了石材砌墙的传统并延续至今。

　　古南城背依云台山一隅，加之左右对峙的东西凤凰山与其相依相伴。丰富的石材资源便于就地取材，开山凿石，石路、石井、石墙等石砌建筑造就了古南城的独特风格。其中，石墙建筑最富个性，其整面墙体皆由错落有致、大小不一的块石或片石叠砌而成。就建筑工艺而言，石料的组合，既讲究彼此间的咬合、拉结以求稳固，又讲究大小石面错落有致的美感，而且一般不勾缝、不抹面。据说过去工匠砌墙是坐在凳子上逐块逐片砌筑，讲究慢工细活。一块不大的墙面常由上万块片石精心叠砌而成，凸显了细密纤巧与精致的工匠水平。

　　（二）多勾缝少抹面的装饰风格

　　粘结、勾缝和抹面是我国传统墙体建筑过程中的组成部分。据当地匠师介绍，用于砌筑石墙的粘结、勾缝和抹面材料称作"狗屎泥"。这是一种当地特有的岩石风化后的粉末状混和物，外观呈黄、白色，易于结渣，其成分类似石灰但更显坚硬。用于砌筑墙体，见风就干，相当牢固耐久。在使用过程中一般以石灰、稻草灰、糯米汁拌和，不同石墙砌体的勾缝做法各不相同。片石墙一般不勾缝，直接展示片石砌筑的肌理美感。表面规整的毛块石和整块石一般勾断面半圆或方形的凸缝。当以碎石或多种不同石料砌筑时，往往先将石缝填实后勾抹平整。考究的做法在嵌缝的灰面上还会施以吉祥图案装饰，如连云港南城镇侯府的正房钉墙抹灰面上，就着石材的轮廓，辅以简洁的线刻，错落有致地分布着莲藕、寿桃、银锭、石榴、葫芦等各种吉祥图案，风格粗旷而装饰，趣味十足。这种装饰实际是当地居民对待生活的内心世界在建筑文化上不同程度的反映。

南城镇侯府门屋片石墙　　　　　　　　南城镇石板街两侧乱石墙

### （三）加砌"天香庙"的建构风格

礼仪习俗与建筑的相互融合是中国传统建筑的基本准则。连云港地域民间信仰历史悠远、宗教色彩浓郁，这种极具地域特色的礼仪习俗在民间建筑上得到了充分反映。本地域工匠在建主屋时，均在大门左侧预留一个三尺高的墙洞，上端修饰成楼阁檐形，饰以檐口、砖雕龛顶和台基，当地称之为"天香庙"。在古南城每户民居厅堂大门的左侧都建有一个这样的砖制小龛"天香庙"。"天香庙"亦称天香阁，中供三元大帝，亦有供姜子牙或天地神灵。但从现存的几座"天香庙"

南城镇侯府正屋门东侧的天香庙

实例分析，这是本地域民间祈福文化和三官信仰的典型范例。整座"天香庙"，精雕细刻，装饰华美。如东大街30-2号郭氏居宅正厅的天香庙门楣上雕刻着两支左右对称的如意开光灵芝纹。种种精美的刻纹充分体现了先民祈求平安、向往幸福的心理追求。

## 第二节　近代化港口城市功能的显现与建筑文化的嬗变

受海陆变迁的影响，连云港是一个迁徙性很强的城市。尤其是近代以来，城市扩张始终追逐大海，城市中心的移动追随着港口的变迁。今天连云港市的中心地带位于新浦，而海州是曾经的繁华之地。从历史变迁的角度看，新浦的发展与海州的衰落，很大程度上互为因果。随着东陇海铁路的通车，城市发展进一步追逐大海，终端港口老窑的建设奠定了连云港近代化港口城市的坚实基础。近代新型港口城市的发展为近代建筑文化的发展提供了新的历史机遇。

### 一、近代连云港城市发展历程

特定的自然、社会环境决定了连云港城市鲜明的个性特征。从区域上说，更接近徐州，除了地理上的接近，还有近代城市发展契机上的接近。连云港甚至比徐州更具有交通的优势：东临黄海，是江苏省的唯一良港。近代时期，在国父（孙中山）振兴中华的实业计划中被定为东方大港。同时又是横贯中国中部东西方向大干线——陇海铁路的终端海港及大运河水路系统——北通黄河南通珠江中通扬子之汇运所在地，水陆称便。

由于受海陆变迁的影响，连云港是一个迁徙性很强的城市，城市扩张始终追逐大海，城市中心的移动追随着港口的变迁。今天连云港的市中心，新浦以前是盐滩，位于临洪口与旧海州城之间，晚清时期在当地士绅及外来客商的共同开发下，其区域地位日渐显露。1905 年开放临洪口的大浦后①，陇海铁路大部分进出货物皆由大浦港出海，作为大浦港的依托，水陆交通便捷的新浦迎来了发展的机遇。大浦作为一个孤立的港口，腹地不大，作用不显，必须有河、路与之相连接，组成一个与港口配套的集散中心。这样位于大浦腹地的新浦随着大浦港的开放，其地位日渐重要。1910 年前后，当地士绅沈云沛与许鼎霖勘测海州北面约十里左右的临洪滩，这里虽芦草丛生，但地势平坦，四面开敞，陆路交通无任何障碍。水路居蔷薇河、盐河之间，航运便利。周围靠近板浦、中正等盐场，距县城海州也不甚远。为了促进新兴商埠新浦的发展，沈云沛和许鼎霖携手合作，创办了一批在本地颇具影响的工商企业，为新浦这座新兴港口城市的起步和繁荣奠定了坚实的基础，之后商埠局筹备处于新浦的设立，进一步带动了附近地区的发展。

1925 年东陇海铁路通车至新浦，这座水上码头进一步肩负着水陆并用的职责。前河（今洋桥巷）码头以粮食集散为主，后河则以盐业、杂货运输为主。交通的便利与否直接影响流通能量的大小，而流通是区域城市发展的重要命脉和基本功能，它直接影响到区域城市的兴衰和发展程度。如果说首批工商企业的创办是新浦崛起的一个重要因素的话，那么东陇海铁路的通车运行又大大促进了本地工商业的发展，使新浦进入了城市发展史上第一个鼎盛

---

① 1905 年（光绪三十一年）连云港曾自行开为商埠，当时商埠设在临洪口。前清光绪三十一年奏准自行开放临洪口为商埠，地点由两江总督派员筹备。因改革搁置。民国五年一月农商部派员测量，核以开辟商埠计划应以陇海铁路、终点为依据。经咨准，交通部复呈陇海铁路东段终点测勘未竣，一时不能确定。九年四月江苏省长咨海属旅京士绅沈藩等呈请由中央各部院派员筹备继续开辟临洪口为商埠。十五年三月江苏省长海州商埠讨论会咨海州商埠区域全国请查核备案。（中国第二历史档案馆　全宗号十二　案卷号　2050，各省区开设商埠一览）

时期。此时，本地的商业贸易已经突破封闭式的市场局限，逐步形成以商品粮经营为主的纽带经济，江苏沿线的土特产，特别是粮食、油类、豆类等成为大宗出口货物，远至陕西、甘肃、山西、河南、山东；而由青岛、上海、天津等地输入的货物，则有烟卷、烟草、机械、钢铁、木材、水泥等。

火车初通引来国人围观

　　交通的发展大大促进了本地工商业的发展壮大，不少外地商户在孙中山的建国方略①的鼓舞下怀揣着梦想来连云港投资建设，山东帮、河北帮、河南帮、江南帮及安徽帮等商帮构成了近代连云港城市发展史上一支重要的新经济力量。当时海属地区最为著名的经营洋广杂货的四大百货店：台大、华中裕、义院、德厚成并称为新浦商界的四大名牌。

　　随着商业的兴起，一些服务行业也获得了发展的机会。以本地居民为首创办的各类牙行因顺应市场需要而得到相应的发展，中央旅社、远东旅馆、东方大旅社等大小客栈有数十家之多，第一池、三新池、忠义池等浴室也相继开放。四海春饭店等各式饭店、饭庄生意兴隆，三和新药店、益龄医院等

———————————

　　①　孙中山先生曾在他的《实业计划》中提出在连云港建二等港的设想，但未能如愿。1933 年由荷兰治港公司承建连云港。

中西医药号应运而生，新海报社挂牌办报，各类学校如：普庆小学、商务学校、劳工子弟学校等相继招生上课。甚至当时的新兴事业如：美商花旗保险公司、日本太平洋保险公司等保险业务，德商的储蓄机构等金融行业也纷纷插足本地。前来当地投资的还包括部分外商，如美国的美孚、亚细亚以及美国烟草公司的分支机构等。他们借助铁路交通的发展与机遇，以民主路为依托，在此建造了大量的商业建筑并向四边发展蔓延。实际而言，在新的历史机缘面前，迎着铁路的方向追逐大海的城市塑造仍将继续。

**二、近代连云港建筑文化兴起的历史机遇**

在漫长的中国历史上，近代是一个充满悲怆和壮烈色彩的特殊时代。身处末世的慌乱和不明确的未来的人们一方面怀揣着建立一个新世界的理想主义而另一方面又面对的是无奈的社会现实。在这样一个矛盾错综交织的时代环境中，建筑的发展因受到众多因素的影响形成了独特的时代印记。地处沿海的连云港，以交通为先，迎来了新的发展机遇。以商业为基础的地方经济发展催生了一批近代建筑的兴起。

（一）新旧思潮交织下近代中国建筑文化的嬗变

近代以来的东西方相遇使得新旧思潮在古老而传统的中华大地上发生剧烈碰撞，在东西方两种思潮的相互交织下，在西方干预对中国政治经济体制转变产生深刻冲击力的作用下，中国社会的各个层面开始了由传统向近代的变革。在这场近代中国与西方的相遇中，对经济利益的疯狂追求首先把外国人及其生活方式和观念带到了中央王国。反映在建筑领域中，首先是代表官方的、以借鉴西方建筑形式为依据的建筑理念体现在各种主要建筑活动中。其次是近代以来尤其是 20 世纪初期以来的一些军阀政客、官僚地主等拥有雄厚经济实力的上层人物在崇洋媚外的思想倾向和洋化生活的社会风气的深入影响下，纷纷建造起模仿欧洲古典式建筑的中国衙门以及私人住宅等等，这种直接的炫富和显摆一时成为中国上层社会的风尚。

（二）东陇海铁路延伸的构想与实现

陇海铁路原名陇秦豫海铁路，又名海兰铁路，全长 1759 公里，是横贯我国东西经过陇（甘肃）、秦（陕西）、豫（河南）、海（江苏）四个省的铁路干线。其中苏北境内（徐州以东）一般称作东陇海铁路，陇海铁路尤其是东陇海铁路的规划与修筑以及与铁路相连结的终端海港位置之选定和当地士绅时任邮传部右侍郎的沈云沛密切相关。

1. 东陇海铁路及终端港口建设的提案

光绪三十四年（1908）至宣统二年（1910）期间，沈云沛署理邮传部尚书，提出汴洛路（开封—洛阳）向西展筑洛潼（洛阳—潼关）线，向东修出开徐（开封—徐州）线。在沈云沛的提议下，当时就任陇海铁路督办的施肇曾就沈云沛的方案于1912年与比利时公司签订由甘肃兰州至海口的陇海铁路及东端终点开辟海港的筑路合同。1908年清政府关于铁路建设的诏令中指出"江苏"为"最要"。并以王清穆为总理，规定江苏全路，江南至上海经松江以达浙江，江北自海州入徐州以达陇。宣统二年一月二十七日（1910年3月8日），邮传部在《奏勘明开徐海清线路及时兴办》中说"开徐清海线路以开封为起点，以自开商埠之海州为尾闾，西联让洛以达甘新，为中原东西一大纬线。认为该线路陆路则与京汉、津浦交通。水路则与各洋航路相接，掘控制海陆之形变，握操纵自我之机关，经武兴商胥觇实效。即现筑之汴洛、洛潼亦必恃此路通始可免赔折而期获利"①。这就初步形成了陇海铁路干线规划概念。

在陇海铁路终端海港地址的选择上，沈云沛更是独具慧心。他主张在海州并筑三座海港，在山东、江苏交界处的岚山头（属山东日照县）建筑一个深水海港，而"西连岛风平浪静，虽不甚深，但稍加疏浚，便可与黄浦江深度相同，可以在此建造转运海港，便等于将陇海铁路修筑到上海……"② 他还拟在灌河口的燕尾港筑一个内河海港，因为灌河水深不亚于上海黄浦江，由燕尾港上溯可通里下河，上游由杨家集、新安镇可通盐河、运河，这样江北全境无不可通。由于当时清政府的修路筑港权被洋人操纵，因此这些计划必须得到洋人的同意。岚山头、燕尾港两地，经法、比两国工程师勘测，认为岚山头确实能建成深水港，但筑港经费多，且须延长铁路线数十公里，燕尾港亦为相宜的内河海港，但外籍工程师反对陇海路选择河港，同时也由于路线绕远，结果对此两港均放弃。沈云沛坚持并建三港的主张虽然未被北洋政府交通部予以采纳，但其主张先建西连岛海港与上海联运的这一主张则与法、比两国工程师的意见合辙并予以采纳。

2. 独特的地缘因素决定了近代海州成为陇海路的终端出口港

关于陇海路东段沿伸方向及港口的修筑位置，沈云沛和张謇曾制定各自

---

① 徐德济：《连云港港史》，人民交通出版社1987年版，第49页。

② 《连云港市文史资料》，第8辑，第155页。

方案。张謇竭力主张铁路至徐州后转而向南经清江浦沿运河线修至通州。概括起来讲，沈云沛的构想与规划最终变成现实主要有这样几个因素：

第一，从地理位置上看，海州较之南通、海门更占优势。陇海局徐协华在《中国港务问题》手稿中写到"陇海铁路，原定西起兰州，东至海边为止，最初曾有以扬子江右岸之海门或通州为尾闾，后以徐州为陇海与津浦交接之点，必为商务荟萃之区，如在海州沿岸建码头与徐州相距，只有二百五十公里，而海门，通州距徐州均约五百公里，路线延长几及一倍，以距海州三十五公里之西连岛海峡筑港为最相宜"①。同时，清江、海门一带河道纵横，地势低洼，筑路成本自然大大提高。

第二，从物产上看，东海、灌云等县虽然较为贫穷，然而海州、徐州一带有着丰富的盐、磷、煤、铁等资源。灌河沿岸及临洪河附近是产盐基地，尤其是徐州、枣庄一带蕴藏着大量的煤炭资源。盐、煤这两种货物铁路运输方便，经济收益较高，这也是陇海当局为之动心的原因之一。

第三，陇海当局的一些有识之士希望建筑一个单独的铁路吞吐海港，以摆脱洋人的控制，因为当时青岛为日本人所控制，上海更是洋人的世界。而海州介于二者之间，是一块未遭受殖民者染指的"处女地"。

第四，当时处于上海和青岛之间的"真空地带"的连云港，对债权国荷兰来说也是一块未被他国践踏的前景广阔的土地，荷兰工程师就曾言"连云港在中国的海岸上实为一理想的国际商港也，且陇海路所经过之省区，俱为中国之中原地带，物产饶富。将来发展未可限量"②。

经沈云沛的提议以及陇海当局与荷兰的签约，陇海铁路东段从民国七年（1918）开始修建，1924 年通到海州洪门，到民国十四年（1925）七月，徐海段通车至新浦，全长 186 公里。1935 年 6 月南京国民政府将该线展筑至连云港，并修建了连云港港口，至此东起连云港、西至宝鸡的陇海铁路方告完成，全长 1226 公里，是贯穿我国东西的铁路干线之一。从提议到规划、从签约到修建再到最终的通车营运，这条铁路包含的半殖民地色彩最为浓烈，其修建时间之长是中国历史上罕见的。然而当我们回顾修建陇海铁路这段坎坷历程的同时，我们更应该缅怀沈云沛先生，因为东陇海铁路对近代连云港以

---

① 徐协华：《中国港务问题手稿》。

② 许绍遽：《连云一瞥》，《海州文献丛书》，第一辑。

及当今连云港的经济建设、城市发展产生了深远的影响。

作为滨海城市，在近代"西风东渐"的时代环境下，在陇海铁路的通车以及港口建设带来贸易大增的情形下，以交通取胜的连云港开始了由传统向近代的嬗变，以追逐大海为目标、发展地方经济的奋发精神成为本地域近代史上最为独特的文化个性，这种海洋性的文化特质体现在包括建筑层面的诸多方面。今天保存完好的中西合璧的私家住宅、民主路商业街道以及连云港东站既是西方强大的影响力与自身民族文化相互交织的一个时代缩影，也是近代中国对待西洋文化由排斥、恐惧到仰慕、模仿心理特征的反映，同时也蕴含着在孙中山的建国理想和交通为先思想的契机下，一支怀揣梦想辛勤耕耘的新经济力量在推动地方社会发展和文化嬗变过程中的巨大贡献。

## 第三节　新旧思潮交织下的近代建筑

近代以来，苏北地区的近代建筑伴随着民族资本主义的成长而逐渐兴起。1899 年，苏北地区近代史上最早的西方建筑——邳州市邳城镇天主教堂建成，从此西方建筑文化影响着苏北地区。在民用建筑，公共建筑以及工业建筑等各行业各领域，一时涌现出多处西式建筑。在连云港近代建筑文化体系中，从私人住宅到工业建筑，从商业街区到交通遗存等都呈现出浓郁的地域特色以及多元化的建筑风格。总体而言，"多元的，带着探索的意味，找寻着自己的道路和方向"是近代连云港建筑的显著特征。以私人别墅、民主路、港区钟楼等为代表的中西合璧的近代建筑充分体现了这一特征。

### 一、仿欧古典式的私人别墅

近代社会生活相较于传统社会发生了重大的改变，反映在建筑领域即是传统居住建筑类型受到外来文化与生活方式的影响向新式私人居住的建筑模式转变。

近代以来，区位显要，环境独特的连云港，一方面得力于近代交通的领先地位，另一方面得力于临洪口大浦港于 1905 年的开放通航。铁路和远洋客货航运的发展使得地方社会经济呈现小农经济与商业、商品经济高度发展相结合的新型社会经济形态迈开了经济发展与社会转型的步伐。商品经济的发展是城市转型和发展的重要源泉，在以西式建筑作为表达财富和地位的主要方式的时代环境下，本地域的城市肌理亦从此被改写，新式的近代私人建筑于 20 世纪初开始出现。

（一）谢家洋房

该洋房是海州城内唯一现存的中西合璧式私人洋房，现为连云港市海州区公安分局。清末民初，海州城殷、葛、沈、杨、谢五大显赫的官僚家族之一的谢家，凭借雄厚的经济实力和社会影响，于 1934 年聘请荷兰工程师在海州城最为繁华的中大

谢家洋房

街兴建私人洋房。洋房坐北朝南，建筑面积为 256 平方米。高 7.5 米，多达 14 间的谢家洋房，前后建有雕花走廊，屋顶设计荷兰帽式天窗，西式图案的墙面以及烟道、壁炉等设施的设计体现着中西合璧的建筑风格。整座建筑设计精美，雍容华贵。

（二）望海楼

望海楼位于墟沟北固山东坡，由当时国民党军事参议院院长陈调元长子陈度建于 1926 年，是一栋全石结构的仿欧风格的海滨别墅。占地 363 平方米，局部三层，依山而建。登临三楼阳台，浩瀚的黄海尽收眼底，尽显奢华气息。

（三）乐寿山庄

乐寿山庄位于今天墟沟海滨公园内，是海州镇守使白宝山于 1918 年请德籍工程师设计的欧式花园。其中的欧式三层建筑白大楼毁于战争。整座建筑的完整风貌虽不复存在，但现存的以石材为主的荷花喷水池、向若亭以及拱形石门依然呈现出近代连云港的时代特征和区域个性。

（四）南洋楼

20 世纪初，西方宗教文化已经伴随着他们的政治经济文化影响着古老中国的诸多地区，濒临海洋的连云港较早地体味着"西风东渐"的时代气息。20 年代，天主教文化已在本地域留下了历史的印记。位于海州白虎山西侧的

南洋楼，为美国牧师明乐林和戈锐义的私人别墅，于 1927 所建。整栋别墅占地面积 2400 平方米，呈西洋式建筑风格。洋楼本为东西两幢，并有花园、草坪、洋井和水池分布其间。如今，西楼已被拆除。而建筑面积 288 平方米，高 13 米，坐东朝西的东楼依然保留着完整的建筑形象。出檐的尖顶、楼顶坡面的对称式天窗、平顶的阳台、西式的门厅、楼底的地下室以及楼内的门窗、壁炉、烟道、楼梯设施等都体现着典型的中西合璧的建筑风格。

西式洋房的出现表明近代连云港地区的传统居住建筑开始发生了由局部至整体的变化，首先是由单层变为多层。其次，在建筑细部上，西式建筑的诸多因素被采用，如楼梯成为了塑造室内空间的重要因素。尤其是别墅建筑的兴建，做工精致、富丽，不同于传统社会中大户人家通过平面占地展开而门脸依然内敛的方式来表达财富，近代别墅展示出来的是显摆直接的财富与地位。西洋建筑的出现反映了在新的时代环境下，连云港近世社会生活开启的变化与转型。

**二、近代商业街道空间——民主路**

近代连云港民主路商业街区的兴起主要源于新型商埠新浦的崛起。清末，新浦即已崭露头角，"商务极盛，起居交通，均较海州为便利。……以现状论，苏省黄河以北，徐州以东，当以此镇为最新之商业市镇"①。至 19 世纪 30 年代新浦商业的兴盛已颇具影响，其商业发源地与商业中心——民主街已经形成了完整的商贸服务体系，并成为近代江苏最早的商业街道空间。民主街与之后兴起的苏州西中市街区并称为近代江苏两大著名商业建筑街区。这种商业街道的空间组织方式是"西风东渐"以来近代商业文化在古老中国大地上的集中反映，街道的设计充分考虑到以步行的尺度满足人们商业活动的客观要求。

（一）民主路的形成与发展

民主路原名中山路，长约 1500 米，宽约 12 米，于清末民初在本地域日渐兴盛的商业引领下逐渐形成。作为新浦地区近现代商业的发源地及商业中心，民主路留有近乎完整的商业街道空间，是本地域"西风东渐"的时代环境下传统与现代相结合的商业模式的典型代表。其中的每一座建筑都是各号商家邀请原籍建筑师精心设计，有着自己独特的建筑特点和风格，成为独具

① 胡焕庸编：《两淮水利盐垦实录》，南京：国立中央大学出版社 1934 年版，第 13 页。

地域文化特色的建筑一条街。

民主路最初主要是军阀白宝山①拉大炮的大街。1905 年临洪河口的大浦港自行开放，作为大浦港依托的新浦，日渐繁华。来此落户的商户，先是海州的殷、葛、沈、杨、谢五大官僚地主。如海州士绅沈云沛把经营茂盛的牲茂商行迁至新浦，又在新浦设了牲泉槽坊和牲泰油坊。在沈云沛的一些带有"牲"字号粮油商行的创办以及本地商贸日渐频繁的情形下，外地官僚亦陆续来此开设店铺，如曾任国民党江苏省民政厅厅长的王公屿开设的恒慎布店以及国民党将领刘屿开设的聚安盐号都极具代表性。

民国初年，以民主路为中心在新浦开设的粮行、油坊、面坊、槽坊就有复茂永、刘四太、福聚东、六和圣、永昌等 10 多家，这些粮行都集中在后潮河沿岸，谓之大行；沿前河、洋桥附近摆设的许多粮匾，称为小行。"据 1918 年的一个统计，在这地区的粮食集散量达 60 余万石（每石 360 斤）"②。以粮油业为主体的商贸经营成为本地近代经济发展的一个显著特征。与此同时，新浦作为一座新兴的商埠城市，其兴盛局面日渐显露。"新浦不但为铁路东段之大站，水陆交通亦以此为中心点。……东西大街两道，长约二里，市房多新式建筑，洋楼数层，电灯电话俱全，娱乐场所，旅馆饭店亦应有尽有。商店多属洋广杂货，缓步街头，见大厦高矗，牌匾辉煌，几疑置身大都市内。"③

在商业经济发展的引领下，以民主路为依托的商业建筑，向四边发展蔓延开来，最终形成了新浦城区而逐渐使之成为了连云港的中心。至抗战前夕，这里已经形成了两条主要商业街：一是新浦大街（民主路），以布杂、广货为主；二是新浦后街（建国路），两者合而为一就是我们今天的后大街。民主路原沿街两侧旧式店铺鳞次栉比，多为采用西式立面的建筑，成为新浦昔日商业繁华的见证。其中的东亚旅社以及山东同乡会会馆最为典型。

---

① 白宝山（1878-1941）：字峻青，晚年又号瑞石老人，河北省宁河县芦台镇人，行武出身。原为军阀张勋属下协统（旅长），后作为定武军中的统领，于宣统元年领兵进驻海州，任海州镇守使，转投靠孙传芳，久居海州一带，成为地方实力派人物。他自从来到海州以后，就认为这里地处海隅，南北适中，是一块福地宝地，一门心思想在这里做一个不倒翁式的海州王，安家落户，子孙永远。

② 《连云港经济史资料》第四辑，第40页。

③ 张松年：《连云港开工陇海东段视察记》，《大公报》，1934 年 7 月 10 日。

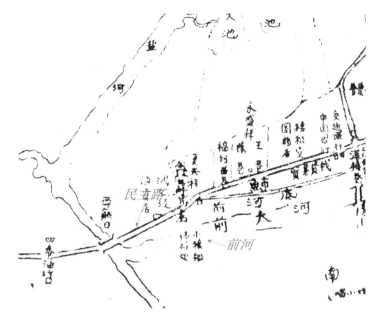

民主路在新浦商业中心的位置图

（来源：马鉴尧）

近代江苏最早的商业街道空间——新浦民主路

（来源：马鉴尧）

（二）东亚旅社

1919 年集资建成，位于民主街著名的第一池西侧，为 20 年代白宝山所建的高档旅社，又称"白公馆"，是连云港历史上第一幢采用二层楼的四合院形式的建筑。东亚旅社占地约 700 平方米，两层共 36 间房，高约 9 米，砖木结构，南立面有立柱、拱形门窗、阳台，楼内有宽敞的天井，四周为二层回廊，四角有楼梯通达二楼。白宝山极其欣赏欧式建筑，这处建筑是其出资邀请天津设计师和青岛建筑师精心设计兴建而成。建筑材料来自从塘沽港进口的德国的钢筋水泥，从上海港进口的美国花旗松木料。德国式的大红瓦以及在海州东专窑烧制的甜水青砖更是成就了东亚旅社的传统经典与西洋风采。据称："每块砖上墙之前均经过水磨，达到'丁四、立八、平十二'的标准。"①

该建筑的风格特征呈现中西合璧的双重性特征。院内为中国古老的传统风格，门窗采用中式格扇形式，门面则为欧式风格，置阳台，采用西式外窗。大门造型独特而富有内涵，融入了中华传统文化的元素。整体造型上圆下方，在方门的两边各立一根象征喜庆恢弘的红色门柱，柱头上塑有莲花座，莲花上不是端坐的观音菩萨，而是自然界里一棵苗壮鲜活的黄芽菜，以寓地载万物，门庭兴旺。

东亚旅社建筑内庭

---

① 王昕：《近代江苏建筑文化》，2006 年东南大学博士论文，第 66 页。

### (三)山东同乡会会馆

该会馆全称为"山东旅海同乡会会馆",作为民主路的又一标志性建筑,山东同乡会会馆不仅是近代连云港近代建筑史上中西合璧的代表,同时也是南北文化交融的历史见证。

自古以来,受各种自然历史条件的影响,中国的人口流动形成了一条不绝如缕的生态链。其中的"闯关东"一次次浪潮迭起,一次次震撼人心,因为"闯关东"不仅是一个开发东北的经济过程,更是一段中国历史上中原文化与关东文化融合的神奇佳话。除了"闯关东"以外,其实,长期以来,山东开拓者的足迹遍及全国各地,他们身处异乡,辛勤耕耘,组成所谓的"抱团现象",以地缘为纽带结成社会关系网络,在壮大自身力量的同时也传播着文化。

清末,崭露头角的新浦吸引着各地商帮前来投资经营,民主路成为山东帮、河南帮、安徽帮等外地商帮的聚集之地,其中,山东商帮的规模始终居于首位。先有山东人韩照堂等到新浦开设的手工织布坊、杨寿山开设的公和昌油坊以及梁志成开设的源祥泳布庄……之后,通过连绵不断的老乡关系的途径,前来经商的山东商人逐渐增多。及至 20 世纪初,山东帮垄断了新浦商业经营规模的 60%。在经营范围不断扩大的情形下,在商业领域发展壮大的现实需求下,1932 年山东商帮组建山东旅海同乡会,首任会长为源泰布庄股东、潍坊人徐敬甫。山东商帮壮大的过程实际亦是一个重要的文化过程,因为这是一种传统乡情衍生的信任、情感及结成的源长的邻里关系的作用,是一种传统乡情脉络的肯定性延续以及对共同生活图景或图式的认同。

会馆建筑为四合院两进院落,院内有东西厢房,临路是与院落等长的八间中式起脊砖石瓦屋,选材上遵循就地选用当地石材与瓦砖相结合的原则,中间堂屋亦是具有西式风格的平顶钢筋水泥建筑,两翼有向前伸出的耳房,门前有圆形廊柱及花式扶栏。整座院落体现中西合璧的近代建筑风格,既反映了来自山东的一支新经济力量在孙中山先生实业计划的感召下,怀抱梦想在新浦街辛勤耕耘的辉煌历史,也表明这座古老的海滨城市被赋予的新的时代意义。

除上述以东亚旅社以及山东同乡会会馆为代表的近代建筑外,以民主路为中心先后兴建起了生庆公、大华商店等十多座二层高的商业用楼院建筑。如在民主路商业建筑中较早建成的生庆公茶庄。该建筑由河北冀县人张质轩于 1919 年创建,位于民主路中间部位,房屋为砖石结构。门窗上雕刻的花鸟禽兽、葡萄等图案栩栩如生。又如建于 1933 年的商业建筑代表——大华商店。该建筑也位于民主中路，原名为义信商店、德厚诚商店。大华商店仿照上海"三大"公司式样，南立面有弧形的门拱和窗楣，有欧式立柱，二楼为天井式样，由木质栏杆围成，至今保存完好的这座商业建筑以其无声的语言诉说着 30 年代民主路商业繁华的浓郁气息。此外，建于 30 年代的三层砖石结构，楼顶为阳台，护栏为水泥质，北立面有双立柱、单立柱装饰的中西合璧的老邮电局以及由河南人孔仲安于 1923 年建成，位于生庆公茶庄西侧的三和兴药房等近代商业建筑也是此时连云港商贸活动繁盛以及港口地位提升的重要历史见证。

总体而言，从民国初年至 30 年代，具有"小上海"之称的新浦商业在各号商家的经营下进入前所未有的兴盛时期。民国初期新浦大街的商业建筑是随着陇海铁路不断追逐大海，在大浦港口以及连云港口贸易量不断增加，尤其是在连云港港口地位一时间轰鸣海内外的情形下，由近代新兴商业群体凭借较为雄厚的经济实力创建而成。

上世纪 30 年代民主路沿街的商业建筑

（来源：马鉴尧）

### 三、近代交通建筑的典范——连云港东站

追求经济发展是近代最为重要的时代特征。孙中山先生在其《建国方略》中认为发展实业是改变中国命运的关键力量所在，而所有实业中，又以交通实业为要，特别是铁路建设。他认为："道路，文明之母，财富之脉也。"[1]在动荡不安的时局下，尽管宏大的铁路建设计划与先生的愿望相去甚远，但交通建设为先、并与经济发展紧密相连的思想却在后续的国家建设中得到了

---

[1] 孙中山：《建国大纲》，国民书局 1927 年版。

尽可能的贯彻。连云港港口的建设反映了这一鲜明的时代特征。

（一）连云港的独特区位与港口名称的由来

连云港是江苏唯一的天然海港。山岛环抱，港阔水深，它所面临的海州湾，北起苏鲁交界的绣针河口，南至灌河口，呈新月型，是典型的港湾型海域，古游水、古沭水等众多河流由此入海，海口形成许多天然港湾。港口前临东、西连岛，背依云台山。作为我国东部沿海大港，港区正处于南北港口中间地带，与其他沿海港口距离十分临近，远航至日本长崎、广岛也分别只有 550 海里和 850 海里的距离（附表）[①]。

## 连云港港口与我国沿海重要港口城市距离

（单位：海里）

| 青岛港 | 烟台港 | 大连港 |
|---|---|---|
| 107 | 305 | 370 |
| 秦皇岛港 | 天津港 | 上海港 |
| 444 | 533 | 350 |

连云港得名于 1933 年。港口建设的提出来源于孙中山的《建国方略》。辛亥革命胜利后，孙中山履行和袁世凯的承诺放弃中华民国临时大总统职务，致力于社会改革，振兴实业，发展社会经济。1919 年他出版了包括《实业计划》在内的《建国方略》一书。《实业计划》是一份包括交通、商港、铁路、水利、钢铁、矿业、农业、灌溉、造林、移民等十大建设计划在内的近代中国第一份现代化蓝图。孙中山在《实业计划》中主张，要在中国沿海建设上海、天津、广州 3 个头等港，海州等 4 个二等港以及 9 个三等港、15 个渔业港。他认为："海州以为海港，则刚在北方大港（天津港）与东方大港（上海港）二大世界大港之间，今已定为东西横贯中国中部大干线海兰铁路（即今之陇海铁路）之终点。海州又有内地水运交通之便利，如使改良大运河其他水路系统已毕，则将北通黄河流域，南通西江流域，中通扬子江流域，海州之通海深水路，可称较善。在沿江北境 259 英里海岸之中，只此一点，可

---

① 徐德济主编：《连云港港史 古、近部分》，《中国水运史丛书》，人民交通出版社 1987 年 6 月版，第 1 页。

以容航洋巨舶逼近岸边数英里内而已。……海州比之营口，少去结冰，大为优越。"孙中山对海州港口的建设设想对后来民国政府对连云港建设以及"连云港"的定名起了至关重要的作用。

1932 年，国民政府按照孙中山的《实业计划》，决定在原海州海边开辟海港。是年，铁道部核准了陇海铁路局在老窑（今连云港镇）建港的报告，10 月 10 日成立了由总务、车务、工务、机务等组成的港务管理委员会。管委会就港口的名称向陇海铁路局提出了两个方案，一种是称"云台海港"，另一种是称"西连岛海港"。10 月 26 日，陇海铁路局局长钱宗泽给铁道部上了一道呈文"本路东段正在积极兴筑，指日观成，所有海港名称关系地理、商业，颇形重要，亟应及时拟定，以免日久沿用俗名，致成习惯。查该港处有东西连岛，与西连岛紧相衔接，实为水陆联建交互之键枢，思义顾名，拟即称为云台海港或西连岛海港。" 11 月 11 日，铁道部业务司给陇海铁路局回电复："查此案经本司根据史地沿革，拟议有三：一、云台，原为贵路所拟；二、连云，以云台山、西连岛两名胜各择一字，假定所有民帆巨舶连云，言航交盛也；三、临洪，该港适处临洪口，以之定名，取义雄壮，声音既响，呼唤极便。上列者孰为适当，仍乞高明酌定赐复，俾便呈核颁行。"钱宗泽接电后，认为"连云"为港名较为合适，经广泛征求意见，认为"连云"含义较广，1933 年 2 月，经铁道部部长顾孟馀核准，连云港港名得以颁布。由此可知，"连云港"最早作为港口地名具有两层含义，一是该港处于云台山与东西连岛间，遂取云台山、连岛两处名胜之首字而成；二是讨一个吉利的口采，希望该港建成后，"民帆舰舶连云，海运昌盛"。

（二）连云港建设与贸易的增长

1935 年 6 月新浦至老窑间铁路的建成为加快连云港码头建筑工程创造了良好的条件。对于连云港码头的建筑，陇海路对投标者的选择极其慎重，最终于 1933 年 5 月 3 日和治港经验丰富的荷兰治港公司签订了《建筑陇海铁路线终点海港码头合同》，该公司以 300 万元承包了第一批工程（一号码头工程），包括三项内容"建筑长 450 米，宽 60 米的钢板桩式码头 1 座；建筑一座长 600 米，顶面宽 3 米的止浪坝；疏浚港池"①。一号码头动工半

---

① 徐德济主编：《连云港港史　古、近部分》，《中国水运丛书》，人民交通出版社 1987 年 6 月版，第 72 页。

年后，陇海局在中兴煤矿公司（山东枣庄煤矿，建国前我国最大的私营煤矿）的赞助下，于 1934 年再次和荷兰治港公司签订了修筑 1 座煤炭专运码头即二号码头的工程合同。两项工程分别于 1934 年 10 月 1 日和 1935 年 1 月 29 日先交付一泊位投入使用，并分别于 1936 年 1 月 15 日和 1936 年 5 月最后建成。

　　从民国二十二年（1933）七月到二十六年（1937）七月是连云港建设和贸易发展的基础时期。在这期间，陇海局边建设、边使用、边管理，并与招商局联合创办海陆联运、实行免征转口税等特殊政策，使得连云港的货物吞吐量逐年增长，路港联运呈现了兴旺景象。下表反映的是 1933 年新老段至孙家山工程行车临时运营前后的货物输出量，说明了港路交通体系产生的巨大效应。此外，通过海关对连云港码头 1935 年 1 月两泊位使用后货运量的统计，进一步反映路港在运输过程中所做的贡献。"近据海关统计本年一月份进口货计四二一三七吨，出口货计四八〇六七吨，进口货以白糖面纱纸五金为大宗，出口则以花生米棉花芝麻黄豆为大宗，进口轮船二十一艘，出口廿艘。"[①] 以上两项统计表明区域交通运输体系的变化带来港口贸易的兴旺，以贸易为基础的港口经济迎来了新的发展机遇。

| 年份 | 煤炭（吨） | 铁器（吨） | 煤油（箱） | 食盐（吨） | 石类（吨） | 石灰（吨） | 洋灰（吨） | 农产品工业品等（吨） | 总共（吨） |
|---|---|---|---|---|---|---|---|---|---|
| 1932 | 300465 | 8339 | 13963 | 76858 | 4061 | 14037 | 775 | 263582 | 666117 |
| 1933 | 268318 | 6295 | 20854 | 89527 | 21213 | 19267 | 1039 | 393986 | 814595 |
| 1934 | 259862 | 4878 | 20533 | 84862 | 75894 | 15769 | 2838 | 476299 | 920366 |

　　资料来源：《连云港之货运事业》，《矿业周报》1934 年，第 1032 页。

（三）近代港口经济影响下的连云港东站

　　1934 年，新浦至老窖港口通车营运后，"昔系荒僻之乡镇，刻已变为重要港埠"。港口经济的发展，港口功能地位的提升引起了广泛的社会关注。以港口为中心的东部海滨建设规划已经在政府、地方士绅以及民众群体中展开。

---

① 《连云港进出口日增》，《时事月报　国内时事》1935 年第 12 卷第 4 期，第 112 页。

## 1. 港区建设引发的广泛热议

地方士绅联合当地各阶层政治和民众力量召开讨论会，商讨以墟沟为中心开筑八条马路干线，"系求地方整个繁荣，谋全体民众福利"。会议取得了实质性成效。"前悉灌云张县长及党部，为准各方人士所要求，特偕淮北建设委员会陶主任，召集各乡长、士绅等开墟沟马路设计谈话会……讨论结果：（甲）确定干线八条：一、由南线至孙家山路。二、由东门外至火车站。三、由陇海医院至车站路。四、由东门外至龙潭涧路。五、环城路。六、城区东西路。七、城区南北路。八、由旺圩至路西"①。在商讨过程中，对马路的标准、建筑的经费来源等市政建设问题提出了科学合理的统筹规划。"路线宽度暂定二十八公尺。路线以内，妨碍工程之房屋，一律拆除，每间津贴十二元至二十元，迁移坟墓，每冢津贴十元。建筑经费，地方财力不足时，应由地方呈请县府，转请盐务机关，拨款建筑云。"②

首先由陇海铁路局《陇海铁路连云港暂行规则》规定了港区的地理范围，面积约 14 平方公里，包括东外港、西外港、内港和码头区。一个国有铁路的优良港口初具规模。一批服务港口的配套设施相继完成，据记载，为解决饮水问题，1935 年陇海局耗费巨资，委托南京复兴公司下属方纪公司承建，在港区的黄窝修建了一座容量为 20 万吨，可供五十万人饮用的储水基地。"陇海铁路局对于连云港之开发近日来不遗余力，最近鉴于连云港饮料缺乏，特建自来水位于黄窝之西……据云，如果完成可供五十万人饮料，……全部工程于本年底可供完成。……现正积极开凿，将来连云市饮料当不至再感缺乏，又连云市面积经苏省划定后约五二六方公里，较京市新市区面积尚多五十方公里，该市与东海两县划界之交割，将由苏省府派员前往督促进行矣。"③ 至今尚存的黄窝水库大坝，长约 180 米，宽约 115 米，南北走向，依山而筑。作为港口配套建筑工程，钢筋混凝土浇筑的整体造型反映了建筑领域的近代化元素在近代连云港的渗透与影响。

---

① 《连云港建筑声中筹建马路干线八条》，《铁道公报》1934 年第 783 期，第 7 页。

② 《连云港建筑声中筹建马路干线八条》，《铁道公报》1934 年第 783 期，第 7 页。

③ 《陇海路局积极开发连云港》，《导光周刊》第四版，中华民国二十四年九月十五日。

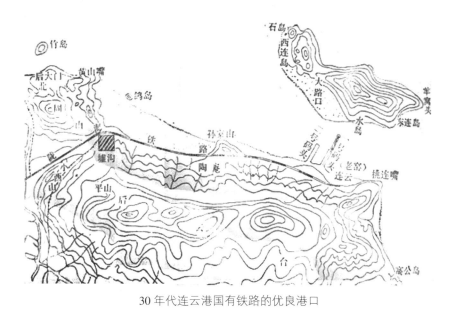

30 年代连云港国有铁路的优良港口

资料来源：徐德济主编：《连云港港史　古、近部分》，《中国水运史丛书》，人民交通出版社，1987 年 6 月，第 86 页。

### 2. 近代新型交通建筑的代表——连云港东站

近代新式交通——铁路对人类社会的发展与变迁产生了前所未有的内在动力。其时历经江苏的京沪线以及陇海线作为近代江苏的新型交通运输方式无疑具有划时代意义。尤其是陇海铁路水路运输的便捷、海陆联运的实现，使得横贯东西、面朝海洋的连云港的建设引起了社会各界的极大关注。连云港东站作为近代江苏铁路交通建筑的个案，与京沪线上的南京下关车站具有反映同时代江苏新型建筑状况的代表性和标志性。

连云港东站位于今连云港连云镇中山路北侧。作为陇海铁路的终端，车站紧邻港口的一、二号码头，水陆称便。该建筑和一、二号码头一样，依然是由荷兰工程师设计，由国民政府陇海路局委托南京复兴公司下属方纪公司承建。工程始建于 1933 年，历经二年，在很长一段时间内都是连云港市的近代标志性建筑。

整座建筑呈西洋式非对称平顶的造型风格被赋予了浓郁的现代气息和追逐大海、奋发向上的时代精神。占地 1170 平方米，实用面积 3000 多平方米的东站全部为钢筋混凝土结构，包括三层 18 米高的主体建筑候车楼、四层的办公楼、钟塔和地下室四大组成部分。其中，高九层约40米耸立于整个建筑东北角的钟塔最具特色。四棱台型的外观，圆形的顶部以及引航观测的瞭望台使得远观的钟楼如同一艘远洋的航船。由于来自荷兰设计师的创作，钟楼的整体设计和建筑受到了20世纪初探索现代主义设

连云港东站外观

计方式的荷兰"风格派'的影响，较为全面地反映了近代西方建筑元素与古老中国建筑文化的渗透与交融，具有较强的时代感和进步性。此外，从第八层四面竖窗的开设到四角皆有饰物的嵌入；从第七层四面自鸣钟的装设到钟塔底部四周横竖相间的围栏，尤其是从非对称性在建筑设计构图中的尝试到纵横几何形的反复运用以及色彩上基本原色和中性色的综合采用，这些近代中国建筑领域难得的探索元素使得整座钟楼的设计不再拘泥于单一的中式或是西式，而是大胆探索建筑本身的构图思想。因此，在整体建筑风格中追求本身独特元素的连云港东站与更注重以西方古典式细部进行装饰的民主路上的商业建筑相比，连云港东站在摆脱古典主义束缚，体现现代主义建筑魅力的气息更为浓厚。

时人曾有这样的记载："山脚梯形第一级沿接栈道，车站大楼、仓库、栈道云集于此。大楼最高层为钟楼，最下层为车站公事房，其余各层附设旅馆食堂，凡关于行旅需要一应俱备，完全由路局经营，开国内铁道设备的新纪录。梯形第二层以上为银行商店及住宅区，最奇妙的是顶高一层却用为公路汽车道，预备接通内地原有公路，北至青岛，南至沭阳、淮阴、扬州等江北各县，把一个古代渔村装扮得花团锦簇"。①

**四、连云港地域近代建筑的特征**

除如前所述的私人洋房、商业街区以及交通建筑外，本地域的碉楼、民

---

① 沈云龙：《浪迹纪游　连云港》，《兴业邮乘》1941年第117期，第14页。

居等建筑遗存等也充分体现了连云港建筑文化浓郁的地域性以及鲜明的时代性。纵观连云港近代建筑的特征，具有以下几方面的特点：

（一）选址上，傍山顺势

连云港部分地区的缓坡丘陵为民居选址台地和阶地提供了得天独厚的条件，民居依山顺势而建，不用人工改造，即可形成自然建筑高差，使整个民居聚落都避免了水患灾害，更是获得了良好日照和通风条件。如连云港的山区台地，当地民居建筑巧妙地利用地形条件，聚落的朝向、台基、排水等都得到了完美的解决，体现了人与自然的和谐共处。

连云古镇的山地民居布局

（二）选材上，多石少砖

地处鲁中南丘陵与淮北平原接合部的独特地势，使得连云港地域的地质较为特殊，在以平原为主的江苏地带，本地域拥有最大的山体量。历史时期海州所属地区的地层，几乎全属片麻岩与结晶片岩。尤其是海州城南的朐山拥有地质年代最古老的岩层，朐山和东面的孔望山大部由花岗岩状云母片麻岩构成，更是良好的建筑石材。另外连云港还产有全国闻名的美丽的眼球状片麻岩和六棱形大水晶石。这些特有的石材在当地建筑中的充分使用，体现了在适合当地特点的前提下，遵循了就地选材的建筑用料原则。比如外墙全部由当地石材构成的陈调元①小楼，又如民主路全部墙基为毛石砌体的生庆公茶庄以及基本为石头建筑位于墟沟海滨公园内的乐寿山庄等遵循就地取材的建筑原则，这些石基建筑具有强烈的地方性和地域性。

---

① 陈调元（1886-1943），民国时期曾任军长及安徽、山东两省主席。该楼系白宝山于1926年出资兴建，后赠与陈调元，故名。又因于此可凭窗观海，又名"望海楼"。

陈调元小楼

（三）造型上，多采用中西合璧的建筑风格

本地域现存的近代建筑除保留了中国传统建筑中的回廊、天井、雕梁画栋等古典风格外，西方的建筑手法作为西方文化的一部分也具有明显的体现。西洋建筑物中的走廊、外阳台、室外台阶、地下室、壁炉、烟囱、帽式天窗等在本地域诸多近代建筑中亦有所呈现。如望海楼的室外楼梯，盘旋拾级而上。供主人观光揽胜、休憩健身的外阳台，在衬托了建筑气势辉煌的同时也暗含着主人雄厚的经济实力和显赫的社会地位。又如谢家洋房等私人别墅帽式天窗的设计在展示建筑物典型西洋风格以及主人富有的背后，也反映了"西风东渐"时代下，本地域作为沿海地区在新的发展机遇面前，在政治经济获得优先发展的同时，文化上也较早受到西方的渗透与影响。

（四）装饰上，多通过柱式及浮雕等西方古典式的细部加工进行点缀

西方古典建筑中曾广泛地采用了托斯卡纳、多立克等多种柱式。这些柱式作为建筑结构的重要组成部分，在视觉上支配、控制其所附属的建筑，具有强烈的表现力。作为近代沿海的重要港口城市，我市的近代建筑中无疑使用了这一手法。如生庆公茶庄、大华商店、老邮政楼等建筑的立面均采用了立柱，它们丰富了立面的表现力，使建筑富有凝重感。又如民主路上的大华

商店、老邮政局等建筑采用平屋顶，平顶上围以精美的雕花栏杆。这种以西方古典式的细部进行装饰的中西合璧风格特征，体现了近代新型建筑师力图吸收西方先进文化的同时又坚守自身民族文化精髓的心理特征。

　　总体而言，经过漫长的历史演变，本地域建筑文化在保留了自身的特点之外，又由于时代的变迁被赋予了新的内涵和意义。尤其是大多融入了美、德、法、荷、日以及浙江、天津、山东、河北、河南、安徽等国内外设计理念的近代建筑承载了连云港在历史机遇面前作为备受关注的沿海重镇，一支新经济力量在此辛勤耕耘的时代意义。在新旧思潮交织的时代环境下，外来的文化观念，异域的设计手法等都会对传统建筑发起前所未有的冲击。这也是近代以来，连云港在社会变革的机遇面前，在新式交通得以实现的条件下，政治经济的发展在建筑文化上的充分体现。

# 结　语

自古以来因特殊的交通地理区位，连云港成为中国东部南北文化以及海陆文化的交汇之地，又由于特殊的地势地理特征，连云港还形成了山海相拥的独特地域环境。因此，连云港地域文化既有其自身独特的发展脉络又与外来文化紧密相连，但其融合的过程是复杂的、渐进的，同时又是历史的和时空的。外来文化与本地文化的相辅相成、相得益彰成就了连云港地域文化丰富而多元的显著特征。

连云港地域历史悠远，文化独特。重大的远古文化活动遗址、早期人类的创世神话、自然神话、英雄神话等在这里广泛流传。作为濒临海洋的秦东门，这里受秦始皇求仙活动的深远影响，方仙道活动频繁。而东海曲阳乡作为《太平经》的发源地，表明道教与连云港深厚的历史渊源。早于敦煌石窟200多年的孔望山佛教石刻艺术，不仅佐证了本地域独特的宗教文化底蕴，而且为学术界提供了有关我国海上丝绸之路、佛教的海上传播路线以及早期佛教的艺术特征等重大学术探讨课题。文学、戏曲、饮食、建筑等作为地域文化的重要组成部分，都与连云港独特的地域有着深厚的渊源关系，深刻反映着文化的地域性与时代性。

连云港特定地域造就的繁荣的盐业经济、港口经济以及由此衍生的文化元素构成了连云港地域文化的新内涵。有学者认为，"赣榆"一词乃越语"盐"的音译，山东沿海所产食盐皆集中于赣榆，为保护"盐仓"而设县建城。明清时期虽有"闭关自守"及"迁海令"政策之举，但清政府在收复台湾后仅开放的四个沿海口岸中，云台山口岸赫然在列。近代东西方的相遇，民主革命家孙中山《建国方略》的引领，东陇海铁路的追逐大海，使得近代连云港以交通取胜吸引了一支新经济力量在此辛勤耕耘，具有了近代港口城市的浓郁气息。连云港地域文化在新的时代环境下被赋予了新的时代内涵和地域特征。

"文化是人为的，在文化的演变、发展和传承过程中，人不仅是被动地接受文化的载体，而且不断地交流、选择、改造着文化。"① 在连云港地域文化漫长的发展历程中，地处南北交界的连云港先民始终是中华文明的创造者和传播者。北京师范大学张紫晨教授在《海州民俗志》序言曾言："连云港实为吴楚齐鲁文化的集聚区，……海州有其传统文化特色，表现出我国北方民俗文化的典型性，而且对齐鲁以北的广大地区产生极其广泛的影响，……直到长江以北的地区，在民俗文化特征上也不能完全与它分开"。②

文化是生动的，而且更加真实地反映了地域的实际，特别是民间的、底层的实际。因此，对连云港地域文化的研究，并不完全是为了全面而完整地展现其文化原貌，而是更多地注意到这一区域的文化个性和文化价值。在研究区域文化的同时，像连云港这样的南北交汇、多元文化共生的特定区域，理应得到学界足够的关注和重视。

---

① 李传江：《边际文化影响下的海州叙事文学》，中国社会科学出版社 2014 年 8 月版，第 4 页。

② 张紫晨：《海州民俗志·序》，载刘兆元《海州民俗志》，江苏文艺出版社 1991 年版。

# 参考文献

## 著作类

1. 谢梅、王理编著：《文化创意与策划》，清华大学出版社 2015 年版。

2. 余英时：《士与中国文化》，上海人民出版社 1987 年版。

3. 陈正祥：《中国文化地理》，三联书店 2001 年版。

4. 葛兆光：《中国思想史》，复旦大学出版社 2001 年版。

5. 【汉】班固《汉书》，（【唐】颜师古注），中华书局 1962 年版。

6. 【南朝宋】范晔《后汉书》（【唐】李贤等注），中华书局 1965 年版。

7. 【元】脱脱等《宋史》，中华书局 1977 年版。

8. 王育民：《中国历史地理概论》，人民教育出版社 1985 年版。

9. 【汉】司马迁《史记》（【宋】裴骃集解，【唐】司马贞索隐，【唐】张守节正义），中华书局 1959 年版。

10. 【宋】苏轼《苏轼诗集》（【清】王文浩辑注，孔凡礼校点），中华书局 1982 年版。

11. 章开沅、田彤著：《张謇与近代社会》，华中师范大学出版社 2001 年版。

12. 谭其骧：《中国历史地图集》（全八册），中国地图出版社 1983 年版。

13. 【宋】乐史《太平寰宇记》（王文楚等点校），中华书局 2007 年版。

14. 朱寿朋：《光绪朝东华录》，中华书局 1958 年版。

15. 【晋】葛洪《抱朴子内篇校释》（王明校释），中华书局 1985 年第 2 版。

16. 【日】释圆仁《入唐求法巡礼行记校注》（【日】小野胜年校注，【中国】白化文、李鼎霞、许德楠修订校注，周一良审阅），花山文艺出版社1992年版。

17. 罗运环主编《中国地域文化大系·荆楚文化》，山西教育出版社2006年版。

18. 周振鹤：《中国历史文化区域研究》，复旦大学出版社1997年版。

19. 任继愈主编《中国道教史》，上海人民出版社1990年版。

20. 赖永海：《中国佛教文化论》，中国青年版出版社1999年版。

21. 常任侠选注：《佛经文学故事选》，上海古籍出版社1982年版。

22. 方立天：《中国佛教与传统文化》，上海人民出版社1988年版。

23. 张荣明主编：《道佛儒思想与中国传统文化》，上海人民出版社1994年版。

24. 苑利主编：《二十世纪中国民俗学经典》（全八册），社会科学文献出版社2002年版。

25. 虞和平：《近代中国商人》，广东人民出版社1996年版。

26. 费孝通：《江村经济：中国农民的生活》，江苏人民出版社1986年版。

27. 李士豪：《中国海洋渔业现状及其建设》，商务印书馆，民国二十五年五月版。

28. 丛子明、李挺：《中国渔业史》，中国科学出版社1993年版。

29. 吴承明：《中国资本主义与国内市场》，中国社会科学出版社1985年版。

30. 麻国钧、祝海威选编：《祝肇年戏曲论文选》，文化艺术出版社1998年版。

31. 马昌仪：《中国灵魂信仰》，上海文艺出版社2000年版。

32. 罗常培：《语言与文化》语文出版社1989年版。

33. 贺云翱：《文化江苏——历史与趋势》，江苏人民出版社2017年版。

34. 周勋初主编《中国地域文化通览·江苏卷》，中华书局2013年版。

35. 刘肇嘉编著：《江苏人文地理》，大东书局1930年版。

36. 蔡葵主编：《楚汉文化概观》，南京师范大学出版社1997年第2版。

37. 张乃格、张倩如：《江苏古代人文史纲》，江苏人民出版社2013年版。

38. 陶思炎：《江苏特色文化》，南京师范大学出版社 2009 年版。

39. 江苏盐业史编写组：《江苏盐业史》，江苏人民出版社 1992 年版。

40. 孙家山：《苏北盐垦史初稿》，农业出版社 1984 年版。

41. 刘兆元：《海州民俗志》，江苏文艺出版社 1991 年版。

42. 李传江：《边际文化影响下的海州叙事文学》，中国社会科学出版社 2014 年版。

43. 江苏人民出版社编：《连云港民间传说》，江苏人民出版社 1981 年版。

44. 中国国家博物馆田野考古研究中心，南京博物院考古研究所，连云港市文物管理委员会，连云港市博物馆编著：《连云港孔望山》，文物出版社 2010 年版。

45. 李好古：《张生煮海》，载《元人杂剧选》，人民出版社 1956 年版。

46. 李洪甫：《连云港地方史稿》，上海社会科学院出版社 1990 年版。

47. 张传藻：《连云港地理与经济》，河海大学出版社 1999 年版。

48. 魏琪主编：《连云港特色文化》，苏州大学出版社 2006 年版。

49. 李洪甫、刘洪石：《连云港山海奇观》，地质出版社 1986 年版。

50. 李洪甫：《太平洋岩画——人类最古老的文化遗迹》，上海文化出版社 1997 年版。

51. 李洪甫：《西游索故》，中国文史出版社 2005 年版。

52. 李洪甫：《云台山、吴承恩与西游记》，江苏省旅游局编印，1983 年版。

53. 高文清主编：《连云港饮食文化》，中国文史出版社 2012 年版。

54. 姚祥麟、姚欢欢：《板浦春秋》，吉林文史出版社 2016 年版。

55. 吴加庆主编：《东渡徐福》，中国文史出版社 2005 年版。

56. 吴加庆主编：《古朐风流》，中国文史出版社 2005 年版。

57. 徐德济主编：《连云港港史》（古、近代部分），人民交通出版社 1987 年版。

58. 连云港市交通局交通史编写办公室编：《连云港市交通史》，南京大学出版社 1989 年版。

59. 周文军：《云台山资源经济》，海洋出版社 2001 年版。

60. 朱炳旭：《明海州史小录》，新疆青少年出版社 2003 年版。

61. 张大强等：《海州湾渔民俗》，中国文史出版社 2016 年版。

62. 薛鸿迎、刘洪石：《连云港风物志》，江苏人民出版社 1983 年版。

63. 连云港市博物馆编，李洪甫、武可荣著：《海州石刻——将军崖岩画与孔望山摩崖造像》，文物出版社 1990 年版。

64. 俞素娥、张良群主编：《古今连云港》，中国文史出版社 1998 年版。

65. 许思文等：《连云港文化论》，吉林人民出版社 2008 年版。

66. 刘兆元：《海州民俗志》，江苏文艺出版社 1991 年版。

67. 周锦屏等：《古韵盛迹　文化连云港丛书·考古卷》，中国文史出版社 2005 年版。

68. 刘风光：《沈云沛传记》，中国文化出版社 2013 年版。

# 论文类

1. 葛剑雄：《中国的地域文化》《贵州文史丛刊》，2012 年 5 月。

2. 马俊亚：《近代苏鲁地区的初夜权：社会分层与人格变异》《文史哲》，2013 年第 1 期。

3. 方浩范：《对文化全球化与边缘文化的思考》，《长白学刊》2005 年第 4 期。

4. 郭小丽：《原生型文化与边际文化——从发生学视角对比中俄文化的发展特性》，《俄罗斯中亚东欧研究》2007 年第 2 期。

5. 高广仁、邵望平：《中华文明发源地之一——海岱文化区》，《史前研究》1984 年第 1 期。

6. 严文明：《东夷文化的探索》，《文物》1984 年第 1 期。

7. 羽离子：《南通：以工业革命推动中国城市近代化的典范》，《南通师范学院学报》2003 年第 3 期。

8. 严学熙：《再论研究江苏近代经济史的意义》，《江苏近现代经济史文集》，江苏省中国现代史学会，1983 年。

9. 欧阳建德：《海州湾南岸全新世海面波动及其影响范围》，《江苏地质》1993 年第 2 期。

10. 陈为忠：《近代海州湾的港口与城市空间演化研究》，《兰州学刊》2013.12。

11. 张雷、沙薇：《一城两市：近代海州城市格局变迁研究（1855-1938）》，《中国历史地理论丛》，2008年10月。

12. 朱蕾、朱秋华：《浅析海州五大宫调的结构形态和艺术特色》，《南京理工大学学报（社会科学版）》2010年第4期。

13. 王昕：博士论文：《近代江苏建筑文化》，2006年。

14. 姜莉：《连云港方言词汇研究》，2014年，山东大学博士论文。

15. 张蕊青：《李汝珍与海州风物》，《苏州大学学报》2000年第3期。

16. 李传江：《明清两淮盐业经济对戏曲繁盛的影响》，《南大戏剧论丛》，2017年12月。

17. 李传江：《〈太平经〉与海州地域文化渊源考论》，《兰台世界》，2013年2月。

18. 李传江：《中古两淮盐业历史演进论》，《地方文化研究》，2016年4月。

19. 高伟：《将军崖岩画与女阴崇拜》，《东南文化》1998年第4期。

20. 赵旭：《连云港海清寺阿育王塔建造年代探析》，《石窟寺研究》，2019年5月。

21. 张廷亮：《连云港市近代建筑略考》，《连云港教育学院学报》2000年第3期。

22. 李洪甫：《连云港将军崖岩画与女娲的古史传说》，《东南文化》1988年第2期。

23. 李洪甫：《江苏连云港将军崖石刻与原始农业》，《农业考古》1983年第1期。

24. 李洪甫：《连云港将军崖岩画遗迹调查》、《将军崖岩画遗迹的初步探索》，同载于《文物》1981年第7期。

25. 李洪甫：《连云港市桃花涧旧石器时代晚期遗址试掘报告》，《东南文化》1989年第3期。

26. 房迎三：《江苏连云港将军崖旧石器晚期遗址的考古发掘与收获》，《东南文化》2008年第1期。

27. 纪达凯：《江苏灌云大伊山新石器时代遗址第一次发掘报告》，《东南文化》1988年第2期。

28. 萧兵：《将军崖岩画的民俗神话学研究》，《淮阴师范学院学报》1983

年第 3 期。

29. 信立祥：《孔望山摩崖造像中的道教人物考》，《中国历史博物馆馆刊》1997 年第 2 期。

30. 阎文孺：《孔望山佛教造像的题材》，《文物》1981 年第 7 期。

31. 郑萍：《村落视野中的大传统与小传统》，《读书》2005 年第 7 期。

32. 蔡全法：《孔望山佛教造像的时代及其相关问题》，《华夏考古》1995 年第 2 期。

33. 丁义珍：《江苏沿海原始墓地红陶钵盖头葬俗初探——兼谈头向东的仰身直肢葬的含义》，《东南文化》1988 年第 2 期。

34. 盖山林：《连云港将军崖岩画题材刍议》，《徐州师范大学学报》1983 年第 4 期。

35. 翟学伟：《东方天书探析——将军崖岩画的文化人类学研究》，《东南文化》1993 年第 2 期。

36. 赵清林、仲秋：《江苏北部古代海堤与海陆变迁》，《徐州师范学院学报（自然科学版）》1995 年第 2 期。

37. 周锦屏：《连云港境内吴文化遗存的初探》，《东南文化》2003 年第 3 期。

38. 周润垦，李洪波等：《2003－2004 年连云港藤花落遗址发掘收获》，《东南文化》2005 年第 3 期。

39. 林留根、张文绪：《黄淮地区藤花落、后大堂龙山文化遗址古稻的研究》，《东南文化》2005 年第 1 期。

## 档案报刊类

1. 《上海鱼市场概况》，上海市档案馆档案，全宗号 Q464，目录号 1，案卷号 1043。

2. 《渔牧司调查江浙渔业计划》，《派员调查江浙沿海渔业实况》（1937 年 2 月），中国第二历史档案馆藏档案，全宗号 422（8），案卷号 58。

3. 胡焕庸编：《两淮水利盐垦实录》，国立中央大学出版社 1934 年版。

4. 中国第二历史档案馆编：《中华民国史档案资料汇编》，江苏古籍出版社 2010 年版。

5. 江苏档案精品选编纂委员会编：《江苏省明清以来档案精品选·连云港卷》，江苏人民出版社 2013 年版。

6. 《江苏农村调查》，商务印书馆 1934 年版。

7. 冯和法：《中国农村经济资料》，上海黎明书局 1933 年版。

8. 章有义：《中国近代农业史资料》，三联书店 1957 年版。

9. 严中平：《中国近代经济史统计资料选辑》，科学出版社 1957 年版。

10. 实业部中国经济年鉴编纂委员会：《中国经济年鉴》，1934 年。

11. 汪敬虞：《中国近代工业史资料》（第二辑）中华书局，1962 年。

12. 《农业周报》第 3 卷，1934 年第 47 期。

13. 《中央日报》第 1 卷，1937 年第 3 期。

14. 《农村经济》第 1 卷，1934 年第 9 期。

15. 《农林新报》第 13 卷，1936 年第 12 期。

16. 《淮兴农学》，《农学报》，1898 年第 22 期。

17. 《陇海路局积极开发连云港》，载《导光周刊》第四版，中华民国二十四年九月十五日。

18. 沈云龙：《浪迹纪游　连云港》，《兴业邮乘》1941 年第 117 期。

19. 张怡祖编：《张季子九录》，《政闻录》卷 18，盐务类，（台北）文海出版社，1965 年。

20. 《江苏通讯》，1947 年第 1 卷，第 1 期。

21. 《水产月刊》民国 23 年第九期。

22. 《江苏时事月刊》，《连云港渔业概况》1937 年第八期。

23. 张哲明：《连云市的建设计划》，《东方杂志》1935 年 4 月第 32 卷第 7 号。

24. 《水产月刊》（副刊）1946 年第一卷第二期。

25. 连云港市档案局、档案馆：《民国时期海属县市建置区划沿革暨档案文献选编》，《连云港的重要建设》1996 年 3 月。

26. 金其照主编：《江苏实业视察报告书》，1919 年。

27. 《新青年》，1921 年第 8 卷第 5 号。

28. 《江苏评论》第 1 卷第 2 期，1934 年。

29. 江苏省土地局：《连云港埠区域地价变迁及地权分配概况调查报告书》，中国历史第二档案馆藏，1934 年 11 月 25 日。

30. 《旅行杂志》，1934 年第 8 卷第 11 号。

31. 《江苏昆虫局，海州第三治蝗分局治蝗报告》，《科学》1930 年第十三卷第三期。

32. 《大公报》，1934 年 7 月 10 日。

33. 《时事月报　国内时事》1935 年第 12 卷第 4 期。

34. 《连云港建筑声中筹建马路干线八条》，《铁道公报》1934 年第783 期。

35. 武同举：《导淮入江入海刍议》，《两轩剩语》，1927 年印本。

# 方志类

1. 江苏建置志编纂委员会：《江苏建置志》，江苏人民出版社 2013 年版。

2. 交通部邮政总局编：《中国通邮地方物产志·江苏编》，商务印书馆1937 年版。

3. 实业部国际贸易部：《中国实业志（江苏省）》，实业部国际贸易部出版社 1933 年版。

4. 江苏省长公署第四科：《江苏省实业视察报告书》，上海：商务印书馆1919 年版。

5. 南京师范大学古文献整理研究所编著：《江苏艺文志》（徐州·连云港卷），江苏人民出版社 1995 年版。

6. 江苏省地方志编纂委员会：《江苏省志·方言志》，南京大学出版社1998 年版。

7. 唐仲冕修、汪梅鼎纂：《嘉庆海州直隶州志》，《中国地方志集成·江苏府县志辑》第 64 辑，凤凰出版社 2008 年版。

8. 张峰纂修、陈复亨补辑：《隆庆海州志》，《天一阁藏明代方志选刊》第 14 卷，上海古籍书店 1962 年版。

9. 连云港市地方志编纂委员会编：《连云港市志》，方志出版社 2000年版。

10. 许乔林编辑：《海州文献录》，彭云主编《海州文献丛书》第一辑第七种，1990 年版。

11. 连云港市海州区地方志编纂委员会编：《海州区志》，方志出版社

1999 年版。

12. 李洪甫、姚芝庆：《连云港市经济史料》，连云港经济联合开发公司、连云港市经济学会编印 1985 年版。

13. 江苏省连云港市委员会文史资料研究委员会编：《连云港市文史资料》1983-1984 年版。

14. 崔应阶重编、吴恒宣校订：《云台山志》卷 2《寺观》，乾隆三十七年刻本。

15. 江苏省《云台新志》，中国方志丛书·华中地方第 157 号，据【清】许乔林纂辑，清道光十一年修·清光绪二十四年重刊本影印，成文出版社有限公司印行。

16. 许绍遽：《连云一瞥》，无锡协成印务局 1936 年版。

17. 刘增国、朱秋华等编：《连云港戏曲志》，中国戏剧出版社 1994 年版。

18. 徐同来主编：《台南盐场志》，江苏省连云港市新华印刷厂 1993 年 10 月版。

19. 戴仁修、钱崇威纂：《民国沭阳县志》，《中国地方志集成·江苏府县志辑》第 57 辑，凤凰出版社 2008 年版。

20.【清】王豫熙等修、张謇等纂：《赣榆县志》，中国地方志丛书，华中地方第 36 号，据【清】光绪十四年刊本（影印）。

# 后　记

　　连云港，被称之为江苏最遥远的地方。

　　25 年前，初来乍到。这座陌生的城市对我而言，独特且富有魅力。

　　世纪之交，在全国高等教育领域各种改革浪潮的激荡下，连云港高校迎来了合并升级的世纪曙光。在新的机缘面前，一次重新的自我塑造是顺应潮流的必然抉择。2001 年，我重回阔别 8 年的母校，师从单强先生开始了对中国近现代社会经济史的系统学习。单老师为人豁达、视野广阔、思维敏捷、学识渊博。2004 年，经他精心指导完成了硕士论文《近代"江北名流"与海州地区的实业开发》，这是我第一次通过不懈的努力对异乡连云港表达的一份情意。

　　教研相长始终是学校唱响的主旋律。研习地方文化资源并尝试将其有效运用到课堂教学理应成为历史教研工作者不懈的追求。这一过程既是一个坐冷板凳的艰辛过程，也是一个有耕耘有收获的幸福的过程。在经历了时而面对天书般的史料知难而退，不敢妄言阅读；时而又有前辈的思想之光使我豁然开朗的心理锤炼后，千姿百态的连云港地方史竟使愚笨的我产生一些认识与思考，这些内容已被整理成文并公开发表，但之后言不尽意的感觉常使我产生写书的想法。偶然与必然的相互交织常常是前行的内在力量，去年幸得市文化局委托的《南北交融的地域文化》研究项目，该工作完成后我终于整理了自己的一得之愚，将写书的愿望变成了现实。

　　现在自己又一次地校对了书稿，总不免有所愧意。面对大视野的选题，没能像优秀的工匠一样"先学习完美地建造局部，然后才敢建造巨大的整体"。因成书匆匆，在资料收集、思路整理、结构安排、观点表述、逻辑论证等方面有着诸多遗憾，但幸好如尼采所言"书一旦脱稿之后，便以独立的生命继续生存了"。我相信，本书在专家与读者的批评指正下，在学术绝无止境的现实面前，日后的努力定能弥补今天的缺憾。

最后，要特别感谢热心相助过我的各位老师。他们当中既有满腹经纶、对学术研究情有独钟的老学者，亦有知识渊博、才思敏捷的年轻专家。刘凤贵、高伟、周清明、石荣伦、陈贵州、李传江、刘阳、赵旭等诸位学者，感谢他们长期以来的有问必答和有求必应。在此，祝愿他们永远快乐、健康、幸福。

张文凤
**2020 年 3 月 7 日**